日本仏教史研究叢書

近世仏教の教説と教化

芹口真結子

法藏館

近世仏教の教説と教化＊目次

近世仏教の教説と教化

序章　近世宗教史研究の成果と課題

はじめに

近年、近世日本の宗教をめぐる議論が盛んである。例えば、『近世の宗教と社会』全三巻（吉川弘文館、二〇〇八年）や、特集「宗教からみえる日本近世」（『歴史評論』六二九、二〇〇二年）、「近世日本の治者の宗教、民の宗教」（『歴史評論』七四三、二〇一二年）といったように、近世の宗教を取り上げる誌上企画や論集が多く見かけられるようになった。最近では、『シリーズ日本人と宗教』全六巻（春秋社、二〇一四～二〇一五年）において、歴史学だけでなく、宗教学や民俗学などの隣接諸分野の研究者が、近世から近代までを対象に、様々な観点から宗教をめぐる議論を展開している。

だが、冒頭で近年と記したように、近世史研究において宗教の存在が重視されるようになったのはそれほど古くはない。では、近世宗教は、これまでどのように論じられ、いかなる議論を経て注目されるに至ったのだろうか。

第一節　近世仏教史研究の展開

辻善之助『日本仏教史』[1]全一〇巻と、豊田武『日本宗教制度史の研究』[2]は、近世仏教史研究を語る上で避けることはできない著作である。前者の辻書のうち、近世仏教を論じるのは第七～一〇巻であるが、そこでは、幕藩体制のもと、寺檀制度や本末制度によって、近世仏教が国家権力の支配の末端に置かれた結果、僧侶が堕落して民心の離反を招き、衰微していくという叙述（近世仏教堕落論）が展開される。後者の豊田書は、辻書が刊行される約一〇年前に上梓された。これは、古代から近代までを対象に、日本の宗教制度の変遷を論じた著作だが、豊田自身も認めるように[3]、その叙述は近世期が大部分を占める。豊田の叙述では、寺請制度や寺領制度などによって幕藩権力から保護された仏教教団は、「退嬰と頽廃に身をもちくづして行つた[4]」と断ぜられている。

辻の議論や豊田の成果は、後代における近世仏教像の構築に大きな影響を与えた。辻や豊田の枠組みを継承した研究として代表的なものは、藤井学と圭室文雄の研究である。藤井は、幕府の宗教統制は「慶長末年に本格的に開始され、寛永中期に画期的に強化発達し、寛文期に完成した[5]」と結論づける。また、檀家制度の成立により、民衆は生まれると同時に家の檀那寺と関係を取り結ぶことが強制され、信仰心の形骸化が進んだとする。

圭室は、『江戸幕府の宗教統制[6]』において、本末制度と檀家制度が、幕藩体制の宗教統制の二本柱であったと規定する。幕府は、寺院法度を発布して本末制度を強化し、仏教寺院を統制した。本山や本寺側は、檀家制度による寺院経営の安定化を見込んで本末制度を受け入れ、その結果、宗派の個性や信仰の質が均質化・無力化されたという。檀家制度については、宗門人別帳の分析を通じて、初めは個人による入信が見られるものの、次第に家単位、最終的に五人組単位へと制度化されていったと指摘し、寺檀関係が形式的なものとなったと述べている。かかる流れにより、民衆の信仰は現世利益的なものへ向けられたという。

両者の議論に共通するのは、幕藩権力の宗教統制に一方的に組み込まれる仏教教団の姿である。本末制度や檀家制度、寺院法度の公布などの諸政策は、全て幕藩権力から強制されたものとして把握される。

近世仏教教団が体制化し、僧侶の堕落を招いたとする歴史像は、民衆宗教史研究も共有している。(7) 例えば村上重良は、幕藩権力の宗教政策の特徴を「宗教の完全な支配、その末端機構化、および禁教政策」に見出し、「僧侶たちは、権力に従属した直接的な監視者・収奪者として民衆の前に立ち現われ」た、としている。(8) また、生き神思想に注目した小沢浩も、幕藩権力による寺檀制度の強制や、キリスト教禁制、不受不施派の禁圧により、「民衆の宗教選択の自由」が奪い取られたと指摘している。(9) その上で、民衆宗教史研究では、民衆宗教が、形式化した仏教以外の信仰を求める民衆の期待に応える存在として登場する。近世仏教堕落論や、それをベースとした宗教統制像の構築は、近世宗教像の叙述を大きく規定したのである。

他方、近世仏教堕落論を乗り越えるべき対象と見定め、近世仏教の「生きた」側面の提示を試みた研究潮流も登場した。近世仏教像の見直しを進めた象徴的な動向としては、竹田聴洲や大桑斉などの近世仏教史研究者による、雑誌『近世仏教』（第一期…一九六〇～一九六五年、第二期…一九七九～一九八八年）の公刊が挙げられる[10]。その創刊号（第一期）で竹田は、幕藩体制下で形式化したとされる仏教寺院が、幕藩体制が崩壊した近代以降も都鄙に依然として存続したのは何故か、という問題を提起し、仏教教団の基礎構造を分析する必要性を指摘している[11]。かかる研究潮流のもと、近世仏教の社会的機能に関する研究が大きく進展した。

しかし、近世仏教が果たした社会的機能の紹介は、近世仏教堕落論に代る新たな近世仏教像を描くには至らなかった。大桑の述懐によれば、近世仏教史研究は「近世こそ仏教が民衆に定着した時代であったという設定から、民衆信仰の究明、その典型としての現世利益重視を解明し、ここに生きた機能をみいだした[12]」ものの、近世仏教とは何か、という課題に答えることができなかったという。これに付言すれば、近世仏教が「幕藩権力の手先といわれてもやむをえない姿の半面に、（中略）民衆生活の側から必要とされる一定の機能面を併存[13]」した、という竹田の言葉に端的に表れているように、近世仏教史研究は、堕落論をいわば部分肯定するかたちで議論を展開したため、新たな近世仏教像の構築を十分に進めることができなかったのである。

第二節　新たな研究視座の登場と分析の多角化

一　研究視座の転換――仏教史研究から宗教史研究へ――

一九七〇年代から一九八〇年代にかけては、近世仏教堕落論の克服という目的とは距離を取るかたちで、近世仏教ないし近世宗教をめぐる議論が展開された。それらは、大きく（一）思想史研究と、（二）政治史・国家史研究の二つに分けられる。

（一）思想史研究では、幕藩制イデオロギー論に影響を受け、近世仏教のイデオロギー的側面に注目する研究と、民衆思想という観点から仏教を取り上げる研究が行われた。前者には、大桑斉や倉地克直の成果が存する。大桑は、これまでの近世仏教史研究は、儒学思想研究や民衆思想研究と比較して思想的側面に関する分析が立ち遅れていたことを問題視し、近世仏教の幕藩体制下における位置づけを試みた[14]。倉地は、諸思想の連関と現実のイデオロギー支配の局面の双方を分析することで、近世期の支配思想を検討した[15]。大桑や倉地の議論は、近世前期の支配思想と民衆との関係を論じる際に、儒学だけでなく仏教も分析対象に組み込んだ点に特色がある。

民衆思想をめぐっては、主に安丸良夫『神々の明治維新』[16]の上梓に刺激を受けるかたちで議論が進んだ。そこでは、真宗信仰が分析対象として取り上げられていることが特徴的である。その理由には、『神々の明治維新』において、明治初頭の神道国教化政策に対し、粘り強く抵抗する真宗の僧侶や門徒の姿が描かれたことが挙げられる。この安丸の議論を通じ、日本の近代化過程における真宗門徒の思想形成と、その歴史的意義を解き明かすことが次なる課題として浮上したのである。

真宗信仰の特質の解明によって、真宗が神道国教化政策へ対抗することができた要因を探ったのが奈倉哲三[17]である。奈倉は、西本願寺最大の異安心事件である三業惑乱《さんごうわくらん》で問題となった三業帰命《きみょう》説に注目する。三業帰命説は、身口《しんく》意《い》（心の中で死後の往生を願い、阿弥陀仏に礼拝しながら、「助けたまえ」と称えること）の三業を揃えて阿弥陀仏に救済を求めることで、極楽往生が定まると主張する教説であるが、奈倉は同教説を、信仰における人間の主体的な実践を認める自力偏向であると捉えた。そして、かかる信仰が、神仏分離令に伴う廃仏毀釈に抵抗する基盤となったと見なす。

有元正雄は、資本主義社会の登場に宗教（プロテスタンティズム）が寄与していたことを指摘したM・ウェーバーの議論を踏まえ、真宗門徒の信仰・倫理・エートスを解明し、日本の近代化過程のなかにその思想史的意義を見出そうとした[18]。有元は、近世の真宗教義が「親鸞の示した弥陀による絶対救済は理念として背後に退き、具体的現実的には悪の代償としての地獄、善への報償としての極楽を提示し、他力と自力の相互補完の上に[19]」再構築されたと主張する。こうした教義を受容した真宗門徒は、勤勉・正直・節倹・忍耐等の諸徳目を獲得し、悪を排して善をなすようになったという。

奈倉や有元の議論は、後学によって、方法論[20]や理論的な枠組みと実証との関係性[21]などに対して批判が加えられている。とはいえ、近世の真宗信仰に着目し、様々な事例を発掘して民衆思想の内実に迫ろうとした点は重要だろう。

（二）政治史・国家史研究で代表的なものは、杣田善雄[22]や高埜利彦[23]の成果である。杣田は、従来の近世宗教政策をめぐる議論を予定調和的な把握であると批判した。そして、初期の幕府寺院行政は、寺院社会の秩序再編を目指す寺院側の自律的な動きを踏まえて展開されていたこと、したがって、本末関係の争論をめぐっても、宗門内の問題として先例に基づく判断がなされたと指摘する[24]。その上で、元禄期に至り、「本末関係を介しての各宗内での教学統制と、勧化や開帳等の特定宗派にかかわらない一般諸人を対象とした宗教活動に対する統制」が、「相互に連関して元禄期幕府寺院行政の課題」となったと述べ、元禄期の画期性を主張した[25]。

杣田の議論は、寺院行政をめぐり、仏教教団の自律性を見出した点や、幕府宗教政策の展開を、当該期の政治構造を踏まえながら分析した点において画期的なものである。しかし、元禄期に確立した幕府寺院行政の後の展開を解明することが課題として残された[26]。

高埜は、①幕藩権力だけでなく、朝廷（天皇・公家・門跡等）も含めた近世の国家権力の特質、②近世国家権力による、宗教者や芸能者の編成のあり方、③近世の神社や、明治政府の宗教政策に伴って廃絶された修験道・陰陽道などの宗教の実態、以上三点の解明を行った。そのうち、②と③については、「本末体制」論という観点から分析を行っている。ここでいう本末体制とは、おおよそ寛文五年（一六六五）に確立し、幕藩権力が「末端に至るまでの全僧侶・山伏を編成させ、身分的に確立させる」[27]ものである。

高埜の議論の特徴は、本山・本所が宗教者を編成したことと、幕藩権力がその本山・本所を介して個々の宗教者を間接的に掌握したことを明らかにし、宗教者編成が本末体制を媒介に進められたことを指摘した点にある。とりわけ、仏教教団だけでなく、神社や遊歴する宗教者の存在にも光をあて、近世宗教世界の内実を解明するための方法を提示したことは重要であった。他方、高埜は民衆の信仰心の変容にも言及しているが、本末体制に基づく宗教組織の収奪により、近世後期には「もはや葬式を執行する檀那寺を通した仏教には大きな期待が寄せられなくなるのが大勢となった」[28]としている。しかし、経済的側面のみを取り上げてかかる結論を出すのは、やや性急に思える。

高埜による議論は、一九九〇年代以降、身分的周縁論にも接続することで、近世社会における宗教者の実態分析を進展させた[29]。その後、諸宗教・諸宗派併存といった環境が、近世仏教をどのように規定したのかを問う研究も現れる。例えば引野亨輔は、近世真宗を事例に、近世仏教の特質を近世的宗派意識の確立に求めた[30]。幕藩権力は、複数の本山や本所を公認し、それぞれに宗派内統制を担わせる。これにより、諸宗派は幕藩体制のもとで併存したが、かかる状況は、例えば浄土宗と真宗のように、「類似する宗派間」で自他の峻別が問題となり、対立を招くこともあった[31]。かくして、各宗派で常に他宗派の存在が意識され、また自己の差異化・卓越化が図られていくことで、近世的な宗派意識が育まれていったという。

さらに、(一)思想史研究、(二)国家史・政治史研究に続き、(三)地域社会史研究の観点から近世の宗教を取り上げた研究も登場する。澤博勝は、これまでの地域社会史研究が宗教者の存在を含めて議論していないことを問題視した上で、「宗教的社会関係」という分析視角を提示した[32]。この宗教的社会関係とは、「宗教的要素を中心(契機)とした地域社会における人と人、村と村、人と村、さらには社会集団どうしなどが取り結ぶ社会関係と定義」したものである[33]。澤はこの分析視角に基づき、僧侶や寺院と一般百姓身分との社会関係の解明を通じて、地域社会の実態を描き出そうとした。

澤の成果は、特殊な事例として位置づけられがちな対象も取り上げ、それらの近世社会における存立のあり方を制度と実態の絡み合いから分析したこと、地域社会構造と宗教的社会関係の相互規定の様相を明らかにしたことにある。だが、著書『近世の宗教組織と地域社会』の副題に挙げられている、「教団信仰」と「民間信仰」の具体的な内実には、踏み込んだ分析はなかった。

以上、一九七〇年代から一九九〇年代にかけて展開した、近世の仏教ないし宗教をめぐる新たな研究潮流について、代表的な成果を取り上げながら見てきた。具体的には、(一)思想史研究、(二)国家史・政治史研究、(三)地域社会史研究の観点からの成果が生み出されたが、このうち(二)と(三)は、近世史研究における、宗教という切り口の有効性を示すものであったと位置づけられる。しかし、これらの研究では、思想面の分析が上手く組み込まれることはなかった。他方、(一)思想史研究では、イデオロギー分析のほか、真宗を対象に、教団教学や門徒の信仰の特質を検討した成果が出されたものの、(二)政治史・国家史研究や、(三)地域社会史研究とは分離して研究が展開されたため、両者をどう組み合わせて議論を深化させていくのかが今後の課題となったといえる。

二　近世宗教史研究の深化

二〇〇〇年代以降になると、一九九〇年代から育まれた書物研究の知見を踏まえ、教義・教説といった、宗教をめぐる〈知〉や信仰の内実を取り上げた研究が進展する。書物研究とは、一七世紀初頭に誕生した商業出版の歴史的意義を見出し、書物の出版・流通・受容過程を通じて、近世を生きた人々の思想や、社会変容のあり方を探るものである[34]。寺院・神社などの宗教施設や宗教者のもとには、宗教知の専門性の高さもあり、大量の蔵書が形成されることが多い。こうした書物に注目することで、宗教知の具体的な様相や、宗教者の思想形成過程などを検討する道が拓かれた。

書物研究を意識した近世宗教史研究の成果は数多く出されている。例えば、寺院蔵書の形成過程および構成の特徴について検討した成果や、(35)宗教書出版をめぐる本山御用書林と仏教教団の動向を分析した研究、(36)宗教者の読書行為のあり方を検討した研究、(37)宗教書の流布や、僧侶の法話を筆録した写本(講録)の受容について分析した成果などを挙げることができよう。(38)そのほか、後にも取り上げるが、宗派間・諸教間で交わされた論争に、書物が活用されていたことを指摘した成果も出されている。(39)最近では、商業出版の成立が、仏教教団や僧侶の教化に与えた影響についても論じられている。(40)引野によれば、近世前期に各仏教教団が整備した教学研究機関で、僧侶に対する一斉教化が可能となった基盤には、「完璧な画一性を備えた刊本の登場や、大量の「教科書」の準備をいとわない民間書林の営為」(41)があったという。近世社会に定着した書物出版・流通の存在は、近世宗教に多大な影響を与えたのである。

他方、地域社会と個別教義・教説との影響関係を分析することで、宗教も含めた地域社会像の構築もさらに進展した。澤博勝は、近世宗教史研究を深化させるために、「近世寺院が内包したさまざまな機能面」の分析だけでなく、「その機能を下支えした社会構造分析や、あるいは近世法制度分析」を行うべきであると指摘する。(42)加えて、宗教者が発信する教えが社会に与えた影響や、社会の側が宗教者の教えに与えた影響を同時に考察することが不可欠であると提起した。(43)そして、自身は『近世宗教社会論』(44)において、越前国の「宗教的社会関係」の様相や、教学論争と地域社会との関係性について分析を行った。さらに、澤は、近世社会における宗教の共存と対立の様相から、近世国家の宗教政策の特質も論じている[45]。近世社会には、全面的な宗教間抗争・宗派間対立が展開しなかったが、その背景に、「近世初頭に形成された神国・仏国観を思想基調とした近世の国家イデオロギーと、寛文期から元禄期に確立した近世国家の宗教政策（この段階で異端と決定された以外の諸宗教・宗派は国家権力が公認、宗派内の問題には基本的に国家権力は不介入、宗派内に関わる犯罪については死罪以外は基本的に本山・本所に司法権を分与――など）」の存在があったという[46]。以上の指摘は、その後の政治と宗教との関係性を問う研究に、大きな影響を与えた。

『近世宗教社会論』における澤の成果は、教義・教説の地域社会への影響力にも目配りした点や、近世宗教をめぐる国家権力・諸集団の諸動向を俯瞰的に論じようとした点で、議論の深化が認められる。しかし、地域社会や諸宗教者集団に存在する共通点を見出した前著と比較すると、越前国の諸地域や、奈倉も注目した三業惑乱の特質の追究に終始する傾向にある。例えば、三業惑乱について、澤は、本山学林内部の抗争、教団内部の対立、幕藩領主による政治的関与、末寺・門徒の実力行動といった要素が重層的に展開したことに、それまでの教学論争とは質的に異なる本質があると結論づけている。だが、程度の差こそあれ、澤が三業惑乱の本質として見出した諸要素は、宗派内に展開した他の教学論争にも見受けられるものであり、他事例との比較検討を進めていく必要が残されている。また、教義・教説の影響面に関する評価をめぐっても、「地域社会構造＝「本質」論という方法的立場」をとる澤による「還元論的把握」に、「地域の特定宗教間の対立を構成した思想対立の問題」を軽視してしまうという問題点があることが指摘されている[47]。

さて、教義・教説といった要素が最も問題化するのは、宗派内や宗派間、諸教間で繰り広げられた教学論争においてである。教学論争では、宗教者だけでなく、幕藩領主や民衆も関与することがあった。とくに、幕藩領主による争論への関与をめぐっては、幕藩領主が宗教者集団の自律性をどの程度踏まえ、いかなる対応を行っていたのかについて関心が向けられた。

既述の通り、近世国家権力による宗教政策の特徴については、澤により、宗派内の問題に対して国家権力は基本的に不介入であったことや、本山・本所に対する司法権の分与（死罪以外）がなされていたことが指摘されている。この議論を踏まえ、上野大輔は、教学論争に際しての幕藩領主の立場が中立的な性格を有しており、これにより、近世社会における宗教的共存が実現したと論じている[48]。ただし、宗教的共存とは、「思想対立を論理的に解決するのではなく棚上げした、政治的共存を意味[49]」したものであり、これが、教説をめぐる対立が反復される要因となったと指摘する。

小林准士は、幕藩領主による教学論争への対応の原則と、その原則をめぐる当事者ごとの認識のあり方について、三業帰命説の批判書の出版によって生起した事件を事例に検討した[50]。小林は、幕藩領主による対応の原則は、（甲）各宗派内における本山の教学統制権の承認（宗意是非の判断には不介入）、（乙）宗派間の教義をめぐる対立の当事者同士の論争を通じた解決（優劣判定に対する不介入）、（丙）仏教諸宗派間における他宗の誹謗・自讃毀他の禁止、の三つであるとする。これらの原則の優先順位は、領主ごと、あるいは当事者ごとに解釈が異なっていたという。この点に関しては、神仏間の論争を取り上げた成果で、領主側は、公開の場における口頭の教化をめぐっては（甲）（乙）の原則を建前として示すものの、実際は（乙）原則に依拠した態度を取る傾向にあり、他方、書物を介した論争では（乙）原則を取ることが基本であったと指摘し、（甲）（乙）（丙）三つの原則をめぐる領主側の優先順位のあり方を示した[51]。

小林の議論のうち、宗教者集団の自律性の問題と大きく関わるのが（甲）原則である。小林は、（甲）（乙）ともに絶対的な原則ではなく、争論解決に際しての相対的な原則であって、「キリスト教や日蓮宗不受不施派の禁圧、あるいは三業惑乱の裁定などに見られるように、最終的には宗意の正邪判定に対する権限を幕府は保持している」と述べた[52]。これに対し、上野は、三業惑乱での幕府寺社奉行と西派本山、江戸触頭との交渉過程などを通じて教学統制権の帰属について論じ、小林の議論の見直しを行った[53]。具体的には、教学統制権は本山（機関としての門主）に帰属し、それは幕府・本山双方から認識されていたことを指摘するとともに、教説への正邪判定に幕府は介入しておらず、それにより宗意の正邪判定権を幕府が保持していたとはいえないと述べている。

なお、小林は右の上野による指摘に対し、（甲）～（丙）に加え、（丁）原則（「俗人の「帰依」（心次第[54]」）の存在を提起した上で、「必ずしも（甲）と（乙）の原則によって教学に関する教団の自律性が保証されていた訳ではなく、（丙）や（丁）を含めた諸原則の適用の仕方次第では、教義そのものに制約が課される場合があった点を見逃すべきではない[55]」と指摘している。これらの議論は、教学統制権を切り口に、仏教教団の自律性がどの程度貫徹されるものであったのかを検討したものとして位置づけられる。

以上、宗教知や信仰の問題を、地域社会や政治権力と絡めて論じた成果について取り上げてきた。このような議論に並行するかたちで、近世仏教堕落論そのものを見直す動きも進められた。まず、オリオン・クラウタウは、近代において「日本仏教」に関する歴史的研究が盛行するのに伴い、近世仏教の衰微という見方がアカデミズムに入り込んだ結果、「近世僧侶の堕落」が客観的事実として把握されるようになったことを明らかにした(56)。そして、近世仏教堕落論を乗り越えようとした後学は、「堕落論が生み出された近代日本の文脈や辻のテキストを詳細に検討することなく、近世宗教史の枠組みとしての堕落論をむやみに克服しようと努めた(57)」ために、堕落論の枠内で議論を展開する状態に陥っていたと述べる。また、上野は、近世仏教堕落論を構成する根拠などを再検討した上で、「論理内在的にも近世仏教の総括としては破綻しており、それを支える宗教観も相対的なものである(58)」と指摘している。これらの議論により、かつて、乗り越えるべき対象として見定められてきた近世仏教堕落論は、そこに内在する歴史性や、論理構造の妥当性そのものが問われるに至ったといえるだろう。

第三節　課題と方法

近世宗教史研究をめぐっては、近世宗教像を形づくってきた既存の枠組みの見直しと、近世の宗教に関する実証研究の深化が進められてきた。しかし、そのような動向と表裏をなすかたちで、議論が拡散化していく傾向も見出される。朴澤直秀の言葉を借りれば、「個別分析の成果を、宗派の特質や地域性に留意した上で総合化する動きは未だ乏し(59)」いのである。尤も、宗派差や地域差の大きい対象である近世の宗教に関する分析を、個別分析に留めないかたちで進めるには、まずは近世の宗教を解明する上で重要な要素や軸を打ち立てることが必要となろう。

以上の問題意識のもと、本書では、近世仏教の〈教え〉をめぐる諸動向に着目する。先行研究が明らかにしてきたように、近世期になると、仏教諸宗派は幕藩権力から存在を公認され、自律的な教団運営を行った。幕藩権力は、諸宗寺院法度などにもあるように、仏教教団に対して学問の励行を促した。各宗派は、宗学を研究する機関を設置し、僧侶の養成や教学の研究を進めていった（浄土宗の関東十八檀林、西本願寺の学林、東本願寺の学寮など）。

そこで形づくられた教説は、僧侶による教化や、書物流通を介して民衆へと受容され、地域社会に展開する生業とも結びつき、地域へ定着していく。(60)他方で、教学研究の進展により、経典や祖師等の著述の解釈をめぐって、宗派内の僧侶間に対立も生じる。また、近世的宗派意識の深化に伴って、自他の峻別や自己の優越化を図るため、宗派間の論争も展開した。(61)教説をめぐる宗派内や宗派間（および諸教間）の対立は、ときに幕藩領主の介入を招いたことも、既述の通りである。

以上からは、教化や教説をめぐる諸問題が、当時の思想や社会構造に規定されるかたちで立ち現れてくる様を見て取ることができる。教化・教説によって生起する事象に着目することにより、当該期の政治構造や社会構造、幕藩領主から民衆に至るまでの諸階層の意識・思想の特質をトータルに捉え返すことにつながるのである。したがって、教化や教説への着目は、宗教を媒介項に、近世期の政治や思想の特質を探る上でも有効な切り口となろう。

ところが、これまでの研究では、教学論争の展開や教説の流通のあり方などについて、諸主体の意識や動向を含み込みながらトータルに論じる試みが進められることはなかった。その要因としては、まず、近世仏教堕落論や宗教統制論の影響が考えられる。近世仏教の形式化に伴い、民心の離反が進んだとする把握からは、近世期における僧侶の教学論争は、教学の瑣末な部分を争うものと見なされてしまい、教学論争における民衆の関与は捨象される。僧侶の教化については、寺檀関係の枠内で展開されたものを〈体制化された教化〉として低く評価し、その枠外で広がった活動こそが〈活きた教化〉であり、民衆の支持を得たとする結論が導かれる。[62] しかし、近世仏教堕落論の全体的な見直しが図られている現在、教化・教説をめぐる諸動向を再検討する必要がある。

次に考えられるのは、宗派・地域ごとの差異の問題である。教学それ自体や、教学研究および僧侶養成を担う教学研究機関の制度と構造、それを支える仏教教団の構造、仏教教団と檀信徒との関係など、各宗派間や地域間の差異を無視することはできない。この点については、まずは一つの教団を素材に、教団内部に存在する差異（時期差や地域差）にも留意しながら分析を深め、議論の総合化に貢献できるような論点の提示を目指すことが現段階では必要であろう。

そこで、本書では、教学論争の展開と、教説の流通の様相について検討し、近世宗教の特質の一端を解明することを目指す。具体的には、教学論争の分析を通じ、教説をめぐってどのような問題が惹起し、その問題に対して、幕藩領主と仏教教団が、それぞれどのように対応したのかを検討する。その上で、社会へ様々な影響を与えた教説が、いかなるかたちで流布していたのか、法話に代表されるオーラルな伝達のあり方と、書物を介した流通のあり方の双方を取り上げていく。

主な分析対象は、東本願寺派の教団（本書では東派と表記）である。東派教団に注目する理由として、香月院《こうがついん》深励《じんれい》の存在がある。深励（寛延二年〈一七四九〉～文化一四年〈一八一七〉）は、越前国出身、学寮のトップである講師を務めた人物で、宗門内において、近世東派教団の教学の大成者として位置づけられている(63)。彼は、毎年、自坊・越前国金津永臨寺へ帰る際や、本山の御用により各地の御坊へ出張する際に、門徒宅や寺院に立ち寄って法話を行い、各地の僧俗を教化した(64)。その法話の筆録や学寮での講義録の写本（講録）は、全国各地に伝播している。多くの弟子を擁し、その学系からは、学寮の中核を担う学僧が何人も輩出された。また、彼の学寮での講義の一部は、『香月院深励著作集』（全七巻）として出版されている(65)。現代に入って著述が著作集として出版された近世真宗の学僧は深励以外にはおらず、その影響力の大きさが窺い知られる。

深励が学寮の講師職にあった時期（寛政六年〈一七九四〉〜文化一四年〈一八一七〉）は、学寮の制度の改革も行われた。この時期には、教団内における学寮と講師の地位が、各地で発生した異安心の排斥を経て「飛躍的に向上」していたと指摘されている(66)。学寮とは、寛文年中（一六六一〜一六七三）に設立された東派の教学研究機関である。当初は、本山の寺務を司る御堂衆の学問所の性格を有しており、末寺僧侶の教育機関ではなかった(67)。しかし、学寮で学んだ御堂衆の僧侶が、使僧として各地に赴き、教化を行うことによって、末寺僧侶の向学心が刺激され、また学寮の存在が認知されていった結果、学寮で学ぶ末寺僧侶が増加したという。宝暦五年（一七五五）になると、それまで門主の隠居屋敷（枳殻邸）にあった学寮は、高倉通魚棚へ移転し、学寮の総責任者である講師を補佐する嗣講の職が設置された。同七年には、寮司（後述）のうち、とくに学徳のある人材が就く擬講の職が設置されている。明和三年（一七六六）七月には、講師の待遇などが定められた。同時期には、本山から諸国の末寺に向け、「御末寺之輩都而御本山学寮江相詰講談聴聞可有之旨」が触れられており、これにより本山から、学寮が末寺僧侶の教育機関として位置づけられた(68)。

学寮内の組織は、大きく所化（学生）と、所化を教授する講者（講師・嗣講・擬講）で構成されている。所化のうちには、擬寮司・寮司という学階が設けられていた[69]。深励が講師在任中の寛政七年になると、学力や修学期間の要件を満たすことで、擬寮司から寮司へ、寮司から擬講へと昇進できるようになった[70]。これが、先に述べた改革の中身である。

このように、深励は学寮の講師として、多くの僧俗を教化するとともに、学寮機構の整備を進め、異安心への対応も行った。深励の存在は、近世仏教の教化・教説について分析する上でも重要であり、かかる人物が所属していた東派は、格好の分析対象なのである。

第四節　本書の構成

本書を三部構成とする。

第一部「教学論争と教学統制」では、教学論争を事例に、教学統制、および、教学統制権のあり方を検討する。第一章「羽州公巌の事件と教学統制」では、享和二年（一八〇二）に発生した出羽国酒田浄福寺住職・公巌による事件を取り上げ、学寮による教説の是非判断のあり方と、どのような教えが異端と見なされたのか、当時の社会状況にも目配りをしながら分析していく。第二章「教学論争と藩権力――尾張五僧の事件を事例に――」では、文化六年（一八〇九）～同九年にかけて展開した尾張五僧の事件を取り上げる。本事件における教団内部の諸勢力の動向や、藩権力―教団の交渉過程の検討を通じ、寺法と国法との関係性を考察する。第三章「教学論争と民衆教化――加賀安心争論を事例に――」は、文政年間（一八一八～一八三〇）に加賀国で生じた教学論争（加賀安心争論）を通じて、争論の拡大と僧俗の動向を関連づけて論じる。

第二部「教化の担い手と取り締まり」では、オーラルな教えの伝達を扱う。第四章「教化をめぐる取り締まりの構造と展開」では、仏教教団による教化活動の取り締まりについて、幕藩領主側の規制も踏まえながら検討する。第五章「〈俗人〉の教化と真宗教団」では、幕藩領主から宗教者と同様の宗教活動を行うことが認められていない、俗人による教化活動について、仏教教団側が取った対応を分析する。具体的には、文化二年に出羽国久保田で問題化した、清次郎の活動を検討する。

第三部「文字化された教え」では、文字化された教えの流通と需要について、講録を素材に検討する。第六章「近世の講録流通」では、講録を（一）学寮等での講義録、（二）法談・法話の筆録、（三）異安心取調べ関係記録、（四）問答体講録の四つに類型化した上で、このうち（一）～（三）の流通のあり方について分析を行う。第七章「問答体講録について」では、先の類型のうち、（一）～（三）のいずれにも当てはまらない（四）問答体講録に注目し、その内容と流布を分析する。

終章では、本書の成果と、今後の展望について述べる。

注

（1）辻善之助『日本仏教史』全一〇巻（岩波書店、一九四四～一九五五年）。

（2）豊田武『日本宗教制度史の研究』（厚生閣、一九三八年、のち改訂版が一九七三年に第一書房より刊行）。本書では、豊田武『宗教制度史　豊田武著作集第五巻』（吉川弘文館、一九八二年）に収録されているものを参照した。

(3) 同右四頁。

(4) 同右一二四頁。

(5) 藤井学「江戸幕府の宗教統制」(『岩波講座日本歴史一一　近世三』岩波書店、一九六三年)一六九頁。

(6) 圭室文雄『江戸幕府の宗教統制』(評論社、一九七一年)。

(7) 上野大輔「日本近世仏教論の諸課題」(『新しい歴史学のために』二七三、二〇〇九年)九〜一〇頁。

(8) 村上重良『増訂版近代民衆宗教史の研究』(法藏館、一九六三年)一二頁。

(9) 小沢浩『生き神の思想史』(岩波書店、一九八八年。のち岩波人文書セレクションとして、二〇一〇年に復刊。本書では岩波人文書セレクションを参照)一六頁。

(10) また、真宗史研究では、辻以来の近世仏教把握が、個別宗派の独自性を軽視してきたことや、従来の近世真宗研究が国家権力への迎合の側面のみを取り上げてきたことを批判し、近世真宗教団の独自性について、地域差も考慮に入れながら追究する必要性が指摘されている(児玉識『近世真宗の展開過程』吉川弘文館、一九七六年)。

(11) 竹田聴洲「近世寺院への視角」(『近世仏教』創刊号、一九六〇年)。

(12) 大桑斉「幕藩制仏教論への視座」(同『日本近世の思想と仏教』法藏館、一九八九年)二六四頁。

(13) 注(11)竹田論文一頁。

(14) 大桑斉「幕藩体制と仏教」(青木美智男・若尾政希編『展望日本歴史一六　近世の思想・文化』東京堂出版、二〇〇二年所収、初出一九七四年)、同『日本近世の思想と仏教』(法藏館、一九八九年)。

(15) 倉地克直「幕藩制前期における支配思想と民衆」(同『近世の民衆と支配思想』柏書房、一九九六年、初出一九七六年)。

(16) 安丸良夫『神々の明治維新』(岩波書店、一九七九年)。

(17) 奈倉哲三『真宗信仰の思想史的研究』(校倉書房、一九九〇年)。

(18) 有元正雄『真宗の宗教社会史』(吉川弘文館、一九九五年)。有元によれば、自身の研究は「真宗門徒の日常性におけるエネルギー」に注目したものであり、その点、「真宗門徒の非日常的なエネルギー」を描き出した安丸の『神々の明治維新』とは異なるアプローチであるという（五頁）。
(19) 同右一五頁。
(20) 澤博勝「「真宗地帯」越前の地域的特質」（同『近世の宗教組織と地域社会』吉川弘文館、一九九九年）、引野亨輔「辻善之助・近世仏教堕落論とその後の真宗史研究」（同『近世宗教世界における普遍と特殊』法藏館、二〇〇七年）。有元・奈倉による研究の問題点について、澤は「真宗（信仰）先にありき論」（二四五頁）、引野は「真宗＝特殊論」（四頁）と把握し、真宗の特殊性を前提に立論することの妥当性に疑問を投げかけている。
(21) 上野大輔「近世後期における真宗信仰と通俗道徳」（『史学』八二―一・二、二〇一三年）。上野は、まず、有元説に対しては、理論的な枠組みの先行をもとに立論している点を問題点として挙げている。また、奈倉説へは、門徒の一部が受容した三業帰命説を真宗における近代的思惟の萌芽として把握し、蓮如教学に対立する信仰と位置づけていることに対して、三業帰命説に見られる「呪術性ないし連続的思惟の濃厚な思想が、近代化と適合的である自明性もな」く、「氏が決別の必要を主張する蓮如教学こそが、近代にかけて門徒を規制し、信仰の根拠を提供したと展望される」と批判している（一〇三頁）。
(22) 杣田善雄『幕藩権力と寺院・門跡』（思文閣出版、二〇〇三年）。とくに、「近世前期の寺院行政」（初出一九八一年）。
(23) 高埜利彦『近世日本の国家権力と宗教』（東京大学出版会、一九八九年）。
(24) 注(22)杣田善雄「近世前期の寺院行政」。
(25) 同右一四七頁。
(26) かかる問題意識を踏まえ、近世中後期の幕府寺院行政について、寺檀制度や、寺社政策をめぐる通念の形成を検討した成果に、朴澤直秀『近世仏教の制度と情報』（吉川弘文館、二〇一五年）がある。
(27) 高埜利彦「近世国家と本末体制」（注(23)高埜書、初出一九七九年）一三九頁。
(28) 同右一一二頁。
(29) 高埜利彦編『民間に生きる宗教者』（吉川弘文館、二〇〇〇年）、吉田伸之編『寺社をささえる人びと』（吉川弘文館、二〇〇七年）、井上智勝『近世の神社と朝廷権威』（吉川弘文館、二〇〇七年）、梅田千尋『近世陰陽道組織の研究』（吉川弘文館、二〇〇九年）など。

(30) 注（20）引野『近世宗教世界における普遍と特殊』。

(31) 同右一八〇頁。

(32) 注（20）澤『近世の宗教組織と地域社会』。

(33) 澤「近世宗教史研究の現状と課題」（注（20）澤書）一七頁。

(34) 書物研究のうち、蔵書の活用に関する議論は、小林文雄「近世後期における「蔵書の家」の社会的機能について」（『歴史』七六、一九九一年）、横田冬彦「近世村落社会における〈知〉の問題」（『ヒストリア』一五九、一九九八年）、工藤航平『近世蔵書文化論』（勉誠出版、二〇一七年）などがある。また、思想史には、若尾政希『「太平記読み」の時代』（平凡社、一九九九年）、同『安藤昌益からみえる日本近世』（東京大学出版会、二〇〇四年）、小川和也『牧民の思想』（平凡社、二〇〇八年）、小関悠一郎『〈明君〉の近世』（吉川弘文館、二〇一二年）などの成果がある。

(35) 引野亨輔「近世真宗僧侶の集書と学問」（『書物・出版と社会変容』三、二〇〇七年）、松金直美「近世後期真宗道場における文化受容」（澤博勝・高埜利彦編『近世の宗教と社会』三、吉川弘文館、二〇〇八年）。

(36) 万波寿子「仏書出版の展開と意義」（島薗進他編『シリーズ日本人と宗教五　書物・メディアと社会』春秋社、二〇一五年）、同『近世仏書の文化史』（法藏館、二〇一八年）、小林准士「三業惑乱と京都本屋仲間」（『書物・出版と社会変容』九、二〇一〇年）。

(37) 引野亨輔「「読書」と「異端」の江戸時代」（『書物・出版と社会変容』一二、二〇一二年）。

(38) 松金直美「近世真宗における〈教え〉伝達のメディア」（『大谷大学大学院研究紀要』二三、二〇〇六年）、引野亨輔「真宗談義本の出版と近世的宗派意識」（注（20）引野書、初出二〇〇一年を改題）、澤博勝「「聖地」の誕生と展開」（同『近世宗教社会論』吉川弘文館、二〇〇八年）。

(39) 上野大輔「長州大日比宗論の展開」（『日本史研究』五六二、二〇〇九年）、注（36）小林「三業惑乱と京都本屋仲間」、同「神道講釈師の旅と神仏論争の展開」（『社会文化論集』七、二〇一一年）、引野亨輔「近世仏教における「宗祖」のかたち」（『日本歴史』七五六、二〇一一年）など。

(40) 引野亨輔「講釈と出版のあいだ」(注(36)島薗他編)。
(41) 同右一八九頁。
(42) 澤博勝「序章　宗教から地域社会を読みうるか」(注(38)澤書)九～一〇頁。
(43) 同右九～一〇頁。
(44) 注(38)澤書。
(45) 澤博勝「日本における宗教的対立と共存」(注(38)澤書、初出二〇〇五年)。
(46) 同右三二一～三二二頁。
(47) 注(39)上野「長州大日比宗論の展開」一頁。
(48) 同右。
(49) 同右二七頁。
(50) 注(36)小林「三業惑乱と京都本屋仲間」。
(51) 注(39)小林「神道講釈師の旅と神仏論争の展開」二七頁。
(52) 注(36)小林「三業惑乱と京都本屋仲間」一四～一五頁。
(53) 上野大輔「近世仏教教団の領域的編成と対幕藩交渉」(『日本史研究』六四二、二〇一六年)。
(54) 小林准士「宗旨をめぐる政教関係と僧俗の身分的分離原則」(『日本史研究』六四二、二〇一六年)一〇七頁。
(55) 同右一〇九頁。
(56) オリオン・クラウタウ『近代日本思想としての仏教史学』(法藏館、二〇一二年)。
(57) 同右二九〇頁。
(58) 注(7)上野論文四頁。
(59) 朴澤直秀「近世の仏教」(『岩波講座日本歴史一一　近世二』岩波書店、二〇一四年)二四九頁。
(60) 上野大輔「近世真宗優勢地帯における浄土宗の思想的機能」(『史林』九一-五、二〇〇八年)。
(61) 注(20)引野『近世宗教世界における普遍と特殊』。
(62) 柏原祐泉「江戸時代における布教の姿勢」(同『近世庶民仏教の研究』法藏館、一九七一年、初出一九六六年)。

(63) 加藤基樹「大谷大学図書館蔵『香月院深励関係書籍目録』と香月院深励をめぐる歴史的研究課題の覚書」(『真宗総合研究所研究紀要』二四、二〇〇五年)。また、長谷川匡俊は、浄土宗を事例に僧侶の教化活動をめぐる制度について分析しているが、そこでは、助説(他の僧侶に説教を依頼すること)が盛行していた理由として、当該期の住職が既成の寺檀関係に安逸を貪り布教に不熱心であったためと述べている(長谷川匡俊『近世念仏者集団の行動と思想』評論社、一九八〇年、同「布教統制と布教者の姿勢」同『近世浄土宗の信仰と教化』溪水社、一九八八年、初出一九七八年)。

(64) 澤博勝「仏教知の受容と伝達」(注(38)澤書)、同「近世民衆の仏教知と信心」(注(35)澤・高埜編)。

(65) 香月院深励『香月院深励著作集』(全七巻、法藏館、一九七三～一九八二年)。

(66) 注(63)加藤論文。

(67) 武田統一『真宗教学史』(平楽寺書店、一九四四年)。以下、本段落の記述は、同書および、松金直美「僧侶の教養形成」(注(36)島薗他編)に拠る。

(68) 東派の場合、学寮での修学が住職就任要件に入ることはなかった。この点、末寺子弟の檀林修学が半ば義務づけられる浄土宗や、学林への三年の懸席を住職認可の要件とする西派とは異なる(梶井一暁「東本願寺学寮における学階構造の形成」『日本仏教教育学研究』七、一九九九年)。

(69) 同右。寮司は、元々は学寮内の所化の寮を管理する事務的な役職であったが、寛政三年(一七九一)に学階の一つである擬寮司が新設されたことなどに伴い、徐々に学階化した。

(70) 同右。

第一部　教学論争と教学統制

第一章　羽州公厳の事件と教学統制

はじめに

近世日本には、幕藩権力から公認された仏教諸宗派が併存する宗教環境が形成されていた[1]。各宗派は、宗学を研究する機関を設立し、教学研究を深めていった。西村玲によれば、各宗の主たる教学研究機関は、一六世紀半ばから一七世紀前半に形成されていたという[2]。一方で、教学研究の進展は、経典や祖師等の著述に対する解釈の相違を生み出した。それは、ときに僧侶間の対立を引き起こし、檀信徒や幕藩領主も巻き込む大規模な論争に展開することもあった。

こうした教学論争は、長きにわたり、概して否定的な評価が下されてきた。例えば、近世仏教史研究に大きな影響を与えてきた辻善之助は、『日本仏教史』において、各宗派の「高僧」の業績を列挙し、学僧による教学研究の進展を肯定的に把握する一方、教学論争の頻発については、「仏教形式化の余弊」[3]であると位置づけている。

しかし近年、宗派内ないし宗派間・諸教間の教学論争に着目し、近世期の政治と宗教との関係性を見直す研究成果が登場している。そこでは、幕藩領主が原則的に宗派内における本山の教学統制権を承認し、教説の是非判断には不介入であったこと、[4]教学論争に際しては対立を抑止する存在であったことなどが明らかにされた。[5]他方、依然として課題に残されているのが、教学研究機関による教学統制の実態に関する分析である。いかなる教説が教団内で問題視され、どのような流れで取調べが進められ、解決が図られたのか、当該期の社会状況とも絡めながら論じる必要がある。

そこで本章では、享和二年（一八〇二）に発生した、公巌《こうがん》の異安心事件を取り上げる。公巌（宝暦七年〈一七五七〉～文政四年〈一八二一〉）は、出羽国酒田浄福寺住職で、出羽国や越後国等で教化活動を精力的に展開していた。[6]彼は、学寮講師・恵然《えねん》の門弟であった祖父了隆と父了現から宗学を師事し、上林白水から漢学を学んだ。また、安永七年（一七七八）に上洛した際に、悉曇学で著名な飲光慈雲に師事したほか、鎮西・天台・華厳・密教を修めた。天明八年（一七八八）再上洛時には、儒学者の皆川淇園に入門している。そして、本章で分析する享和二年の異安心取調べを経て、文化三年（一八〇六）には学寮講師・香月院深励の門下となった。能書家としても著名であった。[7]

公巌の事件の先行研究には、教学史における検討[8]があるほか、佐々木求巳の労作が存する。[9]佐々木の成果は、公巌の生涯や、思想形成過程を扱ったものであるが、そこでは、公巌事件の展開と、同事件の宗門内外での影響などを詳細に分析している。また、近年の研究として、松金直美の成果がある。[10]松金は、事件の取調べ記録の写本が各地に散見されることを指摘し、道場主の蔵書中に含まれる異安心関係記録が公巌のもののみであることなどを通じて、公巌事件の影響力の大きさを論じている。加えて、「調理の過程」を読むことを通じて「正統教学を模索する学び方が広く行われていた」可能性を想定する。[11]

公巌の事件は、以上の研究によって基本的な経過は解明されている。しかし、同時代的状況における公巌の教説の位置や、公巌自身の意識を踏まえた分析は、未だ十分ではない。松金が指摘する通り、公巌の取調べ記録は写本として全国各地に流布しており、当該事件は人々の多大な関心を引くものであった[12]。では、なぜ公巌の事件が人々の関心を惹き付けたのか、基礎史料の一つである取調べ関係記録の分析を通じて明らかにする必要があるだろう。

そこで本章では、公巌の取調べ関係記録を活用して、第一節で公巌事件の展開過程を分析し、第二節で公巌の教説の内容を検討する。第三節では、公巌自身の教説の正統性が、何によって担保されていたのかを考察していく。第四節では、公巌教説の社会的影響について分析を行っていく。

本章で用いる主な史料は、「羽州異安心七席対話」は、享和二年（一八〇二）六月二九日〜七月一二日の間に実施された、深励・宣明と公巌の対話を記録した写本である。「羽州異安心御糺」は、享和二年一一月一日〜一八日まで実施された、公巌への御糺《おただし》を記録した写本である。

第一節　公巌事件の展開

ここでは、公巌の事件の経過を、表（表1-1）の整理に基づきながら述べていきたい。事件は、享和二年（一八〇二）以前、出羽国仙北法中（法中は僧侶集団）が、公巌が異安心を唱えていると学寮に訴えたことから始まる[15]。同年五月、公巌は学寮の夏安居《げあんご》（夏の集中講義）に出席するために上洛した。その際、公巌は本山に学寮講者との対話を願い出た。この願いは受理され、本山は講師深励と、嗣講円乗院宣明《せんみょう》を聞役に任命した。(16)そして、六月二九日から七月一二日の間、学寮の講師寮において、深励・宣明との対話が実現した。その際、本山側と公巌側の双方が筆記者を立て、対話内容を記録している。対話では、公巌が用いる語の定義など、詳細な検討がなされた。しかし、対話は思いのほか長引き、盆前まで差し掛かったため、盆後に取調べの席が設けられることとなった。その間、公巌は宿預となり、京都に留め置かれている。

同年八月二八日から一〇月中には、出羽国久保田西勝寺・同国能代西光寺・同国仙北光徳寺義海・同国酒田安祥寺地中等円寺・同敬楽寺、越後国柏崎浄興寺掛所地中専念寺浄恵・同国聞光寺地中望雲寺が本山へ召喚された。彼らは公巌の教説に心服している人物であった。彼らに対する取調べの記録は現時点で確認できないが、恐らく、本山側は、彼らを通じて公巌の教説の把握を試みたと思われる。また、同時期には、望雲寺などに、公巌の法話の講録を二本提出させている。二本の講録の内容は、それぞれ、越後国中浜勝願寺（享和元年四月二一日～同年六月一日）と、越後国小黒専教寺で開催された法話である。本山が講録を取り集めたのは、次の事情による。本山は公巌に対し、出羽国内外での教化の内容を書き出すように命じた。だが、提出された内容は「一ト通リノ事計」(17)であったので、詳細な教化内容を把握するために、本山は講録を収集したという。

一一月一日～一八日には、再び深励と宣明が、公巌に対し、全八席にわたって教説の誤りを糺す御糺を行った。御糺では、先に述べた対話の記録や、収集した講録などが活用された。ちなみに、近世真宗では、概ね一八世紀半ば以降より、教学をめぐる論争が発生した際には、当事者を本山へ召喚し

表1-1　公巌の異安心事件関係年表

西暦	和暦	月日	公巌	本山	その他
					出羽国僧侶から、公巌が異安心を唱えている旨、報告
一八〇二	享和二		学寮夏安居出席／学寮講者との対話を願い出る		
一八〇二	享和二	六月二九日～七月一二日	講師寮において、深励・宣明と公巌の対話【講】		
一八〇二	享和二	七月一二日	本山上檀間、公巌を宿預とする【講】		
一八〇二	享和二	七月		庄内藩へ、公巌を京都へ差留めた理由と、公巌随逐者が訴願しても頓着されぬよう通達【飽】	
一八〇二	享和二	八月二八日・晦日		越後国聞光寺御聞糺【講】	
一八〇二	享和二	九月二日		深励、（上檀間）羽州掛りへ聞光寺の取調べ内容を上申【講】	
一八〇二	享和二	九月二一日		出羽国鶴岡広済寺聞糺【講】	
一八〇二	享和二	一〇月一二日～一三日		越後国望雲寺聞糺【講】	
一八〇二	享和二	一〇月一四日		出羽国西勝寺・同国西光寺・同国等円寺・同国敬楽寺・同国光徳寺義海・越後国専念寺取調べ【講】	
一八〇二	享和二	一〇月一五日		越後国望雲寺聞調・出羽国光徳寺義海・同国西勝寺聞糺【講】	

一八〇二	享和二			
	一〇月一六日		越後国望雲寺聞調・出羽国光徳寺義海・同国西勝寺聞糺【講】	
	一〇月一七日		越後国望雲寺聞調【講】	
	一〇月二〇日		越後国望雲寺・出羽国光徳寺義海聞糺、深励、西勝寺の書上の件を（上檀間）羽州掛りと相談【講】	
	一〇月二四日～二五日		越後国望雲寺調、出羽国光徳寺義海・同国等円寺・同国敬楽寺を聞糺【講】	
	一〇月二六日		越後国望雲寺聞調、出羽国光徳寺義海・越後国浄興寺地中専念寺浄恵書出提出、出羽国等円寺・敬楽寺・広済寺聞糺【講】	
	一〇月二七日		本山集会所において、深励、公厳の御礼掛り拝命【講】	
	一〇月二九日		出羽国光徳寺義海聞糺【講】	
	七月～一〇月？			深励、公厳の著作・講録を収集
	一一月一日～一八日	深励・宣明、公厳を御糺（一一月四日・六日・八日出羽国光徳寺義海聞糺、八日出羽国真敬寺聞糺、一二日越後聞光寺へ教示）【講】		
	一二月二日	公厳再御糺（【講】では四～五日）		
	一二月三日	公厳、請書を本山へ提出【糺】		
	一二月六日	公厳等、本山家臣へ回心状提出【糺】	出羽国専念寺・同西光寺御叱捨【講】	

		一二月七日～一七日	公巌他九名に対し、深励と宣明が教誡演説【講】【谷誡】		
		一二月二三日	公巌、処分申渡【講】【紀】		
一八〇三	享和三	一月		本山、庄内藩へ公巌の処分内容ならびに浄福寺寺役を公巌実子刑部卿に申しつけた旨連絡【飽】	
		一月一九日			本山集会所、山形城下中本山専称寺へ飛脚を派遣／公巌に随従し、異安心を教化していた平鹿郡角間川村長応寺弟隆潭に関し、同人と懇意にしていた猪野沢村法善寺が同人を本山へ召し連れるよう命じる【事】
		閏一月六日		出羽国・越後国惣末寺中・惣門徒中へ、門主達如から教誡御書が下付【弘誡】	
		二月一五日		本山、諸国僧俗宛「御安心筋ニ付御触示」を作成【聖】	
		二月二九日			尾張国僧俗へ、公巌の教説を周知徹底する触が通達【聖】
		三月			東近江僧俗へ、公巌の教説を周知徹底する触が通達【谷誡】
		六月三日～一一日			懸皷庵・勝福寺、山形城下へ下向。達如御書紐解・演説【事】

一八〇六	文化三	八月	公巌等、深励に入門	懸鼓庵・勝福寺、出羽国久保田へ下向【事】

典拠　佐々木求巳『近代之儒僧公巌師の生涯と教学』、松金直美「近世真宗東派における仏教知の展開」、同朋大学仏教文化研究所所蔵「羽州異安心御糺 本・末」【糺】、名古屋市鶴舞中央図書館所蔵「聖徳寺蔵触状留 二」【聖】、『山形市史 史料編二 事林日記上』【事】、『飽海郡誌 中巻』【飽】、大谷大学図書館所蔵「羽州公巌寮司八席御教誡」【谷誡】、同「講師寮日記」巻六【講】、弘前市立弘前図書館所蔵「出羽越後法中御教誡 坤」【弘誡】。

て、事実関係や教学解釈の教学理解を確認する取調べ（聞調《ききしらべ》という）を行った[18]。公巌の事例では聞調は行われていないが、対話が事実上の聞調として扱われた。

翌一二月二日・三日には、公巌に対し、再御糺が開かれている。これは、御糺の内容に関して不審な点がないか確かめるとともに、本山側が御糺上のやりとりを元に作成した請書草案（公巌の教義理解の誤りを箇条書きにまとめたもの）の内容を確認するものであった。再御糺終了後、同三日中に公巌は先の草案を踏まえた請書を作成し、本山へ提出した。同月六日には、公巌ならびに久保田西勝寺・同専念寺・同真敬寺・能代西光寺・秋田光徳寺義海・酒田安祥寺寺中等円寺・同寺中敬楽寺・越後柏崎聞光寺寺中望雲寺・柏崎浄興寺寺中専念寺浄恵が、本山へ回《え》心《しん》書を提出している[19]。

一二月七日〜一七日、回心書の提出を受け、深励と宣明は公巌他九名に対して教誡演説を行った。この教誡は、公巌御糺での議論について、全一五回にわたって解説するというものであった。具体的には、七日は深励の演説のみ行われ、八日以降は宣明・深励の順で一席ずつ実施された。宣明の演説は、深励の演説内容の補足であった（なお、御糺八席目は、深励による演説のみ）。

教誡が終了したのち、本山は公巌等に処分を下した。[20]公巌は住職召放の上、法談・法話・内講・会読ならびに帰国御差留と、在京して教学の修得をするよう命ぜられた。出羽国久保田西勝寺・真教寺・義海・等円寺・敬楽寺、越後国専念寺・望雲寺は、帰国の上、門徒同朋へ「御正意」を伝えることが申しつけられている。

翌享和三年閏一月に入ると、同月六日付で出羽国・越後国惣末寺中・惣門徒中に対して門主達如から教誡御書が下付された。そして、全国各地に、公巌の教説の誤りの概略を列挙した本山からの触が流された。現時点では、同年二月の尾張国僧俗宛（史料一、後述）と、同年三月の東近江僧俗宛[21]に発布された本山からの触の写しを確認できる。また、本山使僧として懸鼓庵と勝福寺が、同年六月三日～一一日には山形城下へ、八月には久保田へ下向し、門主達如の御書を紐解して演説を行った。[22]以上が、公巌事件の推移である。

第二節　公巌の教説の特質

公巌はどのような教説を主張していたのだろうか。史料一は、尾張国僧俗宛に出された本山からの触の一部である。異安心と処断された公巌の教説の概略を提示し、門末に周知徹底させる内容となっている。

【史料一】（〔番号〕は筆者が付した）

（左記内容の伝達を指示、前略）

一筆令啓達候、先以御門跡様御機嫌克被為成御座候候《ママ》、然者羽州飽海郡酒田浄福寺公巌義、従来御宗意心得違異解異安心之趣をもつて荒涼ニ相勧候間、同人御糺有之候ニ付、羽州幷越後表一類之者共も被召登御吟味有之候、就夫公巌所立之趣左ニ申達候

一、〔1〕一念帰命之勧方ニ付三業帰命ニ而も口上頼にても不苦と申事

一、〔2〕善知識之御教化種々不同ニして月を指ス指のことくト申事

一、〔3〕末燈鈔ニふかく信して称ふると有上ハ一念帰命之正定業の念仏にして報謝ニハあらすと申事

一、〔4〕一念帰命ハ凡夫の念相ニ而行者心中に金剛心を得るといふ事これなしと申事

一、〔5〕信心の体に機と法とをわかちて、行者能帰の信するこゝろハ南無阿弥陀仏を体とせハと申事

一、〔6〕一念帰命の信心ハ往生の因にならす、往生の因ハ仏の大悲心なりと申事

一、〔7〕正定と滅度衆生ニ約すれハ二益なれとも仏果の義門にてハ体一なりと申事

一、〔8〕信後相続の憶念ハ凡夫の機情にして金剛心之不断なるにならすと申事

右等之件々悉自己之妄解ニ而、古来御制禁之異計ニも濫シ候不正義ゆへ、段々御聞糺有之候処、公巌始一類之者共迄心底より誤入廻心状指上之候ニ付、尚亦以御慈悲御教誡被成下御裁許被仰渡候件令落着候、就夫於其処ハ右公巌之勧方自然致流布、若右等之異解ニ致屈執心得違候事可有之哉と、誠人命不定旦夕も難被捨置、御安心之一大事ニ候らへハ、遠境旁別而御不安慮ニ被思召候、何レ追而御使僧御指向御教誡可被成候得とも、先前段之趣ゆへ此義早速申達、万一相

惑ひ候者も有之候ハ、、速ニ相改御正意ニ相本付候様ニとの御事ニ候（後略）[23]

〔一〕～〔八〕は、それぞれ、一二月三日に公巌が本山へ提出した請書の内容を要約したものとなっている。だが、この触の内容だけでは、公巌の教説の問題点を具体的に把握することは難しい。請書は、先述の通り、御糺全八席で議論されていた内容を踏まえて作成されたものであるので、以下、対話や御糺の記録で補いつつ、公巌教説の特質を確認したい。しかしその前に、近世真宗の教義について、本章と関わる範囲で触れておく。真宗では、信心を重視する立場に基づき、阿弥陀仏を疑いなく信じると同時に極楽往生が定まるとされる。なお、蓮如は極楽往生に至る行為を「たのむ」と表現したが、近世真宗では、この「たのむ」を、往生を欲し願う行為（欲生《よくしょう》）とする欲生正因《しょういん》説と、信じて疑わないこと（信楽《しんぎょう》）とする信楽正因説という二つの解釈が存在した[24]。西本願寺最大の異安心事件である三業惑乱で問題となり、後に異安心として否定された三業帰命説は、欲生正因説の立場から、身口意（阿弥陀仏に礼拝しながら、口で助けたまえと称え、心で救済を願う）の三業を揃えて阿弥陀仏に救済を求める（祈《き》願請求《がんしょうぐ》する）ことで、極楽往生が定まると主張する説である。

さて、公巌の教説の独自性は、その救済論理にある。公巌は、「たのむ」を欲生として解釈し[25]、阿弥陀仏に自己の救済を願うと、阿弥陀仏が慈悲の心（大悲心）をもって人間を救うと説いた。したがって、公巌は、救済を求める人間の行為と、救済を実現する阿弥陀仏の働きが組み合わさることで[26]、救済が成立するとした（〔六〕）。ただし、彼は、人間が関わる行為は全て往生の因とはならず、阿弥陀仏の大悲こそが往生の正因となると考えるため、彼の立場では、「たのむ」を欲生として解釈しつつ、往生の正因には含めない[27]。ゆえに、欲生正因に基づく三業帰命説等の諸説を全面的には肯定しない。だが、自己の行為の限界性を認め、阿弥陀仏だけが救済する力を有すると理解した上で救済を願うのであれば、どのような救済の求め方でも許容した[28]。よって、三業帰命説等を限定的に認めた（二一）。また、これに関連して、救済の願い方は幾通りもあり得るが、それは親鸞以来の歴代門主の教化内容に差異が存するためであるとした（二二）[29]。これもまた、三業帰命説等を限定的に肯定する論拠となった。

なお、〔五〕は少々分かりづらいが、これも公巌の救済論理と密接に関わる。これは、蓮如御文における信心の本質（信心の体）の定義を述べた部分である[30]。公巌は、一念帰命の信心を往生の正因としない観点から、蓮如御文には、信心について二つの定義が存在すると解釈する。一つは「一流安心の体といふ事。南無阿弥陀仏の六字のすがたなり、としるべし[31]」（四帖目第一四通）を、仏心の有り様を表現したものとし、もう一つは、「南無阿弥陀仏ノスカタヲコ、ロヱワケタルヲ体トス」（三帖目第七通か[32]）で、これは自己の救済を願う状態を示すものとする[33]。したがって、公巌の論理では、往生の正因となる信心は、前者の信心＝仏心となる。

往生正因を仏の心に比定する公巌の解釈では、往生決定後の人が到達する心の有り様についても、独自の説明が加えられる（〔四〕〔八〕）。一般的に、往生決定後の人が有する信心は、何者にも破壊されず、堅固不動であることから、「金剛心」とも称される[34]。この金剛心は、「行者ノワロキ心ロ」が「如来ノヨキ御心ロ」に変化したものであり[35]、この心の状態になることで、人は阿弥陀仏に対する報謝を一生涯続けていく。しかし、公巌の理解では、金剛心はあくまでも仏が有する心を指し、人が持つことは叶わないものであると定義される(36)。

さらに、称名に関しては、公巌は最初の一声の念仏を、往生を決定する念仏（正定業《しょうじょうごう》）として特別視する（〔三二〕）。公巌はその論拠として、親鸞『浄土和讃』の「弥陀の名号となへつゝ　信心まことにうるひとは　憶念の心つねにして　仏恩報ずるおもひあり(37)」を挙げる。この中の「弥陀の名号となへつゝ　信心まことにうるひとは」の部分を、公巌は阿弥陀仏への祈願請求として解釈した(38)。ゆえに、最初に称える念仏を正定業と位置づけたのである。

また、正定聚《しょうじょうじゅ》と滅度《めつど》の関係（〔七〕）についても、独自の解釈を施す。正定聚とは、さとりを開いて仏になることが決まっている輩のこと、滅度とは生死の苦を滅して彼岸（さとりの世界）に渡ることをいう。公巌は、仏から見た場合と、人から見た場合とで両者の関係性が変わるとした(39)。仏のさとり（仏果）から見れば、両者は共に仏が与えるものであるから、両者に区別はなく、一体のもの（正定聚＝滅度）である。だが、行者から見れば、「たのむ」ことによって正定聚が得られ、滅度は臨終のときに得るものだとした。

以上見てきたように、公巌の教説は、独自の救済論理に基づいて聖教類を解釈したところに特色がある。したがって、御糺では、公巌の救済論理を異安心の「根本(40)」と見なし、論駁がなされている。具体的には、深励と宣明は、信楽正因説の立場から、真宗では人間の信心こそが往生の正因となると述べ、公巌の救済論理を根底から否定した。その上で、公巌の聖教類の解釈を徹底的に斥けている。

加えて指摘しておきたいのが、公巌の教説には、本山が異安心として否定する教説との共通点が随所に見出されることである。それは、〔三〕でいう、最初の一声の念仏を正定業とするという部分と、

〔七〕の正定聚と滅度の関係性である。前者は、明和年間（一七六四〜一七七二）に東派で異安心とされた三業帰命説（後述）と、一念九念の異計という異安心と合致するとされる。明和年間に処断された三業帰命説は、深励によれば以下の内容であるという。それは、口で御助け候えと言い、心に助けたまえと思い、身に礼拝することを勧めるもので、この口で述べる「助けたまえ」が梵語でいうところの南無阿弥陀仏にあたるとする内容であった。したがって、最初の念仏を祈願請求の念仏と位置づけるのは、この三業帰命説と同じであるという。(41)また、一念九念の異計は、「乃至十念《ないしじゅうねん》」（乃至は回数を限定しないこと、十念は十声の念仏の意）の「十念」を初一念と残り九念に分割し、前者が阿弥陀仏に帰依したことを示す往生の業で、後者が報謝の行為であると位置づける説である。(42)本山教学では、帰依と報謝は一体の行為であるとし、一念九念の考え方はとらない。

正定聚と滅度の関係性については、正定聚と滅度を獲得する時期について、公巌の考えは本山の教えと齟齬するという指摘がなされる。(43)本山の教えでは、正定聚はこの世で行者が得る位のことであり、滅度（さとりの境地）は浄土に往生した後に得られるものであるとされる。だが、公巌の解釈では、正定聚も滅度もこの世で行者が得る利益となる。しかし、それでは異安心の一つである、この世にいながら滅度に至るとする一益法門と同様の説となるという。

公巌の教説からは、彼独自の聖教解釈に基づく救済論理と、そこから導き出される三業帰命説等の（限定的）肯定、そして本山が異安心とする種々の教説との共通性が見出された。佐々木求巳は、公巌の教説を「当時の真宗内部に充満してゐた異計全部を内包するもの」(44)と評しているが、まさに、彼の教説は近世真宗において異安心と見なされた教説を集約したものであったといえるだろう。以上の点から、彼の教説は異安心として処断されたのであった。

第三節　公巌の「正統」化論理

第二節で見てきたように、公巌の教説は様々な異端的と見なされる教説を組み合わせるかたちで構成され、それゆえに講者から異安心と判断された。

とはいえ、無論、公巌当人は、自身の教学理解は「正統」なものであると深励たちに主張していた。では、彼は何を根拠に、自らの教説が「正統」であると主張していたのだろうか。

公巌の「正統」化論理の内実を知ることができるのが、七月一二日の対話である。そこで公巌は、前節の史料一の〔六〕に関わる議論に関し、その論拠として第三代学寮講師恵然の著作『欣浄妙術』（別名『信受本願義』）を挙げている[45]。

公巌の話では、恵然は公巌の祖父了隆と父了現に対し、ある文章を贈った。それは、『欣浄妙術』の一節を理解する際、「能帰所帰能得所得」（救済を行う阿弥陀仏に人が帰依することによって〈能帰所帰〉、阿弥陀仏の側にある揺るがない心（金剛心）を獲得する〈能得所得〉の意）という解釈に基づいて考えよと指示する内容であったとされる。ただし、公巌の元にある文章が恵然の自筆かどうか深励から問われたところ、公巌は、自筆ではなく、書写されたものであると返答している。

その『欣浄妙術』から公巌が引いた一節は、次のものである。

【史料二】

タヾ生レツキノ心ヲ以テ弥陀ニ帰スルトキ、往生成仏ノ真因ハ仏智ヨリウルナリ、故ニ改邪鈔ニ云、今報土得生ノ機ニアタヘマシマス仏智ノ一念ハスナハチ仏因ナリ、カク仏因ニヒカレテウルトコロノ定聚ノクライ、滅度ニ至ルト云ハ、スナハチ仏果ナリト、ソノ生レツキノ心ロマ、デ帰スルト云ハ機情ノ能帰ナリ、コレハ機情デ帰スルノナリ、ソノトキ往生成仏ノ真因ヲ仏智ヨリウルトアリ、スレバ、能帰ノウルトコロノ真因ナリ、コ、ヲ改邪鈔ニ報土得生ノ機ニアタヘマシマス仏智ノ一念ハスナハチ仏因ナリ」トアリ、アタヘタマフ仏智ガ因ニナルト云コト(46)

右の内容を意訳しつつまとめると、以下の通りとなる。人がただ生まれついたままの（＝まっさらな）心で阿弥陀仏に帰依するそのとき、仏智の働きによって往生し仏となる。すなわち仏因によって往生できる。このように仏因によって獲得した正定聚の位は、仏からもたらされた結果（仏果）である。また、生まれつきの心のままで帰依するというのは、機情、すなわち人の心の働きによって帰依するということである。

ところが、この公巌の主張に対して深励は、写本には写し誤りも生じること、また聞き誤りということもあり得ると述べ、『欣浄妙術』からの引用は証拠にならないと指摘した(47)。すると公巌は激高し、その結果、それ以上議論は深まらず、対話は終了した。

しかし、『欣浄妙術』を用いたことにより、公巌は足を掬われることとなる。一一月一三日の御紀において、深励は立ち会っている勝福寺に『欣浄妙術』の文章を読み上げさせ、公巌の説を斥けた(48)。

一例を挙げると、『欣浄妙術』の「初ノ雑心自力ノ疑情ヲステタル処、即チ一心。信疑ノ二心ナラハス唯ヒトスチニ帰命スル心ヲ一心トイヘリ、コレスナハチ大経ノ信楽ナリ、化身土巻曰報土真因信楽ノ為レ正ト故也」(49)を引き、ここには一筋に弥陀に帰依する心が往生する真因であるという意が書いてあるとして、仏因による往生を説く公巌の主張を否定している。また、公巌が引いてきた一節に対しても、実際の『欣浄妙術』には「タ、ムマレツキノマ、ニテ帰スルトキ往生成仏ノ親因ハ仏智ヨリウルナリ」とあって、一致していないと指摘している。では、どの程度の違いがあるのか、公巌が引いた一節(史料二)を、『欣浄妙術』(50)の該当部分に照らし合わせて確認してみよう(傍線部は原文と異なる部分、取消線は『欣浄妙術』の原文にない部分である)。

【史料三】

タ(只)ヾ生レツキノ心ヲ以テ(マ、ニテ)弥陀ニ帰スルトキ、往生成仏ノ真(親)因ハ仏智ヨリウルナリ(也)、故ニ改邪鈔ニ云(曰)、今報土得生ノ機ニアタヘマシマス仏智ノ一念ハスナハチ仏因ナリ、カク(ノ)仏因ニヒカレテウルトコロノ定聚ノクライ(ヒ)、滅度ニ至(イタ)ルト云ハ、スナハチ仏果ナリ(」文)ト、ソノ生レツキノ心ロマ、ニ帰スルト云ハ機情ノ能帰ナリ、コレハ機情ニ帰スルノナリ、ソノトキ往生成仏ノ真因ヲ仏智ヨリウルトアリ、スレバ、能帰ノウルトコロノ真因ナリ、コヽヲ改邪鈔ニ云(曰。)報土得生ノ機ニアタヘマシマス仏智ノ一念ハスナハチ仏因ナリ」トアリ、アタヘタマフ仏智ガ因ニナルト云コト

一見して分かるように、「ソノ生レツキノ心ロ……アタヘタマフ仏智ガ因ニナルト云コト」は、引用部分の原文には見当たらず、『欣浄妙術』の他の部分にも存在しない。この一文は、人間の心の働

きによって阿弥陀仏に帰依することが契機となって、阿弥陀仏から往生成仏を得ることができる、とする内容である。これは、阿弥陀仏の力によって、人間の揺れ動く心が阿弥陀仏の揺れ動かない心（金剛心）へ変化し、その金剛心が往生成仏の因となる、とする本山の教えとは大きく異なる。

以上より、公巌は対話の席で『欣浄妙術』の一節を自説に合うよう改変し、恵然の権威を利用して講者たちよりも優位に立とうとしていたことが窺える。しかし、御紕において、その作為が露顕するに至ったのである。

では、何故公巌は、恵然の存在を持ち出したのだろうか。父や祖父の師であることだけがその理由なのだろうか。その点を考えるには、恵然がいかなる講師であったのかをまず確認する必要があろう。

恵然（元禄六年〈一六九三〉～宝暦一四年〈一七六四〉）は、和泉国堺専称寺に生まれ、初代講師として位置づけられている恵空(51)（正保元年〈一六四四〉～享保六年〈一七二一〉）に入門した人物である(52)。恵然は享保一四年、三七歳で講師に任命され、諸国から集まる末寺僧侶を教導していた。この頃の学寮は門主の隠居屋敷である枳殻邸の一角に所在していたが、修学する僧侶が増えて手狭になったため、恵然が時の門主・従如に学寮の移転を出願した。その結果、学寮は宝暦五年（一七五五）、高倉の地に移転された。恵然はさらに、講者・上首・寮司・大衆の職務規程などを定め、本山当局へ提出している。また、移転後に行われた恵然による夏安居の講義には門主も臨席したが、これ以降、毎年の安居の開講時に門主が臨席することが恒例になったとされる。恵然は、深励たち学寮講者にとって、学寮の基礎を確立した重要な先人だったのである。

したがって、公巌がその名前を持ち出したのは、恵然が単に父や祖父の師であったからだけではなかったと思われる。公巌は、自身こそが学寮の教学を正しく継承していると示し、自身の教学理解の「正統性」を講者たちに認めさせようとしたのではなかろうか。

だが、恵然と公巌の学説が実際には一致しなかったことを抜きにしても、学寮講師の権威に拠って自身の正統性を主張する公巌の方法には限界があった。深励は七月一二日の対話で、激した公巌に対し、次のように諭している。[53]学寮の講者とはあくまでも学問を研究するために設置された職であり、その職分は聖教の文義を研究することである、と。加えて、善知識（門主）からも講者の著述を安心の鏡にせよと指示が出されたことはない、とも語っている。また、一一月一三日の御紀でも深励は、正統安心を示す根拠となるのは祖師親鸞の聖教や歴代門主の御言葉だけであり、講者の著述は証拠として用いることはできないと述べている。[54]教説の正統性を担保するのは親鸞や歴代門主の著述であり、学寮講者はそこには含まれないのである。こうした講師自身の認識もあり、公巌の作戦は失敗に終わったのであった。

第四節　公巌教説の影響

前節までは、実際の取調べの内容を見ていくことで、公巌の教学理解が異安心として否定されていく経過を分析した。また、公巌の教学理解が、当時の真宗教団で異安心として排斥された様々な説が盛り込まれるかたちで構成されていたことも指摘した。

本節では、公巌の教学理解が社会へ広まることで、如何なる問題が生じうるのかを考えていきたい。

公巌は、精力的に教化を行い、自身の理解を人々へ説いていたために、その社会的な影響も少なくないと想定できるからである。具体的には、東西両派の教学をとりまく状況と、地域社会における門徒の動向を分析することで、右の問題を検討していく。

まず、西派の動向について。西派では、先に述べたように、一八世紀半ば頃から一九世紀初頭にかけ、三業惑乱という近世最大の異安心事件が発生した。(55) 三業帰命説は、元々宝暦年間（一七五一～一七六四）に発生した異安心を破る説として登場した教説であり、(56) その後、西派の正統教学として位置づけられた。だが、同説を異安心だと見なした地方学僧の一部から、同説に対する批判が出た。(57) さらに、東派僧侶宝厳が同説への批判書を出版したことが契機となって、宗内の対立が激化する。(58) 享和元年（一八〇一）になると、美濃国大垣藩領で門徒が騒動を起こす。これが幕府の介入を招き、文化三年（一八〇六）七月、幕府は西本願寺を閉門とし、関係者を処分した。(59) 公巌が取調べを受け、処分された享和二年は、三業帰命説をめぐって西派が大混乱していた時期にあたるのである。

一方の東派では、明和四年（一七六七）に三業帰命説(60)を主張する越後国了専寺と、法体募り(61)を主張する同国久唱寺が論争を起こしている。最終的に、両者の教説は本山から異安心と判定され、ともに処分された。この論争については、水谷寿が、「此の異解諍論の内容が、三業惑乱に宛然同じと見らるゝ点よりして、当時、斯かる異解の傾向が東西両派に亘り全国的に瀰漫して居た事が知らるる」という評価を下している。(62)

以上を、三業帰命説を軸にまとめると、西派では、当初本山の正統教学とされた三業帰命説が、最終的に異安心として否定されたが、東派では、明和期の論争を経て、本山では異安心とされていた。

公厳の教説が問題化していた当時は、東西両派ないし東西間で、三業帰命説をめぐって種々の対立が生じていたのである。

教学をめぐる混乱は、地域社会にどのような影響を与えていたのだろうか。越後国片貝村の庄屋を務めた太刀川喜右衛門（西派明鏡寺檀家）が著した、『やせかまど』のなかの「宗門惑乱の事」という記事から見ていきたい[63]。この記事には、三業帰命説をめぐる地域社会の動向が詳細に記載されている。また、公厳が越後国各地へ教化に訪れていたことや、出羽国・越後国の僧俗が公厳の教説に帰依していたことについても書かれている[64]。

地域社会における三業惑乱の影響については、すでに奈倉哲三が同史料を用いて詳細な分析を行い、三業帰命説が東西両派共通の問題として展開していたことを指摘している[65]。加えて、同地に公厳が来訪していたことにも触れ、「三業惑乱とほぼ同時期に東本願寺派で発生した本山大学匠浄福寺公厳《ママ》（出羽酒田）の異安心をめぐる騒動が、公厳《ママ》の訪れたこの片貝の村でも発生している[66]」と述べている[67]。ここでは、公厳の教説の問題性を探るという視座から、『やせかまど』の記述を取り上げてみたい。

片貝村が所在する下越[68]の宗派構成は、真宗が多数を占めていた。この地域の真宗門徒は、東西の別なく真宗の行事に参加していたとされる[69]。また、一村内の住民の寺檀関係は錯綜しており、寺檀関係の枠を超えた民衆と宗教施設との関係性が見受けられるという[70]。片貝村の場合も、真宗門徒が宗派構成のほとんどを占めるとともに、「凡寺院二十ケ寺余檀那あり」、「東西の御門末半は」、という状況であった[71]。この「東西の御門末半は」で構成される片貝村に、三業惑乱の波が押し寄せ、次のような事件が発生している[72]。

ある日、片貝村東派浄照寺に出羽国円宗寺（東派か）が来訪して三業帰命説を批判した。それを知った越後国四郎丸円光寺（西派）が、浄照寺に対し、円宗寺との問答を申し入れた。だが、浄照寺は「当寺にて問答等致度は、長岡御役所より添状持参すへし、当地頭へも訴へて、問答致さすへし」と拒絶し、問答は実現しなかった。

円宗寺との一件のあと、越後国あら町西派光徳寺が片貝村に来訪し、村民へ三業帰命説を勧めた。他方、同じく片貝村に来訪した北村本善寺は、同説を批判した。三業帰命説をめぐって相反する二つの教化が行われたことにより、片貝村の門徒は「二ツに別れて日夜争」い、「村方騒々しき」状態となった。

三業帰命説は、著者である太刀川喜右衛門と、その檀那寺・明鏡寺との関係にも亀裂を生じさせた。喜右衛門によれば、明鏡寺住職露慶は当初、三業帰命説を否定する立場であったという。あるとき、片貝村を訪れた吉崎忠右衛門という俗人が、三業帰命説を露慶に勧めた。露慶はこれに立腹し、「在俗の者とも《として》僧侶に勧る条奇怪也」と叱った。この露慶の対応に、喜右衛門は感心する。だが、それから一〇日も経たないうちに、露慶は京都で修学した教行寺宗道から三業帰命説を勧められ、これに帰伏してしまった。そして、喜右衛門に対し、仏前で「後世の一大事御助け被成下さりませ」とたのむよう要求した。承服しない彼に対して露慶は、喜右衛門が納得しなければ「一村の治も悪く、また当寺も本山へ対し立難」いと説得する。結局、喜右衛門は、しぶしぶ露慶の言に従った。また、露慶は同じことを村中の門徒にも要求し、さらに、阿弥陀仏への祈願請求を行ったことを示す印形も取ったという。

一連の事件を通じて、三業帰命説をめぐり、東西両派の寺院間で小規模な論争が発生していたことや、門徒の立場を二分する状況が生み出されていたことが分かる。さらに、東西両派の門徒は、三業帰命説の内容を深刻に受け止めていた。喜右衛門によれば、三業帰命説に帰依した「愚かなる僧俗」は、今頃は同説に帰依しないまま先立った親兄弟が地獄に堕ちているだろうと涙を流していると述べている。下越では、奈倉が指摘する通り、三業帰命説が東西の別なく僧俗双方の信仰に多大な影響を与えていたのである。

このような地域に、三業帰命説を（条件付きではあるにせよ）容認する公巌の教説が入ればどうなるだろうか。ただでさえ、三業帰命説の可否をめぐって東西の別なく僧俗が争っているところに、三業帰命説を否定した東派に属する、それも、高名な僧侶が同説を肯定したとあっては、さらなる混乱を引き起こしただろう。公巌の教説が異安心として否定された背景の一つには、三業帰命説をめぐる地域社会の混乱状況があったのである。

おわりに

本章では、公巌事件の経過と、公巌の教説の特徴、そしてその教説の同時代における位置づけについて検討してきた。公巌の教説には、独自の聖教解釈から導き出される救済論理が存在していた。その救済論理により、三業帰命説などが（限定的に）肯定された。また、彼の教説には、様々な異安心と共通する内容が含まれていた。

公巌の教説が問題視された背景には、三業帰命説をめぐる東西両派の緊張関係があった。公巌の教説が生み出された当時、三業帰命説は西派では正統とされていたが、東派では異安心とされていた。公巌が来訪していた下越では、同説をめぐって東西両派の寺院間で論争が多発していた。そのような状況で、三業帰命説を限定的に肯定する公巌の教説が広まることは、三業帰命説を異安心とする東派にとっては認められないものであり、また、東派教団内に悪影響を及ぼしかねないものと見なされたと思われる。以上により、公巌の教説は本山の取調べのなかで否定されたのである。

最後に、学寮の権威の上昇という点に関して、展望も交えながら論及し、本章の締めくくりとしたい。

第三節で述べたように、公巌は自身の正統性を講者たちへ主張する際、当時の学寮の基礎を形づくった恵然の権威を利用しようとしていた。教学研究機関の学僧の著述を自説の正当化に利用するあり方は、一八世紀半ばに西派で発生した長門円空の事件にも見出せる(73)。

本章で注目したいのは、公巌が宗祖や歴代門主の著述だけでなく、学寮の講師を務めた僧侶の著述を自説の正当化に用いたことである。公巌の場合、講師の権威の利用は取調べに際しての戦略的なものであったと見なせるが(74)、それでも、宗祖や歴代門主の著述以外に、学寮講師の著述も、正統を担保する根拠として活用できると認識されていたことは興味深い。屢述した通り、かかる公巌のやり方は、根拠としていた引用部分が実際の著作と異なっていたこと、そして、正統安心を示す根拠となるのは宗祖や歴代門主の著述に限り、講師の著述は証拠とはならないという講者側の認識によって否定された。とはいえ、この出来事は、教学統制権を実質的に担う学寮の存在自体が、「正統」を担保する権威として見なされうることを示すものとして捉えることができるだろう。

では、こうした学寮を中心とした教学統制のあり方は、幕藩権力とどのような関係にあったのだろうか。次章では、藩権力の介入を招いた教学論争を取り上げ、右の点について検討していきたい。

注

（1）引野亨輔『近世宗教世界における普遍と特殊』（法藏館、二〇〇七年）。

（2）西村玲「近世仏教論」（同『近世仏教論』法藏館、二〇一八年、初出二〇一二年）。近世期の教学研究機関の概要については、斎藤昭俊が天台宗・真言宗・浄土宗・日蓮宗の事例を紹介する（斎藤昭俊「近世篇」同『日本仏教教育史研究』国書刊行会、一九七八年）。

（3）辻善之助『日本仏教史』九（岩波書店、一九五四年）一七四頁。

（4）小林准士「三業惑乱と京都本屋仲間」（『書物・出版と社会変容』九、二〇一〇年）、同「神道講釈師の旅と神仏論争の展開」（『社会文化論集』一一、二〇一一年）、同「宗旨をめぐる政教関係と僧俗の身分的分離原則」（『日本史研究』六四二、二〇一六年）。

（5）上野大輔「長州大日比宗論の展開」（『日本史研究』五六二、二〇〇九年）、同「近世仏教教団の領域的編成と対幕藩交渉」（『日本史研究』六四二、二〇一六年）。

（6）佐々木求巳『近代之儒僧公巌師の生涯と教学』（立命館出版部、一九三六年）。以下、公巌の記述は同書に拠る。

（7）注（6）佐々木書。公巌の墨蹟については、松金直美「近世真宗東派における仏教知の展開」（『真宗文化』二二、二〇一三年）で紹介されている。

（8）中島覚亮『異安心史』（無我山房、一九一二年）、水谷寿『異安心史の研究』（大雄閣、一九三四年）。

（9）注（6）佐々木書。

（10）注（7）松金論文。

(11) 同右一一五頁。
(12) 公巌の取調べ関係記録の流布に関する実態については、本書第三部第六章を参照されたい。
(13) 龍谷大学大宮図書館所蔵（一七九-九／六二）。
(14) 同朋大学仏教文化研究所所蔵。
(15) 「羽州異安心御糺」本、一一月八日（第四席）。
(16) 宣明（寛延二年〈一七四九〉～文政四年〈一八二一〉）は高岡開正寺住職で、尾張五僧の事件による深励講師休役に伴い、文化八年に講師となった（のち復職した深励とともに講師を務め続ける）。倶舎に秀で、倶舎宣明と称される（真宗新辞典編纂会編『真宗新辞典』法藏館、一九八三年）。
(17) 「羽州異安心御糺」本、一一月三日（第二席）。
(18) 注（8）水谷書。
(19) 金沢大学附属図書館所蔵「浄土真宗公巌師廻心状」（BC-四七K七八）。
(20) 同右。
(21) 大谷大学図書館所蔵「羽州公巌寮司八席御教誡」（宗大三六四六）。
(22) 後に取り上げる尾張国僧俗宛寺法触には、「追而御使僧御指向」の上、「御教誡」を行うという記述が見られる（名古屋市鶴舞中央図書館所蔵「聖徳寺蔵触状留」二〈市一四-八六〉）。懸鼓庵と勝福寺の派遣は、これを指すと思われる。
(23) 同右「聖徳寺蔵触状留」二。
(24) 上野大輔「三業惑乱研究の可能性」（『龍谷大学仏教文化研究所所報』三五、二〇一一年）。
(25) 「公巌云、（中略）後生ノ一大事ハワガ身ニモ心ニモセネバナラヌコトナレドモ、罪悪生死ノ凡夫ニテトテモコノ方ガ手デハ世話ガデキヌ、尓リト云ヘドモ助カリタヒユヘニ如来ノ御助ケヲコヒネガフナリ」（「羽州異安心七席対話」本、六月二九日〈第一席〉）。
(26) 「公巌云、（中略）助ケタヒト云仏ノ慈悲ト助カリタヒト云心ロガ一ツニナリタカ信心ナリ」（「羽州異安心七席対話」本、六月二九日〈第一席〉）。

(27) 例えば、「羽州異安心御糺」本、一一月八日（第四席）に、「嗣講云、（中略）其許ノ所立助ケ玉ヘトスカルハ凡夫ノ機情ナリ、如来ノ方ヘ後生ノ一大事ヲワタス心ロヲ助ケ玉ヘト云、ソノトキ如来ノ方ニオサメトリ玉フカ大悲心ナリ、其大悲心カ即チ金剛心ナリ、コレニヨリテ一念帰命ト云ハ凡夫ノ念相ニテ浄土ヘ生ル、タネニアラス、金剛心カ浄土ヘ生ル、因ナリト対話ノ席ニテモ申サレタリ、公巌云、シカリ」とある。
(28) 「羽州異安心七席対話」本、六月二九日（第一席）。
(29) 同右六月二九日（第一席）、「羽州異安心御糺」本、一一月三日（第二席）。
(30) 「私義、信心ノ体ニ付テ法ト機トヲ相分チ候テ、法ニ付候トキハ阿弥陀仏ニ南無ヲオサメテ南無アミタ仏ノ六字ヲ体トス、又機ニツキ候トキハ南無ノ機ニ阿弥陀仏ヲオサメテ南無アミタ仏ノイハレヲ心ヱワケタルヲ体トス、依テ御文ニ一流安心ノ体ト云事南無アミタ仏ノ六字ノ相ナリトシルヘシ等トコレアリ候ナト、法ニ付テ安心ノ体ヲ出スノ御教化トアヒ心ヱ候」（「羽州異安心御糺」末、十二月二日）。
(31) 蓮如『御ふみ』（出雲路修校注、平凡社、一九七八年）一二三頁。
(32) 「南無阿弥陀仏の六字のいはれをよくこころえわけたるをもて、信心決定の体とす」（同右二一四頁）。
(33) 「羽州異安心七席対話」本、七月一日（第二席）、「羽州異安心七席対話」下、七月一〇日（第六席）、「羽州異安心御糺」末、一一月一一日（第五席）。
(34) 浄土真宗本願寺派総合研究所教学伝道研究室編『浄土真宗辞典』（本願寺出版社、二〇一三年）。
(35) 「羽州異安心御糺」本、一一月八日（第四席）。
(36) 同右。
(37) 親鸞聖人全集刊行会編『定本親鸞聖人全集』第二巻和讃・漢文篇（法藏館、一九七八年）三頁。
(38) 「羽州異安心御糺」本、一一月六日（第三席）。
(39) 「羽州異安心七席対話」本、七月三日（第三席）。
(40) 「羽州異安心御糺」末、一一月一三日（第六席）。
(41) 「羽州異安心御糺」本、一一月六日（第三席）。
(42) 同右。

(43)「羽州異安心御糺」末、一一月一五日（第七席）。
(44)注（6）佐々木書二九九頁。
(45)「羽州異安心七席対話」下、七月一二日条。本段落の記述は、本史料に拠る。
(46)同右。
(47)同右。
(48)「羽州異安心御糺」末、一一月一一日条。本段落の記述は、とくに断りのない限り、本部分に拠る。
(49)「初ノ雑心自力ノ疑情ヲステタルトコロ即一心ナリ。信疑ノ二心ナラバズ唯ヒトスヂニ帰命スル心ヲ一心トイヘリ。コレ即大経ノ信楽ナリ。化土巻曰。報土真因ハ信楽ヲ為ルカレ正ト故也是ヲ以テ大経ニハ言ヘリ二信楽ト一如来ノ誓願疑蓋無カレ雑ルコト故ニ言ナリレ信ト也観経ニハ説ケリ二深心ト一対ルカ二諸機ノ浅信一故ニ言ヘルレ深ト也文。」（恵然『信受本願義』〈真宗典籍刊行会編『真宗大系』三五、国書刊行会、一九七四年〉）三一三頁。
(50)『欣浄妙術』本文は、真宗典籍刊行会編『真宗大系』三五（真宗典籍刊行会、一九七四年）所収「信受本願義」（三二六頁）を参照した。
(51)明和三年（一七六六）に学寮講師の職分と待遇が確立する以前は、学寮で講義や会読を行う者がその期間中あるいは平時に講者・講師・能化などと呼称されていたに過ぎなかった。よって、恵空は厳密には講師職の初代として数えることはできないのだが、後年、学寮制度の整備とその権威の向上が進展するなか、恵空は宗学史上、初代講師として位置づけられるようになったという（武田統一『真宗教学史』平楽寺書店、一九四四年）。
(52)廣瀬南雄「普及時代より沈滞時代までの概観」（同『真宗学史稿』法藏館、一九八〇年）一二八頁。以下、恵然に関する記述は本書に拠る。なお、高倉への学寮移転と恵然との関係については、武田統一「宗門の新機運と学寮の発展」（同『真宗教学史』平楽寺書店、一九四四年）に詳細な記述がある。
(53)「羽州異安心七席対話」下、七月一二日条。
(54)「羽州異安心御糺」末、一一月一三日条。
(55)三業惑乱に関して、近世宗教史の視角から検討した主な研究には、引野亨輔「異安心事件と近世的宗派意識」（注（1）引野書所収）、澤博勝「近世民衆の仏教知と信心」（澤博勝・高埜利彦編『近世の宗教と社会』三、吉川弘文館、二〇〇八年）、同「近世後期の民衆と仏教思想」（同『近世宗教社会論』吉川弘文館、二〇〇八年）、注（4）小林「三業惑乱と京都本屋仲間」の諸成果がある。また、当該事件の研究史を整理したものとして、注（24）上野「三業惑乱研究の可能性」がある。

（56）異安心を唱えた越前国西派浄願寺龍養に対して、後に西派学林能化となる功存が行った演説が、『願生帰命弁』という書物にまとめられ、出版される。この『願生帰命弁』で展開された教説が、三業帰命説である。

（57）注（55）引野「異安心事件と近世的宗派意識」。

（58）注（4）小林「三業惑乱と京都本屋仲間」。

（59）注（24）上野「三業惑乱研究の可能性」。

（60）仏への祈願請求を不必要とする説。

（61）両者の論争は『願生帰命弁』（宝暦一三年開板）以後であるが、水谷寿によれば、了専寺の主張が生まれた直接的要因は、享保五年（一七二〇）開板の『選択集聞香記』（越後国新潟正徳寺前住円策）であるとされる（『聞香記』には三業一致の帰命が主張されているという）。また、了専寺は『御文』の「仏助け玉へと申さん衆生をば」を、口業（口に称える）の帰命と解釈し、三業一致の帰命を主張したという（注（8）水谷書）。

（62）注（8）水谷書一四頁。なお、同書によれば、東派の裁断に対し、西派学僧が批判書を作成したという。

（63）『やせかまど』（小千谷市史編修委員会編『小千谷市史 史料集』小千谷市、一九七二年所収）は、文化六年正月の序を持つが、長年にわたって書き記されたものであるという（同「凡例」）。

（64）同右史料によれば、公巌は、異安心として裁断された後、「懺悔の為」、越後国の各地へ法話に回り、片貝村にも来訪したという。

（65）奈倉哲三「本願寺門跡体制下の特質的信仰」（同『真宗信仰の思想史的研究』校倉書房、一九九〇年）。

（66）同右一一九頁。

（67）奈倉は、公巌を「本山」の「大学匠」であると述べているが、享和二年時点では、公巌は学寮の学階についていないほか、御糺の際に深励から「其許ノ所立ハ御当山ノ先輩ノ指授ヲウケラレヌユへ間違フタルコト多シ」（「羽州異安心御糺」末、一一月一三日〈第六席〉）と批判を受けていることを留意する必要がある。片貝村で公巌の教説をめぐり騒動が生じたと指摘している点については、『やせかまど』の記述からは読み取ることはできない。公巌の記事は、東派教団の出来事を記述するなかで登場する（後述）。

（68）奈倉によれば、近世における越後国の生活区分は、上越・下越の二つに分かれており、柏崎以北が下越として把握されていたという（「真宗優勢地帯の習俗的信仰」〈注（65）奈倉書〉）。

（69）同右論文。

（70）朴澤直秀「近世後期の寺檀関係と檀家組織」（同『幕藩権力と寺檀制度』吉川弘文館、二〇〇四年）。

（71）注（63）『やせかまど』。

（72）以下の史料引用は、とくに断りのない限り、注（63）『やせかまど』からのものである。

（73）小林准士「旅僧と異端信仰」（『社会文化論集』三、二〇〇六年）。

（74）一一月一三日の御紙で深励は、今回ともに本山へ召喚された秋田の僧侶から、恵然の『聞信鈔』を書写したいと随身の者に言われた公巌が、『聞信鈔』は西山の教え（浄土宗の一派）と同じであると批評したとの報告を受けていると述べ、公巌の態度を非難している（「羽州異安心御紙」末、一一月一三日〈第六席〉）。

第二章　教学論争と藩権力
――尾張五僧の事件を事例に――

はじめに

近年、宗派・宗教間、宗派内の思想対立事例の分析を通じ、幕藩権力の宗教政策の特質や、宗派間対立における幕藩権力の立場性が着目され始めている。まず澤博勝は、近世国家の宗教政策の特徴として、異端と判定していない諸宗教・諸宗派の存在を公認したこと、宗派内の問題には基本的に不介入であったこと、本山・本所に司法権が分与されたことを挙げた[1]。また、上野大輔は、幕藩権力は教説の正否には干渉せず、対立を抑止する統治権力であったと評価している[2]。さらに小林准士は、教説をめぐる対立における公儀の方針が、（甲）各宗派内における本山の教学統制権の承認、（乙）諸宗派間の教義をめぐる対立の当事者同士の論争を通じた解決、（丙）諸宗派間における他宗の誹謗の禁止の三つの原則から立てられるとした[3]。

では、仏教教団は、教説をめぐる対立への幕藩権力の介入をどう認識し、対応したのだろうか。本章では、仏教教団の自律性が最大限発揮される宗派内の教学に関わる問題でありながら、藩権力の介入を招いた尾張五僧の事件[4]を検討する。本事件は、尾張国城下飯田町養念寺霊曜から指導を受けていた、同国愛知郡岩塚村遍慶寺了雅、同郡下中村正賢寺坦海、同郡丸米野村安養寺弟霊瑞、海東郡森村願正寺任誓、中島郡奥田村正本寺秀山の五人が異安心を唱えたとして、本山の取調べを受けた事件である。霊曜（宝暦一〇〈一七六〇〉～文政五年〈一八二二〉）は、学寮の擬講を務めた学僧で、時の学寮講師香月院深励の養弟であり、かつ門人でもあった(5)。

本事件の先行研究には、教学史の立場から検討した中島覚亮(6)・水谷寿(7)、民衆宗教史の観点から分析した石原和(8)の論考がある(9)。中島・水谷の成果には事実関係の誤解が散見されるほか、事件の展開に深く関わる名古屋御坊の位置づけが不十分である。石原は、如来教が成立した一九世紀初頭の時代性と、如来教が有する特質を検討するなかで、尾張五僧の事件にも言及している。石原の論考は教学史以外の観点から検討した点が新鮮である。だが、五僧が異安心と判定されていないことには触れず、また学寮嗣講の義陶の発言を御坊側の発言として解釈するなど、事実関係の認識にも問題を有している。

以上より、尾張五僧の事件は、展開過程に関して基礎的な整理が必要な段階にある。そこで、第一節では、事件の展開を四期に分けて整理する。第二節では、五僧に対する取調べの内容と、名古屋御坊で発生した騒動への尾張藩と本山の対応を、諸勢力の動向を踏まえつつ分析する。この騒動を処理する過程のなかで、寺法と国法との齟齬が顕在化し、様々な混乱が生じるが、本章では寺法と国法の齟齬の解決過程も論じる。

本論の前提として、尾張国内の東派教団組織について説明する。名古屋御坊は、貞享四年（一六八七）、尾張国僧俗からの御坊建立の請願をきっかけに、本山が尾張藩へ働きかけを行った結果、元禄三年（一六九〇）に藩主光友からの公許が下されて建立された(10)。御坊建立以前は、名古屋城下にある聖徳寺・珉光院《みんこういん》・興善寺の三寺院が、尾張藩からの法令を領内東派寺院へ伝達する国法触頭を務めていた。御坊建立後は、御坊が、国法触頭と宗派内の触を通達する寺法触頭を兼任した。御坊の管轄範囲は、尾張国内八郡（中島郡・海東郡・海西郡・春日井郡・知多郡・丹羽郡・葉栗郡・愛知郡）のうち海西郡を除く七郡と（海西郡は桑名御坊管轄）、美濃国の一部、三河国のごく一部の寺院である。(11)その運営体制は、本山御堂衆から派遣された輪番を頂点とし、その下に御堂を管掌する列座、事務や会計を管掌する事務方で構成された。(12)名古屋御坊自体は末寺を持たない。尾張国内寺院の本末関係は、本山東本願寺を本寺とする寺院が多数である。(13)五僧の寺院の本末関係は、文化六年段階では大野村光明寺末の正本寺以外、全て東本願寺を本寺とする。(14)

本章で主に使用する史料は、大谷大学図書館所蔵の「霊曜一件記」(15)（以下「一件記」）、「尾州五僧安心糺理」(16)、「香月院引籠ノ節ノ事書」(17)（以下「事書」）である。「尾州五僧安心糺理」は全八巻で構成され、各巻ごとに巻名が付されている（「尾州五僧安心御聞調」一～四、「尾州五僧安心御糺」五・六、「尾州五僧安心御糺幷廻心《えしん》状御教誡」七、「尾州五僧安心御糺ニ付御教誡御教諭」八）。本章では、各巻をそれぞれ「聞調」、「御糺」、「廻心状御教誡」、「教諭」と表記する。

第一節　尾張五僧の事件の展開過程

一　五僧教化活動の問題化

事の発端は、文化六年（一八〇九）四月、本山使僧として尾張国へ下向した大念寺に、同国僧侶が尾張国内に「御安心筋心得違ヒ」があると訴えたことである。[19]この「御安心筋心得違ヒ」とは、五僧の教説を指す。

訴えを受け、大念寺は帰京後の五月四日、学寮講師深励にその旨を報告した。[20]報告内容は、次の三点であった。①五僧は、阿弥陀仏を信じても、たのんでも、称名をしても地獄へ堕ちる、と言って「キヒシク機辺ヲ払ヒノケ」ている。②五僧が阿弥陀仏の御助けに「堪能」せよと述べている。③五僧は数日かけて一人ずつ教えを授与する。そのため、尾張国内の僧俗の一部で、五僧の教化が「再往ノ奥深キ安心」であるとして尊ばれ、名古屋御坊の教化は「一往ノ御教化」に過ぎず、信心を得ることができないと軽蔑されている。

機とは、阿弥陀仏の救済を受ける者の素質能力のことである。[21]真宗教義では、凡夫は阿弥陀仏の救済を疑いなく信じることにより、極楽往生が決まるとされる。そして、凡夫は自らの救済を確定させた阿弥陀仏への報謝として念仏を称えることが要求される。①の説では、救済を願う凡夫の能動性や、念仏を称える行為は、救済につながらないものとして否定される。②は、阿弥陀仏の救済を疑いなく信じることを「堪能」と言い換えたものであろう。③は、五僧の教化方法が特殊なため、五僧の教化内容の方が御坊のそれよりも充実していると思う者がいる、という意である。

近世真宗教団で異安心事件が発生すると、学寮講師の主導の下、解決が図られた。まず、本山は、取調べを行う担当者を講師に諮問した上で指名する。(22)担当者は、当事者に報告内容の事実確認や教説理解の確認を行う聞調を実施する。次に、聞調の内容を踏まえ、当事者の主張の誤りを指摘する「御糺」を行う。御糺終了後、本山は当事者に回心状を提出させ、本山の「正統な」教えを示す演説を実施する。最後に、当事者に処分が申し渡される。

五僧の取調べも、このような流れで進められた。深励は、五僧への聞調実施に向け、本山宗政上の最高決定機関である上檀間《じょうだんのま》(23)家臣と評議を重ねた。(24)評議の結果、取調べの担当者には嗣講義陶が任命された。

聞調に向け、本山で着々と準備が進められるなか、尾張国では、本山からの取調べを受けることを知った五僧らが密会を開いていた。(25)文化六年六月、五僧は願正寺で寄合を開催している。その寄合で霊瑞は、他四僧に対し、自分たちが本山の取調べ対象になったことを伝えた。一〇月三日、任誓は法座の帰りに出会った安松福泉寺から、霊曜が昨日京都から帰国したこと、聞調役は義陶であることを知らされた。そこで任誓は同日、霊曜に面会を求めたが、霊曜はそれを拒絶した。同月五日、任誓は、霊曜の法義や世事の世話をする桶屋勘蔵という人物から、同日夜勘蔵宅に参集するよう連絡を受けた。任誓は了雅と霊瑞に、同宅へ来るよう連絡する。その夜、勘蔵宅へ来たのは霊瑞と秀山であった。この寄合で、勘蔵は霊曜からの指示と称し、聞調で尋ねられた際に否認すべき内容を伝授した。表（表

表2-1　勘蔵指示内容一覧表

人名	口止め内容	御紀教誡での批判内容	備考
正賢寺坦海	ウツクシク信スル者ヲ間ニアハヌト云	(一) 行者の機を強く払いのけたこと	
	念仏申ナカラ地獄ヘヲチル	(二) 他力の信心を獲得しなければ、念仏を称えながら地獄へ堕ちると述べたこと	
	機ヲセメテ二日三日捨置テ二文目三文目、ソノ安心ノス、メヤウハ、ソノナリノオタスケニタンノウ、五人六人ノコリテ、コノナリノ御助ケト云ハ千両ニモ万両ニモカヘラレヌ	(三) 阿弥陀仏の御助けに堪能せよと述べたこと	
	万徳キンコレナリ、タ、タンノフ、聞信スキ	(三) 阿弥陀仏の御助けに堪能せよと述べたこと	義陶が嫌う言葉を記す
願正寺任誓	念仏申〳〵地獄ヘユク	(二) 他力の信心を獲得しなければ、念仏を称えながら地獄へ堕ちると述べたこと	
	トフナリトモトマカス	(一) 行者の機を強く払いのけたこと	
	其機ノナリノ御助タスケ	(三) 阿弥陀仏の御助けに堪能せよと述べたこと	
	御慈悲一ニタンノフスル	(三) 阿弥陀仏の御助けに堪能せよと述べたこと	
	カナシミ〳〵落附ク、タノムトカ	(一) 行者の機を強く払いのけたこと	
	信スルモタノムモ間ニ合ヌト云	(一) 行者の機を強く払いのけたこと	
	ウツクシ信スルモノヲ間ニ合ヌト云	(一) 行者の機を強く払いのけたこと	
	念仏申ナカラ地獄ヘヲチルト云	(二) 他力の信心を獲得しなければ、念仏を称えながら地獄へ堕ちると述べたこと	

（安養寺霊瑞）（i）	機ヲセメテ二日三日捨オキ、其上ニ三文目五文目十文目、一分トリ、其安心ノス、メヤフハソレナリノ御助ケニタンノウシタト云	（三）阿弥陀仏の御助けに堪能せよと述べたこと	
	法座ノ後、五、六人ノコリ、カウ云事ハ外テキケヌ、御使僧ヤ御輪番テヱラレヌ、千両ニモ万両ニモカヘラレヌト云	（四）御坊の教化を「一往」と評したこと	
	トウナリトモ	（一）行者の機を強く払いのけたこと	
	ソノ機ノナリノ御助	（三）阿弥陀仏の御助けに堪能せよと述べたこと	
	後生エタンノウ	（三）阿弥陀仏の御助けに堪能せよと述べたこと	
	カナシ〳〵タノム	（一）行者の機を強く払いのけたこと	
	満徳寺様オスキノ言　聞信スルト云事		義陶が好む言葉を記す
	同オキラヒナサレル言　コレナリノ御タスケ／タンノウ／タ、ノ御タスケ	（三）阿弥陀仏の御助けに堪能せよと述べたこと	義陶が嫌う言葉を記す
遍慶寺了雅	ウツクシウヨロコンテモマニアハス	（一）行者の機を強く払いのけたこと	
	念仏申〳〵地獄ヘユク	（二）他力の信心を獲得しなければ、念仏を称えながら地獄へ堕ちると述べたこと	
	信シテモトナヘテモ間ニ合ヌ	（一）行者の機を強く払いのけたこと	
	御輪番様ヤ御使僧様ノ御法談テハ信ハヱラレヌ、一念帰命ハ千両ヤ万両ニハカヘラレヌ	（四）御坊の教化を「一往」と評したこと	
	信スルモ頼ムモ間ニアハヌト云事	（一）行者の機を強く払いのけたこと	
	念仏申ナカラオチルト云事	（二）他力の信心を獲得しなければ、念仏	

		を称えながら地獄へ堕ちると述べたこと	
正本寺秀山	機ヲセメテ法ヲアタヘヌト云事	（一）行者の機を強く払いのけたこと	
	ウツクシクキイタモノヲソレハ間ニアハヌト云事	（一）行者の機を強く払いのけたこと	
	其上二文目三文目トリテ其ヲチルモノヲソノナリノ御助チヤトス、ムト云事	（三）阿弥陀仏の御助けに堪能せよと述べたこと	
	其機ノナリノ御助ト云事ハ千両ニモ万両ニモカワラヌアリカタヒヿチヤト云事	（三）阿弥陀仏の御助けに堪能せよと述べたこと	
	御使僧御輪番ハ一往チヤト云事	（四）御坊の教化を「一往」と評したこと	
	トウナリトモトタノムト云事	（一）行者の機を強く払いのけたこと	
	ソノナリノ御助チヤト云事	（三）阿弥陀仏の御助けに堪能せよと述べたこと	
	後生ニタンノウシタト云事	（三）阿弥陀仏の御助けに堪能せよと述べたこと	
	カナシ〳〵タノムト云事	（一）行者の機を強く払いのけたこと	
	五文目安心三文目安心ト云事		
	御文ハ時代ニアハヌト云事		

※　大谷大学図書館所蔵「霊曜一件記」（宗大二四二九）より作成。
（i）（安養寺霊瑞）は、史料中に霊瑞の明記はないが、史料の記載形式に基づき霊瑞に対する指示内容と類推した。

2-1）は、勘蔵が伝授した内容の一覧である。寄合に不参加であった任誓・了雅・坦海にも、勘蔵伝授の箇条は追々知らされた。

寄合後、任誓と秀山、霊瑞は会合を開いた。この席で秀山は、自身と西照寺との法論[26]で世話になった宇佐美彦六（奥田村地頭）を通じ、藩寺社奉行所へ働きかけることを提案した。提案の内容は、取調べの際、五僧ではなく他の者を吟味するよう、藩寺社奉行所から名古屋御坊へ掛け合って貰うというものである。この提案は実行され、一〇月八日に秀山・任誓・坦海が、翌日に秀山と了雅が、それぞれ宇佐美の屋敷へ参上した。

また五僧は、坦海の妹聟である押萩村周吉を介して、尾張藩付家老成瀬隼人正家臣の服部茂右衛門に接触し、成瀬家を通じて藩寺社奉行所に働きかけを試みている。服部は、押萩村周吉と何らかの縁戚関係にあったようである。この行動は実を結んだ。九月一三日、藩寺社奉行所は御坊輪番実相坊を召喚して「内意」を伝えている[27]。藩寺社奉行吟味役磯貝武右衛門は、実相坊に対し、「正本寺・遍慶寺・願正寺・安養寺・正賢寺」と「聖順寺・西照寺・広覚寺・西蓮寺・本住寺」の名を書き出した。その上で、後の五寺は「不直」な者であり、前の五寺を偏執しているとの申し出を受けたので、後の五寺の言い分通りに取調べを行っては「不直」ではないかと述べたという[28]。実相坊は、御坊の認識としては正本寺らの前者こそが「不直」であると答えている。

五僧は、藩家臣を利用し、藩寺社奉行所を動かすことで、取調べでの自身の立場を有利にしようとしていた。これは五僧が、藩寺社奉行所の介入を、寺法による取調べに影響力を発揮できるものとして見なしていたことを示すといえよう。ただし、藩の対応は取調べの公平さを求めるものであった。

なお、御坊側の対応から分かる通り、五僧の企みは失敗に終わった。

五僧への聞調は、一〇月一三日、名古屋御坊で開始された。聞調は一人ずつ行われ、義陶の他、輪番実相坊、使僧大念寺が同席した。[29]聞調では、前述の五僧が行った藩寺社奉行所への働きかけの件と、大念寺が深励に報告した三つの項目の真偽について、厳しい取調べがなされた。この他、五僧が御坊の教化活動取り締まりに違反していたことも問い質されている。[30]

五僧は、教化をめぐる違反行為は即座に認める一方、大念寺の報告内容と藩寺社奉行所への働きかけに関しては、当初、全て否認していた。前者については、前述の勘蔵の指示を忠実に守っていたためであった。ところが一転して一〇月二〇日、了雅が、両件への関与を白状する。一三日には秀山、霊瑞、任誓が、二六日には了雅が勘蔵の指示を書付にまとめて提出した。また、五僧は、書付提出と同時に、大念寺の報告内容のほぼ全てを行っていたことを認めた。これにより、聞調は終了した。

彼らはなぜ、勘蔵の指示の存在を白状したのだろうか。それは、一〇月一九日の了雅の行動が契機となる。一九日の聞調後、了雅は所持していた坦海からの書状[31]を破り捨てた。それを見張りの者が発見し、輪番所にて紙片がつなぎ合わされ、全文が確認された。翌日、輪番実相坊が単独で了雅に手紙の件を尋問すると、了雅は全てを白状した。この実相坊による了雅への尋問は、本事件が複雑に展開する転換点となる。そこで、両者のやりとりを「聞調」三から見ていきたい。

実相坊はまず、勘蔵の指示が「勘蔵カ一分テ云タト思フカ」、あるいは「出処有テ勘蔵カ云タト思フカ」を確認している。了雅は、「勘蔵カ一分トハ存シマセヌ、出処有テ申タ事ト存シマシテ承ハリマシタ」と回答した。それに対し実相坊が「勘蔵ノ所ニテノ寄合ハ養念寺デノ寄合ニ同シ事ト思フカ」と尋ねると、了雅はそのように思うと答えている。これに、実相坊は「何分スマヌハ飯田町（筆者注…霊曜を指す）ヂヤ」と、霊曜こそが問題の根本だとの見解を述べた。勘蔵の行動が、霊曜の指示によるものであったのか否かは分からない。だが重要なのは、御坊側が霊曜自体を問題視したことである。御坊側は、勘蔵の指示＝霊曜の指示と見なし、五僧に加え、霊曜をも排斥しようと考えるに至ったのであった。

しかし、この御坊側の考えは学寮側との対立を生む。次項では、御坊と学寮との対立と、その対立が招いた騒動について述べたい。

二　御坊―学寮間対立と名古屋御坊騒動

一一月七日、上京した義陶と実相坊、大念寺の三名は上檀間へ向かい、聞調完了の旨を報告した(32)。ところが、五僧に加えて霊曜も異安心とするか否かをめぐり、義陶と実相坊・大念寺の両者で意見が食い違った(33)。

【史料一】

（前略）然者此度蒙　仰其　御坊へ罷越候一件、拙僧茂輪番御使僧と同意之様ニ被存候衆中茂有之哉ニ候ニ付、同意ニ而者無之旨申入候、其子細者右両人ゟハ五人男ハ傍ニ致、養念寺殿を異安心之張本と申立、厳敷御咎被為在候様及言上候得共、拙にハ唯五人男御聞調被　仰付候事故、右之者共勧方相調候趣及言上、毛頭擬講之身分ニハ不相拘儀与委敷申上候（後略）(34)

史料一は、義陶が一一月一六日付で御坊肝煎門徒[35]表屋庄兵衛に送付した書状である。ここからは、まず実相坊と大念寺が、霊曜が「異安心之張本」であると主張し、厳しい処罰を本山に要求したことが分かる。これに義陶は、今回の取調べ対象者は五僧だけであり、霊曜は取調べの対象外であると主張したと説明する。

聞調の次に開く御紀は、翌月に開かれることになっていた。この御紀にも、御坊輪番と使僧が参加する予定であった。御紀の日が迫るなか、義陶は対抗手段として、実相坊と大念寺の御役交代を企てた。史料二は、義陶が一一月二二日付で表屋庄兵衛へ送った書状である。

【史料二】

（前略）輪番実相坊幷ニ御使僧大念寺、右両人五人之者共之儀者傍ニ致、養念寺を潰し、其上学寮迄相薨し候心底故、弥此方共与者所存大相違候ニ付、右両人其御坊江罷下り候てハ御紀之障ニも相成、且者一国中不相治騒々敷可相成哉与存、両人共御指替被　仰付候様申立候間、御肝煎中申合両人者京都ニ御留置被為在、外之人御差替成被下候様ニ各方御示談之上、一同ニ其旨御納戸衆江御願可被成様ニ与存候（後略）[36]

実相坊と大念寺の狙いは、霊曜を「潰し」、さらには学寮まで「相薨」すことである。これは自分の考えとは大いに相違する。そのような彼らが下向しては、御紀に支障をきたすだろう。そこで、輪番と使僧の差替えを本山に出願し、肝煎門徒にも同内容を本山へ出願するよう依頼したい、とある。義陶は、両者の御役交代を実現するため、自ら本山へ出願するほか、尾張国門徒に対しても、御役交代実現への協力を依頼したのである。

義陶の企ては成功した。本山は両者を京都へ留め置き、御糺には義陶と、大念寺の代理として常徳寺を派遣した。だが、尾張国門徒の一部が、輪番交代は本山の上意ではなく、義陶の出願によって遂行されたことを知って反発した。結果、一二月七日、門徒たちは名古屋御坊前に集結し、義陶と常徳寺の入坊を妨害した。両者は御糺を実施できないまま帰京した。

では、尾張藩は、騒動にどのように対処したのだろうか。藩は、まず騒動の原因の調査や、新たな騒動発生の抑止を行っている。具体的には、前者については、尾張藩町奉行所や「他方役所《(マヽ)》」が、表屋庄兵衛宅へ役人を派遣し、義陶の書状の本紙を写し取っている。さらに藩寺社奉行所はこの書状を取り寄せ、年寄中へ提出した(37)。騒動発生の抑止に関しては、「此度東懸所門徒中、(中略)殊於東懸所乱妨之取扱品をも有之由取沙汰有之、甚不可然事候間、以来右躰之儀聊無之様可相心得候」という触を在方に通達したことが確認できる(38)。

他方本山は、御糺を翌年一月に延期し、五僧を京都へ召喚した。そして、本山で一月一九日から五僧の御糺が実施された。御糺には、義陶と、新たに名古屋御坊輪番に任命される樹心坊のほか、在京中の深励と嗣講宝景も同席した。御糺の場では、聞調結果に基づき、五僧は、(一)機を強く払いのけたこと、(二)他力の信心を獲得しなければ、念仏を称えながら地獄へ堕ちると述べたこと(39)、(三)阿弥陀仏の御助けに「堪能」せよと述べたこと、(四)御坊の教化を「一往」と評したことについて糾弾を受けた(次節で詳述)。

御糺は一月二九日に終了した。本山は回心状を提出した五僧に対し、演説を実施している。その後、本山は五僧と霊曜、御坊列座に対し、処分を下した。「一件記」によれば、五僧の教説は、自己の了簡で本山の教えにない言葉を用いた「異様成勧方」であると判定された。そして、自坊や他寺院の門徒を教化したことが咎められた。その上で、霊瑞は「飛檐継目」の「御印書」を「召上」の上、「禁足」、他四名には「住職召放」の上、「禁足」の処分が下された。霊曜は五僧に対する指導の責任を問われて遠慮に、列座は昨年一二月の御坊騒動の対応が咎められた。(40)

ここで重要なのは、五僧の教説が異安心とされていない点である。また、霊曜も処分されているものの、あくまで五僧の監督責任を問うものであり、霊曜自身の教説の正否には触れていない。五僧と霊曜を異安心者として取り扱うよう要求した御坊側の意見は、一切取り入れられていないことが分かる。

さて、五僧に対する本山の裁定が決し、事件は終息するかに見えた。しかし、四月に入ると、尾張国海東郡法中、同国内法中、同国愛知郡御坊近在門徒四六名、同国丹羽郡肝煎門徒三名が、御坊騒動は列座の扇動によって発生したものであると本山へ訴え出た。同国内の混乱状況を問題視した学寮講者三名（深励・宣明・宝景）は、本山に対し、一通の願書を提出した。その願書には次の内容が記載されている。①霊曜と五僧の人気を嫉妬した御坊列座らが、「聊茂料簡違之弁訛」を「異安心不正義」にしようとしている、②そのため、霊曜と五僧の教説が実は「不正」であると触れ回っており、尾張国僧俗の混乱を招いている、③したがって、御紀の内容を学僧の演説で周知徹底させる必要があるので、義陶を尾張国へ派遣してほしい。

だが、これへの反論書が、文化七年四月から名古屋御坊輪番に就任した泉龍寺より提出された。その内容は、①霊曜や五僧の教化が他僧の怒りを買った、②五僧を「聊茂料簡違之弁訛」とするのは彼らの罪を軽視する表現であり、安心に関しては少しの了簡違いでも不正義・異安心の汚名を蒙るべきである、③藩が義陶を御坊騒動発生の要因と認識しているため、義陶の派遣は不適切である、というものである。また、彼は学僧による演説の必要性自体にも疑義を呈し、本山の裁許で「邪正」はすでに明らかなので、「御教誡之御使僧」の派遣で十分であると述べる。その上で、もし学僧の演説を行う場合には嗣講鳳嶺《ほうれい》を派遣するように要求している。泉龍寺が鳳嶺を指名した理由は、講者が提出した願書の作成に関わっていない人物であったためである。結果、本山は両者の主張を汲み、義陶の代わりに鳳嶺を尾張国へ派遣した。

以上の経過から分かるのは、この段階までの本山の対応は、基本的に学寮側の意向に沿っていたことである。ところが、その本山の対応に変化が生じる。その契機が、九月一三日に行われた尾張藩寺社奉行所による名古屋御坊騒動への申し渡しである。

三　五僧裁定文言の変更と深励講師休役

尾張藩の申し渡しには、名古屋御坊輪番泉龍寺や列座三名（願興寺・受行庵・敬円寺）、門徒といった騒動関係者と、西派御坊輪番をはじめとする諸宗触頭、社人、山伏、東派寺院僧侶が呼び出された。当日の様子は、泉龍寺が申し渡しの報告のために本山へ送付した書状（「一件記」収録）から確認できるので、以下、その記述に基づきながら見ていく。

藩寺社奉行はまず、騒動に加担した門徒たちへ処分を申し渡した。続いて、列座三名に対し、騒動時の対応に関する処分を下した。次に呼び出された泉龍寺は、藩寺社奉行吟味役磯貝武右衛門から申し渡しを受けた。その後、東派寺院僧侶、諸宗触頭や社人、山伏へと書付が渡され、申し渡しは終了した。なお、この書付は、東派以外の諸宗には触頭を介して通達されている。東派のみ、藩は各郡から一人ずつ召喚した寺院に直接書付を渡し、「其一郡法中之請印を取」集め、奉行所へ持参するよう指示した。泉龍寺は、このような対応がとられたのは、騒動が御坊で発生したことや、御坊と藩寺社奉行所に関する「風評」の存在が影響したからだと受け止めた。そして、藩の対応によって自派寺院が御坊を「蔑如」するのではないかと危惧している。

「風評」とは何か。それを知る手がかりとなるのが、文化七年四月、尾張国中島郡肝煎門徒五名、同国海東郡法中の各々が本山へ提出した願書の記述である。いずれも、騒動発生の要因が列座の扇動によるものだと訴える趣旨で書かれている。そのなかで、前者は、尾張国内僧侶が本山へ出願する際、名古屋御坊を経由して藩寺社奉行所の願添が必要であることを述べた上で、出願内容が列座の意に沿わないものである場合は、列座が「寺社御役所江取込」、役所の権威でねじ伏せてしまうと主張する。後者は、御坊再建金を列座が藩役人の賄賂に用いていると述べている。「風評」とは、大概このような内容であったと推察される。なお、名古屋御坊は、文化二年から御堂拡張再建工事を行っていた。(41)再建工事の労働力や資材、資金は尾張国や三河国の門徒から集められていた。したがって、御坊再建金とは、この文化二年から開始された御堂拡張再建工事の資金を指す。書付の伝達をめぐる藩の対応は、このような「風評」の存在に配慮し、さらなる混乱の防止を企図したものであったといえよう。

では、藩寺社奉行が諸宗触頭以下へ渡した書付はどのような内容だったのだろうか。次の史料を見てみよう。

【史料三】

本願寺宗寺院之儀近来彼是不正義等之趣を以役所江被相達候上、取調紕品等有之候、右者本山掟も可有之事ニ付、心得違ハ有之間敷事ニ候処、新儀を好利欲ニ惑ひ右体之義令出来候哉、甚以違布《ママ》之事ニ候、惣而御国寺院之義ハ他之本山等ゟ容易ニ取締不申事候処、追々右体之儀令出来候段ハ不学故ニも候や、宗門之心得不宜一宗寺院之恥辱ニ候、以来心得違無之本山世話ニ預り不申様急度可被慎候（後略）

一、門徒同行共之内ニ（中略）頭立法談体之義いたし、其内ニハ新義等之義申出候者も有之哉ニ相聞候、俗人ニ而法義勧化体之義致し候段ハ以之外之事ニ候、右者其寺々心得も可有之事ニ付、門徒同行江者兼々示置、若如何之者有之候ハ、役所江可申出候

一、同行門徒之内徒党ケ間敷申合事品々ニ寄上京本山江申込候義有之様子相聞へ、右者自己之了簡を以内訴争論ケ間敷事等猥ニ本山江申出候義ハ甚以不都合之事ニ候、品ニ寄御国政ニ茂差響、以之外之事ニ候間、銘々心得違無之、并旦方同行中江も精々可申含置候

九月(42)

書付の内容は、次の三点にまとめられる。①新義の教説を唱えることの禁止、②俗人勧化禁止の徹底、③門徒による本山直訴の停止の徹底、である。ここで注目したいのが、傍線部の記述である。ここには、藩寺社奉行所へ、（尾張国内真宗寺院に）不正義が発生したという連絡があったと書かれてい

る。また、別の史料では、「尾州寺社奉行所ニテ兼々被申候ハ、（中略）今般本山ヨリ五人之僧正不正之由申来候故、不正義ト申候ト被申聞候」[43]という記述がある。五僧を「不正」とする旨が本山から通知されたため、尾張藩はそれに基づき、書付に「不正義」という文言を使用したことが分かる。だが、前項で述べた通り、本山は五僧を不正義だと判定していない。また、申し渡しの翌月、本山の裁定内容を周知させるために本山から派遣された使僧願照寺が携帯した演説書にも、五僧を不正義とする記述はない[44]。本山が自らの裁定と異なる内容を藩に通知したとすると不自然さが残る。なぜ、このような矛盾が生じたのだろうか。

「事書」所収の、文化八年三月二九日に提出された尾張国門徒の直訴状の中に興味深い記述がある。文化七年二月の本山裁許後、列座が「寺社奉行所エ相偽」って「五人之僧新義ヲ好ミ不正義ヲ相勧」たと「申達」したというのである。列座を糾弾する内容における記述のため、鵜呑みにはできないが、藩と本山との連絡ルートを考慮すれば、この主張は十分成り立ち得ると考えられる。

幕藩領主と仏教教団との情報伝達は、触頭を通じて行われていた[45]。尾張藩と東本願寺でも、藩―本山間の情報伝達には、触頭である名古屋御坊が介在した。また、藩―御坊間の連絡は、列座が実務を担っていた[46]。その点から類推すれば、五僧の裁許結果は、本山→御坊→列座→藩寺社奉行所というルートで伝達されたと思われる。藩に五僧が不正義であると報告したのは列座であり、藩は列座の報告から、本山が五僧を不正義と判定したと認識し、先の通達を行ったのではないだろうか。

しかし、藩が「不正義」という文言を用いたことで、尾張国内ではさらなる混乱が生じる。藩の申し渡しが済んだ九日後の二二日、名古屋御坊へ下向した鳳嶺は、昨春の本山における御紕と演説内容に関する演説を行った。しかし、鳳嶺が演説で五僧を異安心不正義ではないと述べたため、藩の申し渡しと本山の裁定との乖離が明確化してしまう。その結果、藩が不正義という文言を使用したのは御坊と藩が「なれ合」っているためだと主張する張訴が、藩勘定所その他へなされた(47)。

事態を重く見た藩は、一一月八日、輪番泉龍寺を呼び出し、次の内容を伝えた。次に掲げる史料は、文化八年一二月、泉龍寺が本山へ提出した口上書の一部である。

【史料四】

一、去ル十一月八日於尾州寺社役所磯貝被申候者、（中略）法義筋之義者此方ゟ取綺候義ニ而者無之事ハ勿論ニ候、（中略）然処其末学之身として御門主相承之言葉を智て勧候者共（中略）此方ニてハ不正と存候、尚又此機ノマ、ノ御助ケニタンノウスルハカリト云勧方、写本之書ハ拝見せず開板之御宗旨之書ニハ見当らぬ言葉、（中略）加様之異様成事を申出すハ全新異之説、新義者　大公儀の御制禁ニ候、夫故役所ゟ新義と申触候、（中略）此上者御本山ゟ如何様ニ御申候とも役所ニおひてハてもとりハ致さぬ儀、呉々にも法義筋者其御方之義、此方ニて取綺候義ニ而ハ無之、加様申ハ此方ニとつての利筋、何卒双方共ニ屈伏致候様ニ致度候、唯今之振合ニ而者御坊方も一類も治り候様子ニハ相見へ不申候、扨々困り候事、此上者　御本山潔白之御取扱を被致候様致度と被申候、（後略）(48)

本史料からは、藩が書付で「新義」という文言を使用した理由と、本山に出した要求内容を確認できる。前者については、五僧の教化内容は「新異之説」であり、幕府が禁止する新義に当たるとの見解が示されている。また、後者については、一旦藩が申し渡した内容は変更できないとして、本山側に「潔白之御取扱」、すなわち藩の申し渡しに沿う取計らいをするよう要求していることが分かる。これらの要求は、「法義筋者其御方之義」等の記述から分かるように、教説への干渉を意味するものではなかった。藩側としては、混迷する状況を収拾するために、幕府権威も持ち出しつつ、本山側へ藩の申し渡しと矛盾しない対応を取るよう求めたのである。ただし、史料中から窺えるように、藩が用いる「不正義」の意は新義と同等であることに注意したい。この点は、本山が用いる異安心・不正義の定義とあわせ、後に考察する。

このほか、同時期、尾張藩家臣渡辺半蔵家菩提寺の守綱寺が本山に提出した書類が、深励と宝景による謀書ではないかとの疑惑が生じ、藩との間でさらなる緊張を招いた。この書類は、一〇月初旬、守綱寺が渡辺家の意見書と称して提出したもので、内容は、御坊騒動を知った半蔵が、御坊内の人員の刷新を要求したものである。しかし、本山が半蔵に問い合わせたところ、半蔵は意見書提出の件を知らなかったことが判明した。さらに、藩寺社奉行所が、守綱寺の名で人馬継立をしていた忍浄という僧を取調べたところ、彼が所持していた書状により、渡辺家意見書作成への講者の関与が発覚する。一連の事件を受け、本山は事実関係の調査を行った上、文化八年閏二月一二日、深励と宝景、鳳嶺を処分した。

まず、深励は、①渡辺家の意見書作成への加担、②五僧の「不正之勧方」が霊曜の教説を受け継ぐ内容と知りつつ、御糺でその旨を糺弾しなかったこと、③古来、法義取調べでは、不正義、異解《いげ》、異安心という名目が用いられてきたのにもかかわらず、今回は「弁訛」という名目で五僧を裁き、異安心でも不正義でもないと評したこと、④霊曜が元は他宗派僧侶であったのに、帰参手続きのないまま自身の養弟とし、擬講に推挙したこと、[49] ⑤尾張国内の僧俗に、本山の裁定が正しくないと受け取られることで混乱を招き、結果「国制」に影響を与えたこと、以上五つの理由により、講師休役の上、学寮旧長屋へ逼塞の処分が下っている。[50] 宝景は、渡辺家意見書作成への加担により御叱となった。また、鳳嶺は昨年九月の演説で「既ニ国法触書に不正義新義と書出」があったのに「無其斟酌不正義にあらす」と述べたことで旅宿遠慮となった。

注目すべきは、深励に対する処分理由の①のなかで、五僧が「不正之勧方」と評されていたことである。これは、それまでの本山裁定にあった「異様成勧方」とは明らかに異なっている。ここにおいて、五僧教説に対する本山の公式見解は、「異様成勧方」から「不正之勧方」へ変化したのである。これら本山の対応は、藩にも通知された。藩は本山の対応に一定程度満足したようである。[51]

四　事件の終息

本山による講者への処分は、各方面で様々な反発を招いた。まずは、事件終結までの過程を概観したい。

三月二九日、門主が大谷御廟に参詣した際、尾張国門徒が直訴をした。提出された直訴状は一八箇条に及ぶ長大なもので、本山の対応への批判が主であった。五月二〇日には、在京の深励門下が宣明のもとを訪れ、深励の処分について詰問した。六月上旬には、深励の自坊が所在する越前国の門徒が、尾張藩寺社奉行所渡辺半九郎・鏡嶋七郎左衛門に対し、深励が「尾州一件」に関係しているのか書面で問い合わせた。この「尾州一件」とは、渡辺半蔵の意見書に関する藩寺社奉行所の取調べを指す。奉行所は、この件の調査対象は守綱寺までで、深励は取調べの対象外であると回答したという。なお、九月には渡辺半九郎家中武藤弥平治から越前国門徒へ、渡辺家の意見書は諜書ではないと伝えられた(53)。

混迷する事態を憂慮した本山は、九月に法幢坊《ほうとうぼう》を藩寺社奉行所へ派遣し、口上書を介して五僧の処分をめぐる混乱への本山の対応を説明した(54)。具体的には、まず、未だに「国法御苦労」となっている原因が、講者の糺方の不行届と五僧の件を担当する本山役人の不注意にあると弁明する。続いて、寺法の「取捌」は国法の処分に適合させる方針だと伝える。最後に、文化七年の段階で「一旦一途ノ裁断」を下したものの、鳳嶺が「聊成法談ノ弁ノ誤」と述べたことで再び混乱を招いたとし、さらなる教誡が必要であるとの認識を示しつつ、まずは早期の解決を図る旨を表明する。

一〇月になると、越前国門徒が深励の講師休役理由への疑念を口上書にまとめ、上檀間へ提出した(55)。本山は、この越前国門徒の嘆願と講師の職責を全うしてきたことを理由に、一二月八日に深励を講師に帰役させ、帰国を許している。ただし、最終的な処分は追々沙汰するとし、国元で「自分慎」をするよう命じた。この深励への申し渡し内容は上京中の越前国門徒にも伝えられた。また、本山は宝景、義陶へも、それぞれ「差扣御免」、「自分慎」を申し渡している。

翌年四月一二日、本山は講者と五僧へ最終処分を下した。深励は、①渡辺家の意見書作成に際し、書面に加筆をするなどして関与したこと、②五僧の教説と霊曜のそれとの関連性について、聞調記録の記述を示して尋問した際、そのような記述があったかどうか忘れたと応答した点が不届きであること、③五僧を不正義でも異安心でもないとしたのは、彼らを救うために行った判断ではなかったものの、紛らわしい対応であり不届きであること、④霊曜を帰参の手続きのないまま養弟とし、擬講に推挙したのは寺法違反であること、以上四点に対する処分として「叱捨」を受けた。宝景は、御糺で五僧を「不正義ニあらず異安心ニあらず」と評したことと、渡辺家の意見書作成に関係したことにより「急度叱捨」となった。義陶は、意見書作成には無関係であること、また五僧を「法談之弁之誤」として「差宥免」ずる意図はなかったとしてとくに咎められなかった。翌五月、霊曜は五僧の監督責任や寺法違反（他寺院門徒へ随意に法談した旨）などで住職召放のうえ蟄居が命じられ、五僧は、すでに回心状提出済みにより、組合預かりになった（この申し渡しでも、五僧の教説は不正義と決されている）。こうして、事件は漸く終息を迎えた。

第二節　寺法と国法の相剋

尾張五僧の事件が複雑化した要因は、①五僧教説の評価および霊曜の取調べの必要性の有無をめぐり、名古屋御坊と学寮が対立したこと、②御坊と学寮の対立により、五僧教説の評価をめぐって、本山裁定と尾張藩の申し渡しが齟齬し、その齟齬を埋める必要が生じたこと、であった。では、そもそも、五僧の教説に異安心的要素はあったのだろうか。これは、藩側による干渉後の本山の対応を、どのように捉えるべきか考える上でも重要な論点であろう。以下、一では、御糺での五僧と講者のやりとりから、五僧の教説における異安心的要素の有無を検討する。その上で、五僧に下された「異様成勧方」という裁定が持つ意味を考えていきたい。二では、藩から藩申し渡しへのすりあわせを要求されて以降の本山の対応から、小林が提示した三原則のうちの、(甲)各宗派内における本山の教学統制権の承認について再検討する。

一　五僧の異安心的要素――御糺の分析から――

御糺では、(一)機を強く払いのけたこと、(二)他力の信心を獲得しなければ、念仏を称えながら地獄へ堕ちると述べたこと、(三)阿弥陀仏の御助けに「堪能」せよと述べたこと、(四)御坊の教化を「一往」と評したこと、の四点について検証がなされた。以下、各項目に対する講者の評価を検討する。

まず、(一)について、一月二六日の義陶と坦海との問答を見る(56)。坦海は、たのんでも信じても助からないという表現は、異安心の三業帰命説(57)や意業《いごう》募《つの》り(58)を否定するために用いたと弁明する。義陶は、「ソレナラバトリツメテ信セズトモヨヒ、タノマヒデモ大事ナヒ」という誤解を招いて正意を取り損なってしまうと指摘し、これでは「コトバサキ」が悪いと評した。阿弥陀仏を信じてもたのんでも地獄に堕ちるという表現が、誤解を招きかねないとして批判されたのである。

次に(二)について。一月一九日、霊瑞は、念仏を称えながら地獄に堕ちると法談で述べた意図について弁明した(59)。彼曰く、法談で自身の懺悔を語ったときにそのように語ったとする(60)。霊瑞は「一大事ノ後生ヲ念仏サヘ申セバ極楽マエリ」できると考えては「ヲオヤウ」である、すなわち、称名念仏さえすれば往生できると思うのは不十分である、という考えから、阿弥陀仏の力を信じないまま念仏を称えても地獄へ堕ちると述べたという。この自説の根拠として、彼は、「この信心を獲得せずは、極楽には往生せずして、無間地獄に堕在すべきものなり」[61]という蓮如御文の一文を挙げていた。[62]

これに、義陶は二つ批判を加えた。まず、蓮如御文の解釈についてである。霊瑞が根拠とした一文は、「何も善行をなさない凡夫は、信心を得なければ地獄に堕ちる」という意味で書かれたもので、念仏を称える行為そのものを否定する意図はないという。そしてもう一つは、念仏を称えながら地獄へ堕ちるという表現が、日蓮宗の「念仏無間」に通じるという批判である。義陶は、称名念仏を地獄堕在の要因とする宗派は日蓮宗以外存在しないため、念仏と地獄堕在とを結びつけてはならないとする。ましてや、「御当山」の僧侶が、蓮如御文を「念仏を称えながら地獄に堕ちる」という説の論拠に用いて教導しては、「他ノ謗難ヲマネキ、御宗門ノ疵ニナル」と注意する。（二）の問題性は、蓮如御文の誤解と、日蓮宗の念仏無間の肯定につながることにあった。

続いて（三）を、一月二〇日秀山御糺での義陶の発言から検討する。[63]義陶は、「堪能」という表現は「往生一定ト決定シテヲチック事」を指しているため、その解釈自体に誤りはないと述べた。その上で、「堪能」が「御文ハ勿論御仮名聖教ノ中ニモ一向見アタラズ言ツカヒ」であることが問題であるとする。そして、このような「珍ラシキコトバ」を教化に用いるのは蓮如も御文で諫めているので、以後使わないようにと注意している。聖教類にない「堪能」という表現が、問題視されたのである。

最後に（四）について、一月二〇日の秀山御糺を事例に見ていく。[64]このときは霊瑞も呼ばれ、共に糾明された。まず霊瑞は、御坊の教化を「一往」と評したことについて、名古屋御坊輪番の教化を否定する意図はなかったと弁明する。彼曰く、「一往」とは「ザツト仰セラル、」、すなわち、大まかに説明するという程度の意味で用いたという。これに、まず宝景が批判している。宝景曰く、「一往」

とは蓮如も用いている言葉で、きちんと理解できていないことを意味するという。そのような意味がある「一往」という言葉をもって、御坊の教化を評したことが咎められている。また、深励は、「一往」は「再往」という言葉の対になる用語で、「一往」「再往」という言葉は、異安心である秘事法門が用いたものだと説明する。その上で、秘事法門が用いた「一往」とは、教義を一通り聞かせることを指し、「再往」とは人に隠して伝える「深義」を指すと述べる。したがって、御坊の教化を、秘事法門が用いた「一往」という言葉で評したこと自体が大きな過失であるという。五僧側に御坊の教化を否定する意図がなかったにせよ、御坊の教化を「一往」と評したのが不適切だと指摘されていたのである。

以上、（一）から（四）まで、五僧が講者からいかなる批判を受けたのかを見てきた。いずれも教説自体の是非を問うのではなく、表現の仕方に誤りがあるとしたところに特徴がある。実は、講者は、初めから五僧の教説自体は異安心ではないと判断していたようである。それは、深励の発言から窺える[66]。彼は一九日の霊瑞御糺の席で、「全体コノ度ノ御調御糺ノ五人ノモノ、中ストコロ安心ニ付タ事テハナヒ、ス、メ方ニ付タ事也」と述べた。五僧の教説が安心の正邪には関わらないこと、問題の所在はあくまで教化での表現の仕方だと明言していたのである。

果たして、五僧の教説に異安心的な要素は存在しなかったのだろうか。ここで注目したいのが、先に検討した、（一）機を強く払いのけたこと、である。凡夫による阿弥陀仏への祈願請求を否定する説き方は、異安心である無帰命《むきみょう》安心や地獄秘事に通じる[67]。無帰命安心は宝暦年間（一七五一～一七六四）に越前国浄願寺龍養（西派）が主張した教説である。その内容は、「一切の衆生の往生が成就しなければ成仏しないと云う法蔵菩薩の誓願」が達成されたのだから、一切衆生の往生はすでに成就されていると解釈し、「たのむという実践を不用とする」ものである[68]。また、地獄秘事は、寛政一一年（一七九九）に近江国光常寺（東派）が唱えた教説で、「人間の救済可能性・仏性を徹底的に否定」して阿弥陀仏の絶対救済に縋らなければ往生できないとする[69]。信じても、たのんでも助からない、という表現は、無帰命安心の「たのむという実践を不用とする」部分に合致する。さらに、機を払いのけることは、地獄秘事における人間の救済可能性の否定につながる。このように、近世真宗教団が異安心として排斥した教説の要素が、五僧の語りから見出せるのである。

講者が五僧の教説に潜む異安心的要素に気づかなかったはずはない。あえて、語り方の問題に収斂させようとしたと考えるのが自然であろう。彼らは、五僧の教説を異安心と見なすことを回避したのである。ではなぜ、そのような対応をとったのだろうか。その理由は、先の義陶の書状（史料三）からも明らかだが、ここでは深励講師休役に伴い講師となった宣明の発言内容を紹介したい[70]。宣明は、本山の命により、休役となった深励の取調べを担当している。そのため、宣明は在京深励門下から、深励の休役理由に関する詰問を受けた（第一節‐四）。その中で宣明は、上檀間役人とのやりとりを紹介している。宣明が取調べ結果を上檀間に報告した際、役人から、なぜ深励は五僧の教化を単なる言葉の表現の誤りであるとしたのかを尋ねられた。宣明は、深励は「五人ノ者カ異安心ニアヒナリ候ヘハ、其罪師匠ノ養念寺ニ及」ぶ、霊曜は擬講なので、もし霊曜も異安心となれば、「学寮講者一同ニアヒカ、ハリ候ユヘ、諸国一同御法義脈惑乱ノ基ニモアヒナル」と考えたからであると答えたという。

これは、学寮側の意図が十分に反映された発言である。五僧の問題が学寮に波及することは、学寮の「正統性」を揺るがすことを意味したのであり、それが、講者が五僧を異安心と判定しなかった理由であった。

二　尾張藩の「介入」と社会的影響

尾張藩による事件への介入は、文化六年（一八〇九）一二月に発生した名古屋御坊騒動からであった。第一節で見てきたように、尾張藩の対応は、領内の混乱状態の収拾が最大の目的であった。また、藩は教説の是非を判断する権限はあくまでも本山側にあると認識していた。これは、小林が主張する（甲）原則に合致する。

ただし、興味深いのは、藩が、五僧の教説を「不正」であると評した点である。この「不正」は、教団側が用いる「不正義」とは意を異にする。藩の「不正（義）」は、宗教的な用語というよりは、幕府禁制にある新義異義と同意の語である。一方、教団が使用する「不正義」は、異安心と同義の、宗教的な用語であった。しかし、藩が「不正義」という言葉を用いた以上、最早五僧の教説を「不正義」ではないと評することはできない。そこで、本山が行った対応は、不正義という言葉の用法自体を変更することであった。それを示す例として、「不正義にして異安心にあらす」という判定の根拠を説明するため、本山から藩寺社奉行所へ送られた書付を掲げる。作成年代は不明だが、本山が五僧を「不正之勧方」とし始めた文化八年閏二月以降の作成と思われる。

【史料五】

一、当表遍慶寺等五人者共之勧方を今般　本山におひて不正義にして異安心にあらすと決択被致候者、不正義と申者正しからさる義勿論之事、異安心にあらすと被申候ハ彼者共安心に間違なしと申義ニ而無之、元来異安心と申者、蓮如上人御文之上に四通りを撰ひ被置候右四通之安心に同し候ものを古来ゟ異安心と被取扱候義ニ而御座候、然ル処右五人之者共之勧方者御文ニ被撰候四通之安心に同したる事も無之、且此機之なりの御助にたんのふする斗等卑劣之言葉を用ひ相勧候者実に文もなく義もなき事ニ候、（中略）所詮挙て論するによらす、依之右五人の者共の勧方茂、不正義にして異安心にあらすと決択被致候義ニ而御座候(71)

ここでは、「不正義」と「異安心」の定義が説明されている。本山の説明によれば、「不正義」とは、「正しくない」という意であり、「異安心」は、蓮如が御文で挙げた四説（十劫秘事、不拝秘事、知識帰命、無言称名）(72)に該当するものを指すとする。五僧の語りは異安心にすら該当しない「無文無義之妄説」であり、取り立てて論ずる必要がないので、「不正義にして異安心にあらす」とした、と説明している。この本山の用例では、不正義＝異安心、とはなっていない。これは、それまで本山が用いていた異安心＝不正義という定義とは明らかに異なる。本山は、自身の裁定と藩の書付文言との辻褄を合わせるために、異安心の定義自体を変更させたのである。しかし、近世期の異安心的教説は、蓮如が御文で挙げた四説に当てはまらないものばかりである(73)。この論理に従えば、今までの異安心的教説は、全て異安心ではないことになる。かかる本山の見解は強引なものであり、実際、第一節-四で確認したように、尾張国門徒、在京深励門下、越前国門徒から批判が出た。

それでは、彼らは、本山の対応をどのように受け止めたのだろうか。まず、尾張国門徒の主張を検討する。彼らが文化八年三月二九日に提出した一八箇条にわたる直訴状(74)のうち、不正義の件に触れた条目は三つある。彼らの認識は、次の通りであった。

列座が本山裁許に相違して、五僧が「新義ヲ好ミ不正義」であると藩に報告したため、藩の申し渡しでは五僧が新義不正義だとされた。これにより、本山の教誡内容と藩の申し渡しとが相違し、何が不正義か判然とせず、「御門末惑乱」を招いている。また、藩に虚偽の報告をした結果、本山教誡と藩申し渡しとの間に齟齬を招き、「身分難相立」くなった名古屋御坊輪番と列座は、本山に働きかけを行ったようである。その結果、本山でも五僧が不正義であるとされ、深励や宝景は「紕誤」をしたとして処分された。これは「御簾前之御紕御教誡」を「徒事」にするものである。演説をした鳳嶺への処分も、演説を「徒事」にする処分である。また、もし不正義であることと異安心であることが同義でなく、五僧が不正義であって異安心でないというのなら、鳳嶺も五僧は異安心ではないと述べていて、不正義ではないとは言っていない。したがって、なぜ鳳嶺が処分されたのか納得できない。以上より、尾張国門徒は、「不正義成勧方」という判定を文化七年の本山裁許からの変更と捉えたこと、異安心＝不正義と認識していたことが分かる。

次に、越前国門徒の主張を検討したい(75)。彼らは、本山が藩の申し渡しを受けて五僧を不正義としたことを挙げ、「宗意安心筋」が「国法之触ニ被為順」ては「御瑕瑾」となるのではないか、と懸念を表した。彼らは、本山が五僧を不正義としたのは藩の申し渡しの影響によると把握していた。

最後に、深励門下の見解を「事書」所収の宣明とのやりとりから検討する。宣明が「異安心ハ必ス不正義ナリ、不正義ナルモノハ必スシモ異安心ニアラス」と述べたのに対し、深励門下は「不正義」

と「勧方ノコトヤウ」とは同義であるのかを尋ねた。その通りであると答える宣明に、深励門下は、同義であるなら、今回改めて五僧を不正義だと申し渡したのは不審であると指摘する。すると宣明は、今回の対応は「尾州ニ対セラレテノコト」、すなわち藩に対するものだと告白した。これに対し深励門下が次のように非難した。いくら藩の申し渡しが重要だとはいえ、「御本山ノ御教誡ハ御門末ノ亀鑑」である。「御本山ヨリ一旦仰セ出サレ」たことを「公辺ノ触ニ順シテ名目マテヲ御カヘナサレ」ては、「御本山ノ御威光モ相立カタキヤウ」になるのではないか、と。

三者に共通するのは、文化七年二月段階の裁許が藩の申し渡しによって変更されたと認識する点である。幕藩権力に対する教学統制権の自律性は僧俗の共通認識であった。本山の対応は、その自律性を本山自身が否定するように受け取られたのである。

その一方で、文化九年五月に五僧が正式に「勧方不正義」とされたことへの反発は見受けられない。これはなぜなのだろうか。越前国門徒と深励門下の場合、その理由は明白である。彼らの不満は深励の講師休役にあったため、深励の処分が解除されれば、彼らの不満は解消されたと考えられるからである。では、尾張国門徒の場合はどうであろうか。既述の如く、彼らは長文の直訴状を提出したが、第一節-三で触れた名古屋御坊再建金の流用疑惑は、尾張国僧俗作成の願書と同様に見受けられる。だが、その段階と異なるのは、同七年二月以降は「一向御法義并御坊所御衰微」し、「御定例之御書様御巡回モ無御座」く、「御末寺方御法談モ一向無」くなっているため、「私共御法義聴聞仕候事難相成」き状態にあると嘆いていることである。混乱の長期化は、尾張国内の門徒の信仰生活に打撃を与えていた。依然御坊への不満はあるが、この時点の彼らは、信仰生活の安定化こそが最重要課題であった。これが文化九年以降、尾張国内で事件の混乱が終息を迎えた要因であったと考えられる。

以上から、教説への不干渉という原則に基づく藩の働きかけと、本山の対応の意味を考えると、次のようになる。先行研究が指摘したように[76]、今回の事例でも、藩は教説の可否判断を本山に委ねていることが確認される。その点で、本山の教学統制権は保障されているといえよう。ただし、「不正義」という用語をめぐっては、藩と本山との間で解釈のズレがあった。したがって、本山が自身の裁定と藩書付文言との整合を目指した際、異安心の定義そのものを変更せざるをえなくなる。これは、藩の対応が教説への不干渉という原則に基づいていたとしても、実態面では藩による教説の是非判断への干渉が生じていることを意味する。寺法に対する国法の優越という大原則のもとで存立していた仏教教団の自律性に、本源的に存在していた限界性といえるだろう。

おわりに

幕藩権力は、寺法への国法の絶対的優越性を前提としつつも、教団内の問題については、本山を頂点とした自治権を認めた[77]。また、教説の正否に対して不干渉の立場を取り、教説の正否の判断は本山に行わせた[78]。ただし、教説の正否に関して、国法と寺法の裁量のどちらが優先されるかは、諸主体の立場性によって様々な解釈がありえた。第一節で検討した、五僧による藩寺社奉行所への働きかけは、五僧が藩権力を寺法の取調べに影響を与えられる存在として理解していたことを示す。しかしながら、五僧の働きかけを受けた藩が名古屋御坊に対して行ったのは、教説への不干渉という原則に基づき、取調べの公正性を要求するものであった。すなわち、五僧の問題が教学統制という仏教教団内部の問題に留まる限り、寺法による裁量が優先され、藩権力はその公正性を保たせる存在としてのみ関与したのである。

だが、問題が教団外へと波及したとき、しかもそれが寺法と国法の不一致として現出したとき、国法の優越性と本山教学統制権の自律性のどちらが優先されるべきであるかが問題の焦点となった。尾張藩は、寺法に対する国法の優先を前提とし、教学の是非への不干渉を標榜しつつも、本山に対し国法の決定に合う寺法の取り捌きを要求した。本山は、寺法に対する国法の優先を踏まえ、異安心の定義を変更することで藩の意向に応えた。「異端」の区分を細分化することで弥縫を図ったのである。だがこれは、教学統制権の自律性を他ならぬ本山自身が否定したことを意味した。対する在京深励門下や越前国門徒は、教説の是非に関わる決定は国法の介入を受けるべきではないと認識していた。そのため、本山の対応を批判したのである。

それでは、何故、本山は前述の対応を取ったのだろうか。それは、尾張五僧の事件の発生時期が、三業惑乱終結の三年後であることと関係する。三業惑乱とは、三業帰命説という教説の正邪をめぐり、西本願寺で発生した近世最大の異安心事件である。(79) 当初、西派本山は同説を正統としたが、一部の地方学僧が反発し、対立が激化した。そして、同説をめぐり、享和二年（一八〇二）、大垣藩領で発生した騒動が契機となって、幕府寺社奉行所の介入を招く。同奉行所は、三業帰命説の支持者・批判者双方の対論等に基づき、同説を不正義と判断、文化三年七月、西派本山に百日の閉門を申し渡し、関係者を処罰した。なお、幕府裁許には、西派本山が「近年以来。諸国門徒共宗意二途ニ分レ。次第ニ及ニ惑乱一候得共。一途ノ裁判モ無レ之。等閑ニ打過」ごし、「新義ヲ唱候僧侶共ヲ。速ニ擯斥」しなかったとして咎める記述がある(80)。

三業惑乱自体は西派の事件だが、三業帰命説の思想内容は、東派僧侶にも影響を与えている(81)。この点は、五僧の事例でも確認できる。だが、三業惑乱の影響は思想面だけに限らなかった。それは、文化八年九月、本山が使僧法幢坊を通じて尾張藩寺社奉行所へ提出した口上書から確認できる(82)。口上書では、西派本山に対する幕府裁許内容に触れた上で、尾張国内の状況を「一方ハ不正義致屈執、一方ハ古来ノ宗教相守、右体二途ニ相分」れていると評し、「一途ノ裁断」がなくては「余国へモ指響」きかねない緊迫した状況下であることを吐露する。もっとも、同口上書では、五僧へはすでに「一途ノ裁断」を下しているとも述べており、西派本山との差別化を図っている。ともあれ、三業惑乱による西派の混乱状況を目の当たりにしてきた東派本山は、西派本山と同じ結末を迎えぬよう、一刻も早く事態の収拾を図る必要性を認識していたと考えられる。これが、本山の対応の背後にあった思惑であった。

国法と寺法の不一致をめぐる尾張藩の要求と本山の対応は、寺法に対する国法の優越が、教学統制権にまで及ぶことを決定する出来事であった。その前提には、寺法への国法の絶対的優越という、幕藩権力の宗教統治の原則が仏教教団へ貫徹していたことに加え、三業惑乱による本山の危機意識があった。だが、寺法への国法の優越という原則が教学統制権にまで及ぶかどうかは、教団内に解釈が分かれる問題であった。ゆえに、尾張藩・本山双方の行動は、教団内に新たな対立の種をまいたのである。

注

（1）澤博勝「日本における宗教的対立と共存」（同『近世宗教社会論』吉川弘文館、二〇〇八年、初出二〇〇五年を一部加除）。

（2）上野大輔「長州大日比宗論の展開」（『日本史研究』五六二、二〇〇九年）。

（3）小林准士「三業惑乱と京都本屋仲間」（『書物・出版と社会変容』九、二〇一〇年）。

（4）これは従来、「尾張の五人男」（中島覚亮『異安心史』無我山房、一九一二年）、「尾張五人男の不正義」（水谷寿『異安心史の研究』大雄閣、一九三四年）、「五人男」（名古屋別院史編纂委員会編『名古屋別院史 通史編』真宗大谷派名古屋別院、一九九〇年）と称されてきたが、「五人男」は五僧の排斥を行う御坊側などが用いた呼称のため、本書では尾張五僧の事件と称す。

（5）諏訪義譲「養念寺の威広院霊曜講師に就て」（『同朋学報』一一、一九六四年）。

（6）注（4）中島書。

（7）注（4）水谷書。

（8）石原和「名古屋城下における如来教信仰」（『次世代人文社会研究』八、二〇一二年）。

（9）この他、事件の概略は、真宗典籍刊行会編『続真宗大系』一八（国書刊行会、一九七七年）、「大谷派学事史」（真宗典籍刊行会編『続真宗大系』二〇）、注（4）『名古屋別院史』に記載がある。

（10）注（4）『名古屋別院史』。御坊建立に関する記述は本書に拠る。

（11）名古屋市鶴舞中央図書館所蔵「尾州東本願寺御末寺々号帳」（市五-六六）、以下「寺号帳」。

（12）御堂衆は本山に出仕し、様々な役務に従事した。その職掌は、本山御堂内の寺務から、本山参詣の門徒への教化、地方御坊の輪番など多岐にわたる（注（4）『名古屋別院史』一二八〜一三〇頁）。

（13）注（4）『名古屋別院史』一八四頁。

（14）名古屋市鶴舞中央図書館所蔵「尾州八郡東本願寺派寄帳」（市五-六七）、以下「寄帳」、注（11）「寺号帳」。

（15）遍慶寺は、享和元年（一八〇一）以前は珉光院末寺であったが、享和元年からは直末寺院となっている（「寄帳」・「寺号帳」）。

(16) 大谷大学図書館所蔵（宗大二四二九）。上下巻の写本で、奥書の記述によれば、大谷大学図書館が大正三年（一九一四）に長浜別院所蔵の本を筆写したものである。内容は幕藩領主の触書（尾張五僧とは無関係）と尾張五僧の事件関係史料の二つに大別。編纂主体は不明だが、収録史料の性格から、本山の事務最高機関である上檀間の役人か、それに比する人物が編纂した史料集と考えられる。

(17) 大谷大学図書館所蔵（宗大六一一）。全八巻の写本。内容は、五僧の取調べ記録と、鳳嶺の演説の筆録の二部構成。

(18) 大谷大学図書館所蔵（宗大四九七二）。全一巻の写本。「一件記」未収録の史料を収録。

(19) 「一件記」・「聞書」。

(20) 「一件記」。

(21) 真宗新辞典編纂会編『真宗新辞典』（法藏館、一九八三年）。

(22) この部分の記述は、森章司「近世における真宗教団」（大倉精神文化研究所編『近世の精神生活』続群書類従完成会、一九九六年）の説明に適宜補足を加えたものである。

(23) 下間・粟津・稲波等の本山家臣のうち二名が月番家老として勤仕した。諸事を審議し、門主の裁許を得た上で、各役所に実行を命じる権能を有した。執務内容は、幕府や京都所司代、朝廷などとの交渉、家臣の任免、寺格昇進、各御坊関係の処理など多岐にわたる（谷端昭夫「近世における東本願寺の宗務機構について」『真宗研究』二一、一九七六年）。

(24) 「廻心状御教誡」。

(25) 以下五僧の動向に関する記述は、「聞調」一～四に拠る。

(26) 事件前、秀山は戸田村西照寺が書いた「批判問答抄」なる書物をめぐり、法論を起こしていた（「廻心状御教誡」）。この法論の詳細は不明だが、最終的には尾張藩寺社奉行所の調停を受けたようである（「聞調」二）。

(27) 「廻心状御教誡」。

(28) 同右。

(29) 以下、聞調に関する記述は、「聞調」一～四に拠る。

(30) 組合外の寺院へ法話を行う際には御坊への事前届出が必要であったが、五僧はそれを怠っていた。組合とは、一定の地域内の諸寺院で構成された触頭の下部組織で、教団運営上の諸職務を担った（上野大輔「「長州清光寺一件」における末寺請書」『本願寺史料研究所報』四一、二〇一一年、同「近世仏教教団の領域的編成と対幕藩交渉」『日本史研究』六四二、二〇一六年）。名古屋御坊の教化活動取り締まりについては第一部第四章を参照されたい。
(31) 書状の内容は、藩寺社奉行所への働きかけを依頼するため、宇佐美彦六屋敷へ参上するよう通知する内容である。
(32) 「廻心状御教諭」。
(33) 以下の記述は、とくに断りのない限り、「一件記」に拠る。
(34) 「一件記」。
(35) 肝煎とは御坊の運営を支えた門徒である（注（4）『名古屋別院史』一八四・一二三〇頁）。
(36) 「一件記」。
(37) 同右。同史料によれば、この後本紙は御坊へ預けられた。
(38) 『新編一宮市史 資料編』七（一宮市、一九七〇年）一二六三号。
(39) 「御札」五・六、「廻心状御教諭」。
(40) 飛檐とは、東派内の寺格の一つである。
(41) 注（4）『名古屋別院史』。御堂拡張再建工事は、文政六年（一八二三）に完了した。
(42) 「一件記」。
(43) 「事書」。作成年代、差出人、宛所共に不明だが、主に深励の講師休役理由への疑義を示す。宣明と深励門下の問答に関する記述の存在、在京の深励門下との情報の交換が窺えるため、地方にいる深励門下が文化八年五月二〇日以降に本山を宛所に作成した願書と推察される。
(44) 「本山上檀古記録抜萃」（『真宗総合研究所研究紀要』六、一九八八年）。
(45) 宇高良哲『江戸幕府の仏教教団統制』（東洋文化出版、一九八七年）、澤博勝『近世宗教社会論』（吉川弘文館、二〇〇八年）。
(46)　古文書の会編『名古屋別院御用留』（名古屋大谷クラブ、一九九〇年）。
(47)　「一件記」。
(48)　同右。
(49)　霊曜が本山へ提出した口上書によれば、大聖寺藩領東派願成寺常称院に嫁いだ母が懐妊後同寺を暇乞いし、越前国坂井郡家吉村の真宗高田派安養院地中報恩寺へ嫁して彼を出産したという（「一件記」）。
(50)　「一件記」。深励・宝景・鳳嶺の処分に関しては同史料に拠る。
(51)　「一件記」所収、同月一九日付で本山が泉龍寺に送付した書状の尚々書には、「当表十二日之御取斗方」が「役所請宜」かったことを上檀間に報告したところ、上檀間の方々も「怡悦」しているという記述がある。
(52)　「事書」では半十郎とあるが、「藩士名寄」第一三冊（旧蓬左文庫所蔵史料一四〇-四、徳川林政史研究所所蔵）には、半十郎と名告る渡辺姓の藩士は当該期にいないため、半九郎の誤記と判断した。
(53)　七月四日に、藩寺社奉行は渡辺半蔵家家老山内喜右衛門へ、守綱寺の意見書の内容は渡辺家が承知していたか等を問うている（「事書」）。山内は、意見書作成には屋敷は関与していないが、書面の内容は渡辺家が守綱寺に申し含めた趣旨と相違ないと回答した。
(54)　注（44）「本山上檀古記録抜萃」。
(55)　「一件記」。
(56)　「御紀」六。
(57)　三業帰命説とは、近世後期の西派において、全国規模で展開した異安心事件（三業惑乱）で問題となった教説である。これは、身口意の三業（阿弥陀仏に礼拝しながら、助けたまえと称え、救済を願う）によって極楽往生が決定するという内容で、最終的に異安心とされた。
(58)　自己の意思として阿弥陀仏への帰依の心が表れなければならないとする説（注（21）『真宗新辞典』）。
(59)　「御紀」五。
(60)　懺悔とは、かつての真宗の教えに関する自身の誤解を門徒に示すことで、「正しい」信心のあり方を教授することだと思われる。
(61) 蓮如『御ふみ』(出雲路修校注、平凡社、一九七八年)一一三頁。
(62) 石原は五僧の教説が蓮如御文を解釈し直した「新たな世界観」を提示したものであったと評価するが(注(8)石原論文八四頁)、霊瑞は自説の説得性を補強するために蓮如御文を用いたのであり、「新たな世界観」を提示する意図は窺えない。
(63)「御紀」五。
(64) 同右。
(65) 教義を特別な儀式を通じて伝授するもので、幕藩権力からも異端視され、宝暦期や寛政期に大規模な摘発が行われた(小栗純子『妙好人とかくれ念仏』講談社、一九七五年)。
(66)「御紀」五。
(67) 龍養を取調べたのは、後の西本願寺学林能化となる功存であった。龍養を回心させるため、功存が主張した教説が、三業帰命説である。
(68) 大桑斉「近世真宗異義の歴史的性格」(橋本博士退官記念仏教研究論集刊行会編『仏教研究論集』清文堂出版、一九七五年)。
(69) 同右。
(70)「事書」。
(71)「一件記」。
(72) 柏原によれば、蓮如が排斥した異義を四種に整理する考え方は、近世以来よく見られるという(柏原祐泉「真宗における異安心の問題」同『真宗史仏教史の研究Ⅱ 近世篇』平楽寺書店、一九九六年、一三一頁)。十劫秘事は阿弥陀仏の救済を忘れないのが信心であるとする説、不拝秘事は自己と仏を一体とし、己に礼拝すればよいとする説、知識帰命は善知識を現世に現れた阿弥陀仏であると捉え、特定の人物を善知識と仰いで帰依する説、無言称名(無信称名)は、信心のない称名で往生できるとする説である(柏原同論文、注(21)『真宗新辞典』)。
(73) 注(4)中島書・水谷書。

(74)「事書」。
(75) 同右。
(76) 注（3）小林「三業惑乱と京都本屋仲間」、注（2）上野「長州大日比宗論の展開」、同「三業惑乱研究の可能性」（『龍谷大学仏教文化研究所所報』三五、二〇一一年）。
(77) 杣田善雄『幕藩権力と寺院・門跡』（思文閣出版、二〇〇三年）、注（1）澤「日本における宗教的対立と共存」、注（3）小林「三業惑乱と京都本屋仲間」。
(78) 注（2）上野論文、注（76）同論文。
(79) 以下、三業惑乱の記述は、本願寺史料研究所編『本願寺史』二（浄土真宗本願寺派宗務所、一九六八年）、注（76）上野論文を参照。
(80)「続反正紀略」巻六（妻木直良編『真宗全書』三八、蔵経書院、一九一四年）二六六頁。
(81) 注（3）小林論文、松金直美「近世真宗東派における仏教知の展開」（『真宗文化』二二、二〇一三年）。
(82) 注（44）「本山上檀古記録抜萃」。

第三章　教学論争と民衆教化

――加賀安心争論を事例に――

はじめに

教学論争を扱うに際しては、論争を主導する学僧レベルの動向だけでなく、門信徒や末寺僧侶、幕藩領主の動向も分析に組み込みつつ、教説の内実の検討も必要となる[1]。その際、重要な論点となるのが、教化の場における僧侶と門徒の動向である。教説面での対立が拡大する過程では、地方寺院や門信徒が騒動を引き起こす主体となり、幕藩領主の介入を招いた。最近では、門徒への教化内容の路線をめぐって僧侶同士が対立し、教学論争へと発展した事例も紹介されている[2]。このように、教学論争の拡大化には僧俗の動向が大きく影響した。では、教化の場で具体的に何が起きていたのか。教化の場の実態に注意を払うことで、教学論争の社会的な展開を跡付けていくことが課題となろう。

本章では、文政年間（一八一八～一八三〇）に加賀国で生じた東派の教学論争（以下、加賀安心争論と称する）を取り上げる。これは、文政五年頃から同一〇年にかけて、加賀国の僧俗が「タスケ方」・「タノミ方」に分かれて対立し、総勢一九名の僧侶（表3-1）が本山で取調べを受けた事件である。また、対本事件の分析を通じて、教説の対立が教化の場でどのように展開したのかを明らかにする。

立の激化に、加賀藩・触頭・学寮・本山がどう対応したのかも合わせて検討していく。

本論に入る前に、加賀藩領の東派教団組織の概要を説明する。加賀藩では、慶安元年（一六四八）に寺社奉行が設置され、仏教各宗派および地域ごとに藩の法令の伝達等を行う国法触頭が設定された。東派では当初、専光寺が加越能三国の国法・寺法触頭を務めている。(3) 翌二年、越中国と能登国に触頭寺院が設定され、(4) それに伴い、専光寺の触下は加賀国金沢・石川郡・河北郡、能登国羽咋郡押水分の一三九ヵ寺となった。(5) その後、同領域の触頭には享保一四年（一七二九）に瑞泉寺が、天明五年（一七八五）には善福寺が加わる。これにより、金沢以下一三九ヵ寺の触頭は、専光寺・瑞泉寺・善福寺の三ヵ寺が務めることになった。(6) この他、加賀国能美郡の小松本蓮寺が加賀国内三〇ヵ寺、(7) 能登国羽咋郡の羽咋本念寺が同国八八ヵ寺、同国鹿島郡府中長福寺が七一ヵ寺、同国鳳至郡南本誓寺が一〇六ヵ寺、同国珠洲郡鵜飼妙厳寺が二八ヵ寺の触頭を務めた。(8) また、越中国では、慶安二年に善徳寺と井波瑞泉寺が四郡（砺波郡・射水郡・上新川郡・下新川郡）二七二ヵ寺の触頭を務めている。(9) 触頭から法令の伝達などを受ける触下寺院は組合に編成され、加賀藩領では、おおよそ数ヵ寺〜十数ヵ寺が一組となった。(10)

主に使用する史料は、「加州金沢御安心一巻記」(11)、「加州安心諍論記」(12)、「北国乖諍録」(13)、「文政八年加州法義諍論之一件」(14)、「瑞泉寺文書」(15)、『加賀藩史料』(16)、『東本願寺史料』(17) である。

表 加賀宗学論争関係僧侶

	僧侶名	寺院名	寺院所在	学統	備考
タスケ方	賢幢	西方寺	加賀国金沢田町	深励	文政元年（一八一八）寮司、天保元年（一八三〇）擬講
	恵温	明達寺	加賀国北安田村	深励	
	法嵓	因得寺	加賀国金沢野町	宣明	円照から改名
	恵什	行雲寺	加賀国石川郡割出村	宣明	
	法賢	妙覚寺	加賀国石川郡宮腰村		
	寂然	即願寺	加賀国金沢四町壱番町		
	文祥	正福寺	加賀国金沢公儀町		
	文成	西光寺か（ⅰ）	加賀国金沢田町	（深励）	「垂天結社簿」には加賀国金沢西方寺文成とあり
	賢長	超願寺	加賀国金沢四町弐番町		
タノミ方	霊沼	普念寺	加賀国河北郡横浜村	宣明	
	北山	誓入寺	加賀国河北郡二日市村	宣明	慶忍の親／黙了から改名
	慶忍	誓入寺	加賀国河北郡二日市村		北山の子、別名…哲僧
	梵龍	智覚寺	加賀国石川郡下安江村	宣明	
	縁淳	誓念寺	加賀国金沢百姓町	宣明	
	蔵俊	光徳寺	加賀国金沢六枚町		大寿の兄
	大寿	光徳寺	加賀国金沢六枚町	宣明	蔵俊の弟
	隆山	本福寺	加賀国河北郡北中条村		
	顓学	唯念寺	加賀国金沢嫁坂下	宣明	
	雪巌	宝蔵寺	加賀国金沢山ノ上町		
	霊眭	円満寺	越中国新川郡稗田村	宣明	（ⅱ）タノミ方
	亮空	光誓寺	越中国高岡瓦町	宣明	文政三年（一八二〇）擬講、（ⅱ）タノミ方
	了眭	林幽寺	加賀国金沢泉野寺町	慧琳	文化一三年（一八一六）擬講、香流庵、（ⅱ）タスケ方

※ 大谷大学図書館所蔵「垂天結社簿」（宗大二八一二）、同館所蔵「隷名記」（宗大三〇一七）、同館所蔵「北国乖諍録」（宗大七〇九七）、瑞泉寺文書A-Ⅱ-八-七八-一、同A-Ⅱ-八-七八-二、『真宗人名辞典』、『石川県史 第三編』より作成。
（ⅰ）聞調記録等では「光徳寺文成」となっているが、西光寺の誤りか。
（ⅱ）大谷大学「北国乖諍録」に拠る。

第一節　加賀安心争論の展開

一　加賀安心争論前史――文政元〜二年央坊派遣――

タスケ方とタノミ方の論争が本格的に展開するのは文政五年（一八二二）以降だが、その対立の萌芽は文政元年に遡る。ここでは、本山使僧の央坊の体験を通じて、当該期の加賀国僧俗の教説をめぐる動向を見る。央坊は、文政元年一一月から翌年一月まで、報恩講を執行するため、金沢御坊に下向した。その際、同地で法義に関する問題が生じたため、文政二年二月に、当時の学寮講師・宣明に事の次第を手紙で報告している。以下、その手紙を用いて検討する(18)。

金沢へ下向した央坊は、同地の門徒と様々な問答をしている。まずはそのやりとりの中身を紹介していこう（行論上の便宜を図るため、各項目の冒頭部に丸数字を付した）。

①金沢御坊での報恩講執行後、央坊は、使僧部屋へ来訪した門徒たちと問答をした。門徒たちは、「たのむ」という言葉を「此様ナ者ヲ此機ノナリテ御助ト疑時晴テ居マス」と理解していると述べた。央坊は、自力の計らいを捨て、往生の一大事を阿弥陀仏に任せる心底が助けたまえとたのむ心であり、御恩報謝の念仏を行うのだ、と説いた。

②一二月一〇日と二四日に、央坊は金沢御坊内の超雲寺で法談をした。二四日の法談後、央坊は安心について尋ねる門徒たちと応対した。「帰命するというのは阿弥陀仏の勅命に従って、自力を

離れて他力に任せるという意味である」という央坊の言葉に対し、その場に居合わせた加賀国舟村[19]の八郎右衛門は、央坊の教化は自分の理解とは異なると否定した。また、八郎右衛門の次に来た平兵衛は、二河《にが》白道《びゃくどう》の譬喩[20]を引き合いに出し、「助けたまえ」とは極楽往生を願う心（願求）で、阿弥陀仏の大悲にすがって後生を任せるという央坊の教えは承服できないと否定した。

③文政二年正月三日夜、央坊は超雲寺で法話し、その後門徒と問答した。ある女人は、「たのむ」とは極楽へ生まれたいと願うことだと央坊へ主張した。その場にいた平兵衛も、再び二河白道の譬喩等を根拠に、「助けたまえ」とは願う心であると述べ、後生は願わなければならない、罪は任せなければならない、後生を任せるというのは納得できないと述べた。平兵衛によれば、右の内容は金沢御坊で実施された宣明の法話[21]で聞いたのだという。央坊は、それは聞き違いであろうと否定した。その上で、平兵衛に対し、在家の身分で、読むことを御免されていない聖教を扱う「ハカライ心」をやめて御教化を聞くべきであること、本山から使僧として派遣された自分は「御門末御門徒ヲ教化スル御役」であるから、その教化は「御本山ノ御教化」であり、それに違背するのは「御門徒ノ詮ナシ」である、と話した。

④ある者は、央坊の教化に対し、「南無阿弥陀仏の謂れを聞信する一念は、地獄を逃れて極楽へ参りたいと願う心であり、それが助けたまえの心である。蓮如御文にある「任せる」とは、罪を任せることであって、後生を弥陀に任せるといってしまっては西山派と混同する」と主張するばかりであった。央坊が説諭しても受け入れることはなかった。

⑤「信スルハ後念」「タノムハ前念」と主張する者に対し、央坊は、信ずるそのときに往生が定

まるのだから、前後関係を持たせようとするのは「文盲」であると申し聞かせた。だが、聞き入れようとはしなかったという。

①〜⑤からは、大きく、（一）今のままで救済されると思うことが「たのむ」ことであると解釈する者（①）、（二）極楽への往生を願うことが「たのむ」ことであると解釈し、また「たのんだ」あとに阿弥陀仏を信じるのだ、と主張する者（②③④⑤）がいたと分けることができる。ちなみに央坊によれば、彼が帰京したあと、加賀国では（二）の者が僧侶を丸め込んでしまい、極楽への往生を願うことが「助けたまえ」であり、また蓮如の御文にある「任せる」というのは罪を任せることである、と法談で語る僧侶もいるという。このように、（二）の門徒は、聖教を独自の解釈で読み込んだ上で、その理解に基づいて宣明の法話を聞き、自説の正当性を補強していた。彼ら・彼女らは、本山の威光を持ち出した央坊の教諭も聞き入れなかったのである。

央坊は、書簡で宣明に対し、金沢の僧俗は「御本廟ヲ令蔑如御宗意ヲ乱シ候心底」であると述べている。さらに、央坊は、もし自分の方が誤っているのであれば、使僧の御用を断る所存であると綴っている。[22]宣明の返答は不明だが、文政二年二月二九日付で本山家臣が金沢御坊御堂衆宛に出した書簡から、その後の本山の対応が分かる。書簡の内容は、加越能三国で行う御書経廻への使僧派遣をめぐるものである。金沢御坊は、央坊一名の派遣を希望していた。御坊によれば、能登国・越中国の僧俗中で「御教化」の「聞請方」が区々になっていたところ、前回下向した央坊の法話によって「偏執之族」が「帰伏」したため、旧例通り使僧が二名派遣されては「聞請方」が偏りかねないという。[23]本山は御坊の要望を受け入れ、央坊は再び金沢へ向かった。

四月二一日付で本山家臣が央坊宛に出した書簡[24]によれば、央坊は三月二九日に金沢御坊に到着し、四月一八日・一九日に御書の御紐解（御書を読み上げること）を完了した。その間、央坊は加賀国の寮司と擬講香流庵（了睟）[25]と相談の上、僧侶を集めて本山の正意の通りに教導するよう説諭している。さらに、「異解相企候一類之者共」を教誡し、彼らから請書を受け取り、本山家臣へ送った。

以上の対応を経て、事態は収束したかに見えた。だが、文政五年に加賀安心争論が発生し、再び法義をめぐる対立が展開していく。

二　加賀安心争論の経過

文政五年（一八二二）春、林幽寺了睟が、文政四年に死去した宣明の後に講師となった五乗院宝景に対し、加賀国で法義に関する争論が発生したことを三箇条にまとめて報告した[26]。宝景は了睟に対し、擬講の円満寺霊睟や光誓寺亮空とも連携を取り、対立を解消させるよう指示する。しかし、了睟は霊睟や亮空が遠方にいることを理由に、両者との連携は困難であると主張した。そこで、宝景は、加越能三ヶ国界隈の旧寮司[27]らと協力して対応するよう指示した。

金沢へ戻った了睟は、まず触頭の善福寺に事の次第を報告した。善福寺は、了睟自身の教説理解を確認するために、「安心書」の提出を求めた。その理由として善福寺は、「香流庵ノ据リ」を確認しなければ「取計ヒナリカタ」く、とはいえ、了睟は「配下」ではあるものの擬講でもあるので、「糺シマシク申カケモイカ、ニ付」と思ったからであると述べている[28]。

同年六月一一日と一三日、林幽寺に金沢内外の寮司・擬寮司が召集された[29]。了睟は、彼らに先の三箇条を提示し、今回、講者から「当流にはこの機のなりでお助けと信ずるより他に安心はないので、それを批判する者を否定するように」と言われたと話した。(30)タノミ方は、「お助けを信ずるというのは紛らわしいことであると先師（宣明）から聞いている」と主張し、また、霊昧や亮空も立ち会った上で申し渡してほしいと要求している。納得できないならばその旨を書付にまとめるよう了昧が告げたものの、タノミ方は、霊昧や亮空の立ち会いを求めるばかりであった。

八月に入ると、タノミ方の僧侶は、触頭善福寺と瑞泉寺から呼び出しを受けた。触頭両寺は、タノミ方の僧侶に対し、藩寺社奉行所より、本山の重役からの申し渡し内容に不心得な者がおり、その者たちの名前を調べ上げるよう指示が出されたと話した。(31)続けて、この不心得な者というのは、タノミ方のことを指すのではないかと尋ねた。タノミ方は、了昧が話した内容に納得できなかったため、霊昧と亮空の立ち会いを要求しただけだと返答している。

同年一〇月、了昧・霊昧・亮空の三名が本山からタスケ方とタノミ方の対立を鎮めるよう指示を受け、(32)三名は二ヵ月後の一二月五日に善福寺で対談した。(33)そこでは、これまでの経緯を確認するほか、了昧の対応の問題点についても話し合われている。なお、この対談のなかで、了昧が宝景に提出した三箇条の内容は、金沢や宮腰の門徒が「法談ニテ聞テ来タル」ことをとくに確認せずにまとめたものであることが判明した。これに霊昧は、「流行スル事ヲ三ヶ条ニ作リ人ヲ押ヘスニ講者ヘ迄出メ私等ニ迄能破致セトハキコヘヌ事」であり、「無人ノ仮設ノ三ヶ条」を「京都ヘマテ申スハ有マシキ事也、身分ヲ忘ルヘカラス」と、厳しく非難している。

同月一一日、善福寺で了昧たち三名が演説をした。霊昧の演説では、互いに表現の仕方が異なるだけで同じことを述べており、双方とも異安心でも不正義でもないこと、双方が門徒の伝聞に基づいて互いを誹謗し、その際にそれぞれ聖教の言葉の一部を取り上げて論じるために、対立が激化していることが指摘された。

翌一二日には、善福寺と瑞泉寺が藩寺社奉行所に対し、一四日から二〇日まで、門徒たちの取鎮めを目的とした法話を善福寺で開催したいと願い出た[34]。藩寺社奉行所は、期間を一四日から一六日の三日間に縮減して開催を許可した。しかし、対立が解消することはなかった。翌六年三月一一日、本山家臣は講師宝景を呼び出し、霊昕と賢幢（タスケ方）に争論の「取鎮」めを命じたので、両者を帰国させ、了昕や亮空、触頭と連携の上、争論を「取鎮」めさせるように、と指示を出している[35]。

四月には、藩寺社奉行所より、宝蔵寺で誓入寺慶忍が、智覚寺で砺波郡和田村善宗寺の僧侶が、法談で三業帰命説を説いたという嫌疑がかけられている[36]。智覚寺・誓入寺・宝蔵寺に対しては、藩寺社奉行所から法談差留の処分が下された[37]。善宗寺の詳細は不明だが、それ以外の寺院はいずれもタノミ方である。このタノミ方への法談差留は、彼らの教学理解が三業帰命説に類似しているとの批判が出されていたことと関連している（次節で詳述）。このように争論は、一方の僧侶が藩から処罰される事態を招くに至った。

文政七年九月二二日、玉井貞言（藩寺社奉行）は、近年の東派寺院が宗意に関して「徒党ケ間敷申合」をしたり、本山に訴え出たりしていることについて、以降、心得違いを犯す者がいれば処罰する旨を記した村井長世（年寄）の書付を触頭瑞泉寺に示し、触下寺院から書付の請書を取り集めるよう命じている[38]。また、以後上京する者がいればその目的を調べ、問題があれば奉行所へ報告し指図を受けるよう指示した。これを受けて瑞泉寺は、九月中に触下寺院から請印を取り集めている。また同月中に藩は、門徒が「徒党ケ間敷申合」や本山への訴訟をしないよう地方へ通達した[39]。

この後、しばらく大きな動きは見出せないが、文政八年八月に入ると、本山は善福寺と瑞泉寺、そして亮空を京都へ召喚している。翌九月には、善福寺・瑞泉寺がタスケ方・タノミ方双方の主張の問題点を書付にまとめ、講者へ提出した。一〇月になると、善福寺・瑞泉寺は、これまでの対応の不備を講者から指摘された上で、対立を収束させるよう指示された。ここまでは、これまでと同様に国元での対立の収束が模索されていたと見ることができる。

ところが一一月になると、本山は一転して瑞泉寺・善福寺・タスケ方九名、タノミ方一〇名を京都へ呼び出した。一二月一一日から二四日まで、学寮の講堂において嗣講易行院法海[40]・雲華院大含[41]・恵剣[42]の三名による聞調が開始されている。

翌文政九年二月一〇日、タスケ方とタノミ方が自身の誤りを認めた請書を本山へ提出した（この間、文政九年一月五日に了睢が死去）。そして同年五月二日から三日にかけ、法海がタスケ方とタノミ方に対して教誡演説を実施した。この教誡演説では、両者の説く内容が本質的には一致することなどが指摘されている[43]。

五月四日になると、本山は善福寺と瑞泉寺に御叱、大寿・北山・慶忍（いずれもタノミ方）を除く一六名の僧侶に帰国の上、遠慮の処分を申し渡した。大寿ら三名は京都に留められている。大寿は詳細不明だが、北山と慶忍については、本山の教誡に両者が不納得だったためである[44]。

同年八月には、本山家臣から加賀国僧俗に対し、タスケ方・タノミ方の主張に対立点はないので、以後は双方とも融和し正意を継承するようにとの通達が出されている[45]。この内容は、九月には本山の通達として触下寺院に触れ流され、請印が取り集められた[46]。

北山と慶忍に対しては、一〇月に改めて取調べと教誡が加えられており、彼らは回心の上、請書を提出した[47]。同月二三日には、自国で謹慎するよう本山から仰せ渡されている[48]。ところが、一一月になって、誓入寺（北山と慶忍）に帰依している門徒が「強情申募」、宝蔵寺雪巌とともに瑞泉寺へ「不埒之書面」を提出した[49]。これを受け、本山は藩寺社奉行所に対し、北山・慶忍・雪巌をすぐに上京させるようかけ合った。藩寺社奉行は、触頭善福寺・瑞泉寺へ本山からの要求を伝えている[50]。だが、北山と慶忍は持病を理由に出発を延引したため、一一月二二日、瑞泉寺は組合頭光円寺に対し、両者をすぐに出発させること、もし病気を理由に出発できないのであれば、医案書を提出させるよう通知している[51]。同月二八日には、藩寺社奉行から瑞泉寺に対して、北山・慶忍を上京させるよう催促がなされた。さらに一二月九日になると、誓入寺と宝蔵寺、およびその組合寺院のうち一名を同道させ、一〇日四時前に藩寺社奉行宅へ来訪させるよう、瑞泉寺へ指示が出されている[52]。こうした藩寺社奉行や触頭寺院の働きかけにより、一二月一三日に北山と慶忍は出発した。この後、本山の取調べを経て、文政一〇年八月八日、門徒の行動が寺法・国法を蔑如するものであるとして、北山と雪巌は住職召し放ちの上、隠居、慶忍は謹慎処分となった[53]。

話は前後するが、北山・慶忍・雪巌が再度本山へ召喚されている間、金沢御坊に徳龍[54]が下向し、六月一日から主に僧分や坊守（住職の妻）を対象とした演説などが行われた[55]。それに先立つ五月、触頭瑞泉寺から触下寺院に対し、徳龍の演説への参加を促す通達が出された[56]。加賀藩も、六月七日に算用場奉行が改作奉行に出した通達のなかで、徳龍の教誡後、領内道場へは「向々之寺庵」から教示が加えられる予定であるため、疎略のないよう教示を受けるべき旨、道場へ申し渡すようにと指示している[57]。

徳龍の演説は、文政六年の本山焼失による再建の懇志を募る演説（後述）と、加賀安心争論に関する演説で構成されていた。後者の内容は、文政八年の報恩講前（一一月）に優秀な僧侶たちが京都へ召喚され、安心に関する取調べがなされたこと、その取調べの結果、タノミ方・タスケ方双方の偏った教導が対立の原因であることが判明したこと、以降は一方に偏らぬよう注意すべきであることを示すものである[58]。

かくして、加賀安心争論は収束した。ただし、天保二年（一八三一）三月九日付で集会所月番から触頭瑞泉寺・専光寺に出された書簡では、誓入寺北山と慶忍に帰依の門徒が改心のうえ平穏にしているか、問い合わせている[59]。この書簡が出された背景には、処分を受けた北山と慶忍の待遇をめぐって、彼らが所属する組合から嘆願書が出されたことにある。ここからは、加賀安心争論収束後も、本山側が、門徒の動向を警戒していたことが分かる。

第二節　対立の具体相

タスケ方とタノミ方は、一体どのような点をめぐって対立したのだろうか。また、何故両者の対立は激化していったのだろうか。まずは、教説上における対立の様相に関して見ていきたい。

一　教説上の争点

タスケ方とタノミ方の論争の焦点は、「本願名号の由れの聞き開かれたる一念」[60]の解釈をめぐるものであった。すなわち、「必ず救うから私にまかせなさい」という阿弥陀仏からの呼びかけ（本願名号の謂れ）を受け取ったそのときの信心のあり方（一念）をめぐる解釈の相違にあった。言い換えれば、どのような信心を抱けば極楽往生が定まったことになるのかを論じるものであり、それは来世での極楽往生を目指す僧俗にとって、非常に重要な問題であった。

タスケ方とタノミ方は、双方共、二種深信という考え方を踏まえた上で、それぞれの見解を述べる。二種深信の二種とは、機（救われる衆生）と法（衆生を救う如来の願力）のことであり、また深信とは他力信心のあり方を指す[61]。真宗の深信は、自身の能力では往生が果たせないことを知り（機の深信）、阿弥陀仏の願力に任せることでしか往生ができないと知ること（法の深信）であるとされる。

タスケ方の主張は、一念とは「かかるあさましき機を阿弥陀仏のお助けと信ずる思ひ」、すなわち、どのようなことをしても助かる手立てのない者を阿弥陀仏が救って下さるのだと信ずる思いであり、それが「後生助け給へとたのみ奉ること」であるという[62]。なお、「たのむ一念にお助け」と思うことも一念に入るが、強いて言う必要はないとする[63]。

一方のタノミ方は、一念とは「たのむ一念に御助けと信ずる思ひ」であり、「助け給ふ仏を信ずる義」はあるが、タスケ方が主張するような「弥陀の御助けを信ずると云ふ義」は存在しないとする[64]。これは、どのようなことをしても助かる手立てのない者が、阿弥陀仏に帰依信順したときに救済されるのだと信ずる思いを抱くことが、一念であるという意味である。

以上をまとめると、タスケ方の理解は、阿弥陀仏に救済されると信じることを重視するものであるが、タノミ方は、阿弥陀仏へ「たのむ」ことを重視する理解であるといえる。「たのむ」という言葉は、蓮如の御文に頻出する。この「たのむ」の解釈をめぐり、西派では、宝暦年間から文化三年（一八〇六）にかけて三業惑乱が生じており、東派にも影響を与えた。元々、「たのむ」という言葉に関しては、欲生（往生を願う）と解釈する立場と、信楽（信じて疑わない）と解釈する立場が存在しており、前者から三業帰命説が生み出されている。三業帰命説とは、身口意を揃えることで、極楽往生が決定するという教説である。東派では基本的に異安心として否定されていたが、西派では当初は正統教学とされ、三業惑乱を経ることにより異安心として否定された。

ただし、三業帰命説による「たのむ」の解釈は、タノミ方の解釈とは異なる。三業帰命説は、「たのむ」＝欲生として解釈しているが、この場合、「たのむ」という行為は極楽往生を決定する条件となる。これが、三業帰命説が批判される要因となった。他方、タノミ方の場合、「たのむ」という行為は阿弥陀仏を信じること（信楽）だと解釈する。だが、タノミ方は「たのむ」行為の必要性を強調するために三業帰命説を連想させ、第二節で見てきたように、三業帰命説を布教したという嫌疑がかけられることもあった。なお、タノミ方が「たのむ」行為を強調することになった経緯は、後に触れる。

二　対立激化の背景

では、両者の論争が激化したのは何故か。それを解き明かす鍵となるのが、①学派間の解釈の相違と、②門徒の動向である。

①学派間の解釈の相違

「はじめに」で掲げた表の「学統」の項目を見てみると、タスケ方は深励の学統と宣明の学統が混ざっているものの、タノミ方は宣明の学統のみで構成されていることが分かる。そこで、さらに考察を進めるために、次の史料を見ていきたい。

【史料】

一、①加賀ハ越前・越中両国ノ間ニ在テ香月（深励）・円乗（宣明）両師ノ余光入リ交リシユヘニ、折ニハ遍執シテ争フ事アリ

円乗院師ハ加州ハ田村ノ産、私ノ在所ヨリ廿丁計リ、城下ヨリ一里北ニテ、若輩ノトキハ二日市村私ノ在処ニテ、数年勧学ナサレ、ソノトキ金沢円長寺文海モ学友ニテ、ソノ縁ヲモテ円長寺養弟トナリ、越中開正寺へ入寺之

大ニモメテ御本殿マテ出タルガ去ル文政度ノ争論之、②ソノ頃私モ老僧ニトモナハレ上京ス、然レトモ講者ノ社中ト社中トノ論ト云事ニテ、双方トモニ異安心ニモ不正義ニモ非レトモ、一方ヲ申シタルガワロシト云事ニナリテ治レリ、夫ヨリヲイ〳〵機辺モ調ヒ争ヒハイタサネトモ、③何分両様ノ国ニテ七分円乗三分香月ニ城下辺ハナリテアルユへ、法義筋ニハイツデモ少シツヽノ相違ハアル処之、ソノ事御承知ユヘカ、④故雲花院（大含）師モ開悟院（霊睢）師モ毎度拙へ御申付ハ、両義ワカル、事アラハ必ス一方ニ決セズ両方和融セシケルヤウニ取リ扱ヒヲセヨト御申含メアリシユ

へ、ソノ覚悟ニナリシ事之、然レトモ唯上手ニアシラヒ本心ニ無キ事ヲ自身共許セヌ事ヲ許スヤウニ申スハ後世ノミチニハ本意カラヌ事ト存ジ、サレハトテ学寮ヨリ出タル義ヲ破メハスマズ、和融サストキハ自ラ依用セヌ義之トモ道理アル事ヲ申ンネル（抹消）ナリサトサネハ人承引セス、現ニ道俗法義安心ヲ申ス処ヲ見聞スルニ数ケ条ノ相違アリ、イカ、セント千辛万苦シテ香円両師ノ取扱ヒ安心ガ、リノ大義ニカ、ル処六、七ケ条ホド勘得シテ無辺無党ノ情ニテ穿義イタセシニ、イカニモト心底ヨリ両師ノ御義ヲ感味イタシ、夫ヲ弁ヘテ国中ノ法義筋ノ乖角スル処ヲ傍煩スルニ明鏡ヲカケタル如ク知レテアリ、夫ユヘ私モ（中略）十年前ヨリ後ノ講弁ニハ両師義ノカハリアル処ニ向ヘハカラヲ尽メ両義トモニ意味深長ナルユヘスツヘカラザル義ヲ弁シタル事之、（中略）然ニ[5]近頃ノ若輩ノヤカラ国方両途ノ根元モ世ノ治乱モ弁ヘズ、文政度ノ御教示ノ事モ知ラザル人ハ、国中オシナヘテ己カ依用ノ一義ニスレハナルヤウニ思ヒ、夫ニ付テハ私ガ二義倶存スルノヲ一義ヲイハサヌヤウニサヘスレハ国中一義ニカタツクヤウニ思ハル、ハ甚タ時機ヲ考ヘヌト云べシ、各〳〵或ハ香月院師、或ハ円乗院師ノ筆記ヲ所持メ弘通スルノヲ一方悉クナキ事ニセント思テモ手ヲ以洪水ヲ防ガントスル如ク及ハザル事之、防カントスレハ却テ撃スル之、今度私共ノ事イカヤウニ御耳ヘ入テアルカ存ゼネトモ、近年研究セシ事ニ固執セラレシ人モアル由承ルユヘ、国方役寺江見セタル写シ御覧ニ入レルユヘアシキ事アラハ御評沢（ママ）希フ処ナリ[65]

本史料は、「安心・正義党研究一件等書留」という表題の竪帳で、その内容から、安政五年（一八五八）頃に誓入寺哲僧（慶忍、タノミ方）が時の学寮講者へ宛てて提出した書付の控えであると推定できる。傍線部①によれば、加賀国は越前国と越中国の間にあるため、深励と宣明の「余光」が入り交ざり、折によって「偏執」して争うことがあり、とりわけ大きな論争となったのが加賀安心争論であった。傍線部③には、「城下辺」は「七分円乗三分香月」であったために、教学解釈には少しずつ相違があったとされている。以上から、慶忍は、加賀国の対立の背景に、学派間の教学解釈のズレを想定していたことが分かる。

では、深励と宣明の教学解釈には、どの程度の違いがあったのだろうか。ここでは、争論に関係する蓮如の「後生助けたまへとたのむ」をめぐる解釈の相違に絞って見る。

深励は、「末代無智御文」（五帖目初通）の講義のなかで、「仏タスケタマヘトネガフハ即チ後生タスケタマヘトネガフナリ、後生ヲ助カリタイト願フコ、ロナレバ欲生我国ノコ、ロナルコト必セリ」と説明する。(66)「後生助けたまへ」を、死後に助かりたいと思う意であると解釈していることが読み取れる。「たのむ」に関しては、「信楽」（深く信じること、深心とも）の意であると述べている。

宣明は、同じく「末代無智御文」の講義で、「仏タスケタマヘトイヒ後生タスケタマヘトノタマフハ。極楽へ往生セントネガフ発願ノ義」であると語っている。(67)「たのむ」については、深励のように「信楽」であるとは明言しないものの、深励と同じく、深く信ずることであるという立場を取る。

以上からは、一見、宣明も深励と同じ解釈をしているように思えるが、そのニュアンスは微妙に異なる。深励の場合は、極楽へ往生したいと思う、という意で解釈している。一方、宣明が用いる「発願」とは、衆生が浄土へ往生したいという願いを起こす、(68)という意の言葉である。ここからは、深励よりも宣明の方に、人間側の能動性を重視する姿勢を見出せる(69)。とはいえ、この程度の差異だけでは、加賀安心争論のような対立を招くとは考えにくい。一体、彼らは何故、相手方を非難するようになったのだろうか。それを考える上で重要となるのが、次に取り上げる②門徒の動向である。

②門徒の動向

聞調では、タスケ方・タノミ方双方が、国元におけるこれまでの状況を講者へ訴えている。まず、タスケ方の主張を見ていこう。

一二月一四日の賢幢ほか八名に対する聞調では、恵什が争論に発展した要因を述べている(70)。恵什によれば、「タノム一念ニ御助ト信スル」ことも「阿弥陀仏ノ御助ヲ信スル」ことも同じことであるが、タノミ方側が「カヽルモノヲ御助ケト信スル」という表現を受け入れないのだという。

また、法賢は、五、六年前には、あちこちの門徒が「タノム心ハ御助ノコ、ロ、タノム外ニ御助ケナシ、トレニ助ケラレタカタノムコ、ロニ助ケラレタ」と述べていたと言っている。これは恐らく、央坊が手を焼いた（二）極楽への往生を願うことが「たのむ」ことであると解釈する者を指していると思われる。

さらに法賢によれば、同じ加賀国の客僧を招いて法話をしてもらった際に、「彼一類」が「御助ケト云事ハ何ノ中ニアル、出メ見セヨ」と言って詰め寄り、さらに、了睢や法賢は「牛坊主」「馬坊主」だと罵倒してきたという。このように「御助ヲ信スルト云事ハナヒ、御助ヲ信スルモノハ地獄ニ落ル」と非難されるために、こちらも「自然トタノム一念ニ御助ト云事ヲ嫌フ」ようになったと述べている。

では、タノミ方の主張はどうか。一二月一三日の梵龍・縁淳に対する聞調では、梵龍が、門徒から「南無ノ二字ハ置物チヤ」という悪口を言われたと訴えている(71)。また、同日の蔵俊・大寿・顗学《せんがく》・雪巌に対する聞調では、顗学が、了畦が「タノム」という言葉を嫌い、「御助ケヲ信スルト云事」を述べるために、門徒たちが顗学のことを「タノミ募リ」だと言いはやし、教導に支障をきたしたと主張している。このほか、一二月一四日の慶忍・隆山に対する聞調では、（恐らく法話の場で）「たのむ」という言葉を使うと驚かれ、それは意業募りだ(72)、三業帰命説だと批判を受けたと隆山が述べている。

一二月一三日に行われた蔵俊・大寿・顗学・雪巌の聞調では、大寿が、文政四年に賢幢（タスケ方）が報恩講の法話において「タノムト云テハ宜クナヒ、御助ヲ信スルト云ヘハ事定ル」と述べ、その法話を聞いた門徒から、賢幢の言う通りに理解してよいかと聞かれたと言っている(73)。大寿がそのようなことは『改悔文(74)』には書かれていないと答えたところ、「其時ヨリ甚タ混雑メ掛合ニ及タ事モ度々」あったという。

そして、一二月一五日の北山ほか八名への聞調において、法海が、御助けを信ずることと阿弥陀仏をたのむことは同義であると諭したのに対し、縁淳が反論するなかで次のことを述べている(75)。縁淳によれば、数年前、越前国三国から与兵衛・弥兵衛という門徒が金沢を徘徊し、「タ、コノナリテ御助ヲ信スルト云事ヲシキリニ申立」てていたという。そこでタノミ方は、金沢御坊に立ち寄って法話をしていた宣明に、「御助ヲ信スル」ことの是非を尋ねた。宣明は、「御助ヲ信シタトテ罪障消滅カデキル道理ハナヒ、六字ヲ信シ本願ヲ信シタトテ往生ノナラフ道理ハナヒ、タ、御助ヲ信スルト云テハ尾州ノ不正義ニ類同シテ紛ハシヒ」、「タ、御助テ信スルト云事ハナヒ」と述べ、「御助ヲ信スル」という表現は、尾張五僧の教化に類似するとして否定したのだという(76)。

しかしその後、文政五年六月、了睟が演説で「お助けを信ずるというのは本山相承の教えにはない不正義であると主張する者がいる」、「願生帰命を募る者がいる」と述べた(77)。これに承服できなかったタノミ方は、了睟から書状を送られても返事をしなかった。すると、宮腰の門徒が金沢で「それ、返事もしない」と悪評を言いふらしたという。

以上、タスケ方・タノミ方双方の主張を確認してきた。まず、見逃してはならないのが、タノミ方が宣明の言葉を根拠に挙げ、「御助ヲ信スル」という表現を受け入れていないことである。また、宣明が、文化八年に「不正義」の判定が下った尾張五僧の教説と、「御助ヲ信スル」という表現が類似すると警戒しており、その認識が宣明の言葉を介してタノミ方へ受け継がれていたことも興味深い。実際、タノミ方は聞調のとき、「御助ヲ信スル」という表現が、尾張五僧の教説を想起させるものであると否定し続けるのである。ここからは、前代の「異安心」(78)事件の判定が後代へ影響を与えたことや、講師による発言の影響力の大きさが分かる。

ちなみに、タノミ方の主張に対し、法海は、宣明の意図を以下のように推定している。すなわち宣明は、「お助けを信ずる」という表現が、尾張国の五僧による「たのんでも助からず、信じても助からず、念仏を称えても助からない。この機のなりの御助けだと堪能するのだ」という説き方と紛らわしいため、注意するように促しただけであり、「阿弥陀仏のお助けを信ずる」という言葉の使用まで禁止するつもりはなかったのではないか、という。

ともかく、タノミ方は、与兵衛・弥兵衛が流布させた教えの理解に対する宣明の見解を根拠に、タスケ方の表現を拒絶し続けたのであった。こうした宣明の発言にこだわるタノミ方の態度は、争論を解決する際の桎梏となった。

次に、互いの主張に共通する点として、普段耳にしている教えと違う内容の語りを聞いた門徒が、僧侶本人へ直接批判したり、あるいはその法話の内容を自身の帰依する僧侶へ報告したりしていることである。それを受け、僧侶が相手方を批判することで、対立が徐々に拡大していったと考えられる。了晧とともに文政五年一二月一一日に加賀国の僧侶へ演説をした霊晧も、争論激化の原因をそのように捉えていた。霊晧は、一二月一一日の演説のなかで、今回の争論は「僧分ノ上ニ於テタ、同行ノ伝説ヲキ、テ夫ヲ以テ法談ノ上ニ互ヒニ誹謗ヲナ」した結果、生じたものであると述べている(79)。

このように、①学派間の解釈の相違をベースとして、②門徒の動向に影響を受けた僧侶が互いを非難しあうことによって、タスケ方とタノミ方の対立が深まっていったのであった。付け加えるならば、教化における表現をめぐる非難の応酬は、語りの硬直化をも招きかねない状況を生み出した。それが良く分かるのが、一二月一五日の霊沼に対する聞調でのやりとりである(80)。

法海たちが「お助けを信ずる」というタスケ方の表現も受け入れるよう促したのに対し、霊沼は、蓮如御文の表現のまま、助からないものをお助けするのは阿弥陀仏だけであると信ずる、と言う必要があると主張した。これは要するに、タスケ方が用いる、救済する主体（阿弥陀仏）を省略する言い方を否定するものである。これに対して、法海は、聖教の表現通りに言わなくても、書いてある意図を汲んで簡潔に述べることはよくあることであり、それまでも咎めてしまえば法談ができなくなる、と諌めた。そして、タスケ方の表現自体は本山が禁じる言葉遣いではないので、それを理解するようにと話している。しかし、霊沼は、加賀国では言葉遣いをめぐる解釈の相違が争点となっていると述べ、講者の意見に承服しなかった。

ここからは、言葉の表現を気にするあまり、聖教の言葉通りに語らなければならないとする認識が読み取れる。だが、それでは講者の言う通り法話ができなくなる。タスケ方とタノミ方の対立は、教化活動の閉塞化をも招きかねない状態をもたらしたのであった。

第三節　争論解決への対応とその特徴

本節では、タスケ方とタノミ方の対立の沈静化に向け、本山と学寮が取った対応や、触頭寺院の動きを見ていき、どのような特徴が見出せるのかを考察する。また、論争に際して加賀藩が取った対応と、その対応が教団へ与えた影響についても言及したい。

本山と学寮は、第一節で見てきたように、基本的には国元での解決を念頭に置いた対応を取っていた。本山・学寮側は、できる限り、当事者を上京させずに解決を図ろうとしていたといえよう。

では、本山や学寮は、何故、タスケ方とタノミ方をすぐに上京させ、取調べをしなかったのか。まず考えられるのは、文政六年一一月一五日の本山焼失の影響である。松金直美によれば、再建に向けて本山は、文政七年正月に出した「七箇条」に関する演説を毎月惣会所で行うように講者へ指示していた(81)。さらに、同年より、各地の御坊から講者による「七箇条」の演説の依頼がなされ、講者は各地に下向して教化を行った。[82] 実際、法海は文政七年八月上旬から閏八月中旬まで桑名御坊等を回っている。[83] 本山の再建は、本山と学寮の対応が後手に回る一因となったと考えられる。

次に挙げられる要因としては、タスケ方とタノミ方それぞれの主張に格別異安心的な要素を見出せないと認識されていたことがある。かかる認識は、本山と学寮側が一貫して両者の教学解釈には大きな瑕疵はなく、用いる表現が異なるだけで本質的には差が認められないとする立場に基づいている。さらに、タスケ方とタノミ方の主張は、第二節で見てきたように深励と宣明の学説を踏まえて構築されており、いわばどちらも「正統」な学説であった。両方「正統」である以上、究極的には一致する――タスケ方とタノミ方の融和を図ろうとする本山・学寮の対応には、かかる認識に基づくものであったと言える。なお、この認識は、タスケ方とタノミ方を上京させて以降も変わらなかった。

確かに、タスケ方もタノミ方も、その主張に異安心的な要素は見出せない。これは、実際には異安心的な要素が存在しながら、異安心の判定が回避された尾張五僧の事件とは異なる。だが、聖教を解釈するという行為は、元より様々な立場を生むものであり、完全に一致させることは不可能である。これは、学問上の見解の相違と、信仰上の問題とを切り分けることの困難さを物語っている。

なお、文政九年五月二日から三日にかけて実施された法海による教誡演説では、タスケ方が用いる表現と、尾張五僧の教説の相違点が指摘された。[84] 具体的には、タスケ方は阿弥陀仏が救済して下さると信じる前提として、「たのむ一念に御助け」があると考えていることから、阿弥陀仏への帰依信順を不要としかねない五僧の主張とは異なると説明している。ただし、タスケ方が、「たのむ一念に御助け」というのを取り立てて言う必要もないと述べたのは問題であると述べられてもいる。

さて、ここからは、本山と学寮、触頭寺院による対応を検討していきたい。先に、本山と学寮の対応は、基本的に国元での解決を図るものであったと述べた。その対応の具体的な中身は、文政五年春の了睲に対する宝景の指示などから見られるように、加賀国およびその近辺にいる旧寮司等と連携して対応し、両者の融和を目指す内容であった。しかし、了睲の対応はタノミ方の反発を招いて失敗し、本山は同年一〇月に了睲のほか霊睲と亮空に対立の取鎮めを申し渡す。そして、一二月一一日、彼らによる演説が善福寺で実施される。それも不首尾に終わると、文政六年三月に、本山は講師宝景に対して、了睲と霊睲、賢幢が申し合わせた上で、触頭寺院とよく相談して対立を鎮めるよう指示を与えている。以上に共通するのは、基本的に本山も学寮も、擬講職にあった了睲・霊睲・亮空を介して対立の沈静化を図っていることである。了睲はタスケ方、霊睲と亮空はタノミ方かつ宣明の学統に属していたことから、こうした人選からも、融和を目指す方針が垣間見えるといえよう。

一方で、本山は触頭寺院を介した対応も取っていた。ただし、触頭寺院は、教説面の議論は了睲等の学寮の僧侶に一任し、深く立ち入ろうとはしない。また、了睲に対する安心書の提出の要求から分かるように、擬講を務める了睲に配慮する姿勢を見せている。ここからは、行政面については触頭寺院が、教説面については学寮の僧侶が対応する、という棲み分けがなされていたことが分かる。

他方で、触頭寺院は、国法触頭としての対応も行っていた。文政五年八月には、藩寺社奉行所から、本山重役の申し渡しに不納得な者の名前を調べ出すよう指示を受け、タノミ方を呼び出して確認を行っているほか、藩の指示のもと、文政七年九月二二日における藩の通達の触れ流しと、触下寺院の請書の取り集めを進めている。

これらをまとめると、本山と学寮、触頭寺院は、ともに連携を取りながら、対立の沈静化を図ろうとしていたと指摘できる。これは、異端的教説を唱えた五僧に対する学寮の判定をめぐり、学寮と名古屋御坊とが対立した尾張五僧の事件とは対照的である。

加賀安心争論に対する加賀藩の対応には、どのような特質が見出せるだろうか。基本的に藩の対応は、治安維持の観点から対立の拡大を抑止するものであった。また、文政九年六月からの金沢御坊における徳龍の演説に関し、道場へ教示内容の浸透を図ろうとしたことや、同年一一月から一二月にかけての北山・慶忍父子に対する上京の催促のように、藩は本山の対応の円滑化を図る動きも見せた。無論、これは自領内の混乱を沈静化することが目的である。

本山や学寮は、加賀藩の対応を対立の沈静化を図るために利用した。例えば、文政五年一二月一一日の霊咥の演説では、「今度御寺国法御沙汰ニアツカル事ハ誠ニ恐ルヘキ事」であり、「一味和合海ニ入リテ御寺国法ノ御沙汰ニアツカラヌヤフニ心得」るよう教諭を行っている(85)。

以上、加賀安心争論における本山と学寮、触頭寺院、そして加賀藩の対応を見てきた。本山と学寮は、加賀国内での解決を目指したが、当初は了咥が単独で対処し、タスケ方に有利なかたちでの融和を図ったために、タノミ方の反発を招いた。その後、タノミ方側の霊咥や亮空も加わり、「御寺国法」の威光もちらつかせながら融和が模索されるが、それも上手くいかなかった。結局、タスケ方とタノミ方を本山へ召喚し、取調べが行われるに至った。他方、藩は、治安維持の観点から対立の抑止を図っていた。教団側は、藩の対応を圧力として受け止めた可能性もあるが、一方でそうした藩の動きを争論の解決に利用する強かさも見せたのである。

おわりに

本章の分析から見えてきたのは、まず、仏教的な教えが書物や僧侶による法話を介して浸透していった結果、教義をめぐる多様な解釈が僧俗の間で衝突していく様相である。引野亨輔は、天明年間（一七八一～一七八九）から文化四年（一八〇七）に生じていた、追善供養に関する西派の教学論争から、学僧の異安心が、書物流通の隆盛を背景とした集団的読書から個人的読書への移行によって生み出されていたことを指摘した。(86) 加えて、聖教類の独占を企図する本山側の動向の裏に、坊刻本（町版）の流通による俗人への聖教の浸透があったことを挙げ、そこから、一般の門信徒が学僧と同様に聖教類を独自に解釈することで、異安心を生み出す可能性があったことを主張している。央坊の事例は、まさに引野が提示した事象が現実に起きていたことを示すだろう。

次に挙げられるのは、学寮の学派ごとの教学をめぐる解釈の相違が、地域社会で教学論争を引き起こしたことである。学寮では、学僧が様々な学説を生み出していた。学僧は、自身の学説をもとに教化をし、地方寺院僧侶も、自身が学んだ内容を地元で教化した。地域には、各学派の様々な教えがもたらされ、併存することになる。加賀安心争論は、それがときに、教えの理解をめぐる混乱を生み出す素地となったことを示すものだと位置づけられるであろう。

最後に、かかる教学解釈の相違をあえて無視し、双方の主張が一致すると結論づけた本山の判定が僧俗に与えた影響に言及したい。

第二節で見た慶忍の主張によると、取調べを担当した大含や、論争の対応に携わった霊暀からは、深励学派と宣明学派が対立するようなことがあれば、「両方和融セシケルヤウ」に取り扱えと言われたのだという（史料・傍線部④）。慶忍は、彼ら講者の意図を理解しつつも、「後世ノミチ」に関することを、「唯上手ニアシラヒ本心ニ無キ事」や「自身共許セヌ事ヲ許スヤウ」に語るのは不本意であると思ったようである。とはいえ、「学寮ヨリ出タル義」を破斥するわけにもいかず、対立を「和融」させるには、自身が「依用」しない説も「道理アル」と諭さなければ人は納得しないとも言っている。実際、僧俗の教説の理解には、数箇条の相違が存在していたという。慶忍は、「イカ、セント千辛万苦」しながらも、「無辺無覚ノ情」で深励と宣明の学説を再検討した結果、両者の学説を「感味」することができたのだと述べている。

だが、当事者がそのように理解したからといって、加賀国内の対立が解消するわけではない、とも慶忍は語っている（史料・傍線部⑤）。何故なら、若輩者のなかには、加賀国内で教説理解が二つに分かれている原因などを弁えず、一方の説に統一すれば解決できると思っている者がいるためであるとする。さらに、各々が深励あるいは宣明の筆記を所持し、それをもとに教化している状況下、どちらかの説を悉くなかったことにしようと試みても、それは手で洪水を防ごうとするが如きことであり、かえって片方の説を攻撃してしまう、という。

以上の慶忍の語りからは、タスケ方とタノミ方の融和を図ろうとする本山側の方針に対し、当事者の一部はその意図を理解しつつも、自身が納得しないまま教えを説くのは不本意であると感じ、葛藤を抱いていたことが窺える。また、たとえ当事者自身が深励と宣明の学説について理解を深めたとしても、それが即座に対立の解消につながるわけではなかったことが分かる。それは、文政九年一一月に、北山・慶忍の門徒と雪巌が瑞泉寺へ「不埒之書面」を提出したことにも表れていよう。長期間にわたり、僧俗の間で展開していった論争を鎮静化するのは簡単なことではなかったのである。

注

（1）澤博勝「日本における宗教的対立と共存」（同『近世宗教社会論』吉川弘文館、二〇〇八年、初出二〇〇五年を一部加除）、上野大輔「長州大日比宗論の展開」（『日本史研究』五六二、二〇〇九年）など。
（2）小林准士「神祇礼拝論争と近世真宗の異端性」（『歴史評論』七四三、二〇一二年）。
（3）金沢市教育委員会文化財課編『加賀藩寺社触頭文書調査報告書（その一）』（金沢市教育委員会、二〇〇〇年）三六九頁。
（4）北西弘『金沢専光寺文書』（北国出版社、一九八五年）五一～五四頁。
（5）注（3）『加賀藩寺社触頭文書調査報告書（その一）』。
（6）同右三六九頁。
（7）石川県編『石川県史』第三編（石川県、一九三三年）七二九頁。
（8）同右七二九～七三〇頁。
（9）城端別院善徳寺蓮如上人五百回御遠忌記念誌編纂委員会編『城端別院善徳寺史』（城端別院善徳寺、一九九九年）三八頁。
（10）専光寺文書五一七（注（4）北西書所収）。
（11）龍谷大学大宮図書館所蔵（一七九-九／二九-W）。文政二年二月に央坊が学寮講者（宣明か）へ渡した書簡の写しが記載されている写本で、奥書には「右此書ハ央坊ヨリ直ニ借用致写之」とある。
（12）大谷大学図書館所蔵（宗大七二）。全四冊。一冊目の表題のみ「加州安心惑乱記」となっており、了睢の法話、三箇条、三擬講対話、了睢安心書、三擬講演説によって構成される。二～四冊目にはタノミ方・タスケ方の聞調が記載される。なお、一二月二〇日の大寿聞調途中まで記載されるが、以下は後欠。皇紀や情報の補い（丸括弧が付される）があることから、近代の写本であると推定される。

(13) 大谷大学図書館所蔵（宗大七〇九七）。三擬講対話等のほか、加賀安心争論関係者の人物情報なども記載。

(14) 大谷大学図書館所蔵（宗大六〇〇五）。本史料には、善福寺・瑞泉寺が講者に差出した書付と、両寺が講者から受けた教諭を収録。

(15) 金沢市立玉川図書館近世史料館に寄託。

(16) 前田家編輯部編『加賀藩史料』全一六編（石黒文吉、一九二九～一九四二年）。以下、「『加賀藩史料』巻数、頁数」と表記する。

(17) 宗学院編修部編『東本願寺史料』全四巻（名著出版、一九七三年）。以下、「『東本願寺史料』巻数、頁数」と表記する。

(18) 以下、央坊の事例は「加州金沢御安心一巻記」に拠る。

(19) 河北郡舟橋村のことか。

(20) 二河白道の譬喩とは、中国の浄土教僧侶・善導が、聖道門の学僧による浄土教批判に対する反論に用いた譬え。念仏者が釈尊と阿弥陀仏の声に導かれ、火と水が燃え上がり打ち付けてくる河の間の細い白道を渡りきるという内容。火と水の河は衆生の煩悩を、白道は願生心（浄土へ生まれたいと願う心）を指す。善導は、西岸へ到達する白道（願生心）を、衆生自身から生じたものとして位置づける。親鸞は独自の訓読を施し、願生心は阿弥陀仏によって衆生の煩悩にまみれた心のなかに生ぜしめられたものであると解釈する。浄土宗鎮西派の良忠や西山派の証空は、白道を衆生の心に生じた願生心として把握する。なお、以上の記述は杉岡孝紀「二河白道の譬喩」（同『親鸞の解釈と方法』法藏館、二〇一一年）、および、山本浩信「二河白道の譬喩」伝播の鳥瞰的考察」（今井雅晴先生古稀記念論文集編集委員会編『中世文化と浄土真宗』思文閣出版、二〇一二年）に基づく。

(21) 親鸞『浄土和讃』の「安楽国をねがふひと　正定聚にこそ住すなれ」を題材とした内容。

(22) 『東本願寺史料』一、三六頁。

(23) なお、既述の通り、央坊の一度目の下向時、彼の教諭は効果がなかった。実際の出来事と金沢御坊との見解には、ズレがある点に留意する必要がある。
(24) 『東本願寺史料』一、四一〜四二頁。
(25) 了睢（宝暦六年〈一七五六〉〜文政九年〈一八二六〉）は、加賀国金沢林幽寺の住職である。文化一三年（一八一六）に擬講へ昇進した（赤松徹真他編『真宗人名辞典』法藏館、一九九九年）。彼は、後述する加賀安心争論に深く関わることとなる。
(26) 「加州安心惑乱記」。三箇条の内容は次の通りである。

　一御助ヲ信スルト申スヲ御相承ノ御釈ニナキ不正義也ト申ス族コレアリ
　二ニ機法二種ノ深信ハ御文ニナキ様ニ申スモノアリ、或ヒハ一念信心ニハトラレヌ、起行ニテ後念也ト申スモノモアリ
　三ニハタノムコ、ロハ願フコ、ロト云ヲ返シテ願フ心カタノムコ、ロ也トテ願生帰命ヲツノル族モコレアリ

(27) 旧寮司に関しては、文政三年に作成された「学寮取締評決書」に、「寮司転席之儀、宝暦五年乙亥御書立之内旧住新来之年序ニ不拘其時々講者幷旧寮司示談之上相究可申旨被　仰出候」とある（大谷大学真宗総合研究所編『条規学則集　一・二』大谷大学真宗総合研究所、一九九一年、二七頁）。かつての寮司を旧寮司と呼んでいると思われる。
(28) 「加州安心惑乱記」。
(29) 同右。
(30) 「加州安心諍論記」四、一二月二〇日梵龍聞調。
(31) 同右。
(32) 「加州安心諍論記」二、一二月一一日賢幢他八名聞調。
(33) 「加州安心惑乱記」。以下、善福寺における三名の対談と演説についての記述は同史料に拠る。
(34) 金沢市立玉川図書館近世史料館蔵「自他国寺庵宝物幷法談願旧記」（特一六-六一-一五九）。
(35) 『東本願寺史料』一、一二〇二頁。

(36) 瑞泉寺文書A-I-五-三三-一～三。
(37) 同A-I-五-三三-四～六。誓入寺慶忍は、同寺の嘆願により、五月二六日に自坊法談の差留が、七月一六日には他寺での法談差留が、それぞれ解除されている（瑞泉寺文書A-I-五-三三-七～九）。
(38) 瑞泉寺文書A-Ⅱ-八-三。
(39) 『加賀藩史料』一三、五二七～五二八頁。
(40) 明和五年（一七六八）～天保五年（一八三四）。肥後国光徳寺住職。文化二年（一八〇五）擬講。文政八年（一八二五）に講師（注(25)『真宗人名辞典』）。
(41) 安永二年（一七七三）～嘉永三年（一八五〇）。寛政三年（一七九一）豊前国正行寺鳳嶺の養子となって同寺を継職。文政二年（一八一九）擬講、同四年嗣講。天保五年（一八三四）に講師就任（注(25)『真宗人名辞典』）。
(42) 宝暦一〇年（一七六〇）～文政一三年（一八三〇）。近江国本啓寺住職。深励門下。文化一三年（一八一六）擬講、文政四年（一八二一）嗣講となる（注(25)『真宗人名辞典』）。
(43) 「加賀国御教誡」（真宗典籍刊行会編『続真宗大系』一八、国書刊行会、一九七七年）二九〇～二九二頁。
(44) 瑞泉寺文書A-Ⅱ-八-六、同A-I-四c-二一九-八。
(45) 瑞泉寺文書A-Ⅱ-八-五、『加賀藩史料』一三、七一四～七一五頁。
(46) 瑞泉寺文書A-Ⅱ-八-七七、同A-Ⅱ-八-五。
(47) 大谷大学真宗総合研究所編『上首寮日記』Ⅰ（大谷大学真宗総合研究所、一九八七年）一二九～一三〇頁。
(48) 瑞泉寺文書A-Ⅱ-八-六。
(49) 瑞泉寺文書A-Ⅱ-八-一〇～一五、同A-I-四c-二一九-七。
(50) 瑞泉寺文書A-Ⅱ-八-九-二。
(51) 瑞泉寺文書A-I-四c-二一九-二。
(52) 瑞泉寺文書A-Ⅱ-八-九-四。
(53) 瑞泉寺文書A-Ⅱ-八-一〇～一五、同A-I-四c-二一九-七。

(54) 安永元年（一七七二）～安政五年（一八五八）。越後国北蒲原郡の無為信寺住職で、後、学寮講師に就任。徳龍については、上場顕雄「香樹院徳龍と東本願寺学寮」（『仏教史論』七、一九七三年）、同「近世末東本願寺学僧の教化とその受容」（同『増補改訂近世真宗教団と都市寺院』法藏館、二〇一三年、初出一九七九年）を参照。
(55) 『加賀藩史料』一三、七七五～七七六頁。
(56) 同右七七三～七七五頁。
(57) 同右七七八頁。
(58) 同右七七七～七七八頁。
(59) 瑞泉寺文書A-Ⅱ-八-一二。
(60) 注（43）『続真宗大系』一八、二八七～二八八頁。
(61) 勧学寮編『新編安心論題綱要』（本願寺出版社、一九八二年）。以下、本段落の記述は本書に拠る。
(62) 注（43）『続真宗大系』一八、二八七頁。
(63) 同右。
(64) 同右二八八頁。
(65) 瑞泉寺文書A-Ⅱ-八-一九。
(66) 深励『末代無智講義』中（法藏館、一八八四年）二一頁。
(67) 宣明「御文五帖目初通講義」（真宗典籍刊行会編『真宗大系』二二、真宗典籍刊行会、一九二五年）三頁。
(68) 浄土真宗本願寺派総合研究所教学伝道研究室編『浄土真宗辞典』（本願寺出版社、二〇一三年）。
(69) 上杉文秀は、宣明の教説について「三業惑乱後の信順裁断の反動が、この円乗院師（筆者注…宣明）のタスケ玉へとは極めて願ふ心なりといふを生み出したのではなからうか」と述べ、三業惑乱の影響を想定している（「円乗院宣明講師の遺風」『大谷学報』三一、一九二八年、九七～九八頁）。
(70) 以下、本段落の記述と引用は「加州安心諍論記」一二、一二月一四日賢幢他八名聞調に拠る。
(71) 「加州安心諍論記」三、一二月一三日梵龍・縁淳聞調。
(72) 自己の意思として阿弥陀仏への帰依の心が表れなければならないとする説（真宗新辞典編纂会編『真宗新辞

典』法蔵館、一九八三年）。
(73)「加州安心諍論記」三、一二月一三日蔵俊・大寿・顗学・浄巌（雪巌）聞調。
(74)真宗門徒が心得るべき信仰上の要点をまとめたもので、蓮如作と伝えられる（注(68)『浄土真宗辞典』）。
(75)「加州安心諍論記」四、一二月一五日北山他八名聞調。
(76)同様の内容は、一二月一九日における縁淳の聞調でも確認できる（「加州安心諍論記」四）。
(77)これらは、本章注(26)の「三箇条」にある内容である。
(78)尾張の五僧は、当初は「異安心でも不正義でもなく、教導の表現に問題があった」という判定が下されたが、最終的に教導の表現が「不正義」であると判定された（本書第一部第二章）。
(79)「加賀安心惑乱記」。
(80)「加州安心諍論記」三、一二月一五日霊沼聞調。
(81)講者の派遣は、文政九年四月一二日以降（第一次教化運動）と、文政一〇年春以降（第二次教化運動）の二度行われた（松金直美「近世真宗における〈教え〉伝達のメディア」『大谷大学大学院研究紀要』二三、二〇〇六年）。なお、惣会所とは、僧俗が学僧の演説を聴聞する場である。
(82)徳龍は、第一次教化運動で加越能の教化を担当したとされる（同右論文）。また、第二次教化運動でも徳龍は引き続き加越能を回っているという。先に触れた文政一〇年六月の徳龍の金沢御坊派遣は、この第二次教化活動の一環として実施されたものだと思われる。
(83)『東本願寺史料』一、二七八～二八〇頁。
(84)「加賀国御教誡」（注(43)『続真宗大系』一八）二九六～二九七頁。
(85)「加州安心惑乱記」。
(86)引野亨輔「「読書」と「異端」の江戸時代」（『書物・出版と社会変容』一二、二〇一二年）。

第二部　教化の担い手と取り締まり

第四章　教化をめぐる取り締まりの構造と展開

はじめに

近世の僧侶といえば、寺檀制度のもと、村落寺院の住職として村に居続け、人々を教え導いていたイメージが思い浮かぶだろう。しかし、彼らは時折、宗教行事等のために本山と自坊を往復し、立ち寄った村々で法話を行うこともあった。また、本山の近くに所在し、その業務を担う立場にあった寺院は、教団の役務により各地へ使僧として派遣され、教化することもあった。さらに、教団の役務とは無関係に、布教の旅に出る僧侶もいた。このように、近世の僧侶は活発に人々を教化したのである。

僧侶の教化に関しては、教化の内実や教説の内容を分析した研究[1]のほか、教説をめぐる対立を検討した成果[2]など、様々な観点による多くの研究蓄積がある。また、寺院僧侶以外の教化に関する研究も行われている[3]。さらに、宗教者による活動とは別に、近世社会には、民衆を導師とする宗教活動も存在していた[4]。このように、寺院僧侶や周縁的身分に位置する宗教者、そして民衆に至るまで、近世社会には、多様な語り手による様々な教えが流布していた。

本山は、こうした人々の活動に干渉を加えることもあったが、全国各地に展開していた教化の全てに対し、監視の目を光らせることは不可能である。では、仏教教団は、教化をどのように取り締まろうとしていたのだろうか。本章では、真宗東派教団を主な事例として取り上げ、僧侶の教化に対し、幕藩領主や仏教教団がいかなる取り締まりを行っていたのか、教化の実態にも目配りをしながら検討したい。その際、近年解明が進展している仏教教団の支配構造[5]と、教化の統制のあり方とを関連づけながら論じる。

なお、本章では、「法談」と「法話」という語を併用しているが、これは個々の史料の記述に則したものである。

第一節　本山の教化規制の特徴

まずは、本山による僧侶の教化に対する規制の方針を見ていく。東本願寺による規制の初見は、享保七年（一七二二）九月に出された制条である。以下、享保七年「制条」と称す。

この制条は、享保七年に諸本山・本寺が幕府の命を受けて作成した法度書の一つである。法度書の作成経緯[6]は以下の通りとなる。同年三月二七日、老中水野忠之の指示を受けた寺社奉行土井利意は、諸宗触頭を呼び出し、諸宗の作法や「俗人にかゝり合候儀」をまとめて提出するよう申し渡した[7]。これは、同年同月に諸大名に対して出された、幕府への礼物や、自家での法事の簡素化を促す通達[8]とあわせて実施されたものと推察される。諸宗触頭や本寺などは、同年九月に本山・本寺が作成した法度書を寺社奉行へ提出した。九月一五日には、幕府から、諸大名以下および諸宗触頭等に対し、諸寺院から法度書の差出があったこと、よって以後は法事ならびに平常時の饗応等が簡素化されるので、「俗家ニおゐて麁末之仕方」だと受け取らないようにすべきことなどを記載した書付が渡され、各々触れ渡すよう指示が出されている(9)。

享保七年「制条」は、全九箇条で構成されており、うち教化に関わる内容は二条目にある。

【史料二】

一、宗門の正義不弁の輩猥に令勧化、汚法流候輩も間有之様ニ相聞候間、無油断令勤学弁宗意可申事肝要ニ候、近頃勧化かた弁舌達者之輩諸方令徘徊致法談、剰他寺の門徒に懸り合、師檀の間隔て遊逸の振合有之候由ニ候之処、急度令停止候、勧化一向不弁之輩は、其組合の僧侶を頼み為致勧化可申候、組合之外ハ堅可為無用事(10)

史料一では、弁舌の巧みな者が所々に徘徊して法談を行い、さらには他寺院門徒を教化して「師檀の間隔て」ていることが問題視され、そうした行いが禁止される。勧化が未熟な者には組合内の僧侶に依頼するよう促し、組合外の僧侶へ依頼することを禁じる。組合とは、一定の地域内の諸寺院で構成される、触頭の下部組織として教団運営上の諸職務を担った組織である(11)。本山は、自坊の門徒への教化と、組合内での教化を正当な活動として認め、組合外の僧侶の教化を不当な活動と見なしたのである。なお、後述の通り、教化の管理には触頭が関与した。

東派のような規制は、他にも見られるのだろうか。「諸宗本寺ヨリ差出候法度書」には、諸宗本山・本寺の全五一ヵ所から提出された法度が収録される。このうち、法話に関する規定があるのは一八本である。表（表4-1）では、この一八本に記載された教化の規定に関する文言を摘記した。表中の各項目のうち、「届出」は、法話を他僧へ依頼する際の届出の有無を示したものである（届出が必要な場合は届出先を記載）、「法眷」・「組合」は、法話の代行先の条件に、法眷や組合が設定されているか否かを示す。[12]

「届出」の項目を見ると、法話の代行を依頼する際に本山・本寺への届出を義務づけるのは、天台宗、興福寺、知恩院、浄華院、西大寺、法隆寺である。知恩院は、本寺と門中[13]（組合）の許可が必要となる。代行者を選定する条件に法眷や組合が入るのは、天台宗、西派以外の真宗各派、日蓮宗、興福寺、西大寺である。うち、天台宗は法眷か組合のいずれかに依頼できた。真宗東派は組合のみ、それ以外は弟子や法眷であることが条件となる。

以上より、法話の代行者として弟子や法眷を条件に挙げる宗派・寺院が多く存在することが分かった。代行者を組合内の僧侶に限定する東派の規定は、独自のものであるといえるだろう。

さて、話を東派の「制条」に戻すと、二条目の目的は、「諸方令徘徊」て法談する僧侶の排除にあった。この徘徊する僧侶には、「他国僧」「回国僧」「旅僧」の呼称が用いられ、以降、その活動を否定する触が幾度も出された。例えば、元文四年（一七三九）九月、本山家臣から彦根城下の末寺寺院宛で、「制条」の趣旨に反して「回国旅僧」等に「猥敷勧化」をさせることが禁止されている。[14]そこには、他国僧や回国僧の止宿禁止と、「本山子細」により来訪した他国僧を招く際や、領内僧侶を招待する際における藩役所への届出の義務づけなども示される。また、本山触としては、享保七年、寛政元年（一七八九）一二月、文化二年（一八〇五）五月、天保一三年（一八四二）八月に、享保七年「制条」

表4-1　各派における教化活動の規定

番号	宗派	表題1	表題2	文言	届出	法眷	組合	談義僧教化禁止	備考
1	天台	上野役者差出候天台宗法度書	条制	能化の寺院説法教化ハ住職の当然ニ候得者専一可相励之所、近来自分にてハ不相勤候て、他の談議僧を雇ひ候之儀、不堪自力義をいたし、畢竟檀施を貪り候様に成行候間、向後自分ニ説法教化相勤候儀ハ随分相励むへし、他の談議僧を雇ひ説法いたさせ候儀ハ堅無用たるへし、勿論他宗誹謗全停止事、但**生得不弁説ニ而説法なりかたく寺院不相続にいゐてハ法眷亦者組合の中にても相頼、説法いたさせ候儀、本山江願出許容の上に而可為制外事**	本山	○	○	○	
2	浄土（鎮西）	増上寺役者差出候浄土宗法度書	制条	説法談議の勤役ハ住持の職たる間、平生別時ともに自身可被相務、然に近世四十八夜別時の念仏等を勤るに、他の僧を頼み金銀を以て雇ひ助説為致候事有之由、尤有間敷事ニ候、説法之節法談を縦令とし世間の雑俗を専にし、或者自讃毀他の要言を以て諸人の聞をよろこはしめ、亦者種々の境界をうつし軽心軽法の有様言語道断よろしからさる、其上勧化の次第宗旨の法要にあらさる雑行を巧ミ出し、むなしき卑劣の品とも有之由、諸人の見聞不宜仏法の損減（ママ）宗門の衰微たるの間、深く相改急度可慎事	—	—	—	○	
3	真宗（西）	築地本願寺輪番差出候本寺ヨリ之法度書	掟	物而法事の勤方随分不実無之様に執行いたすへし、名利の為に教化を企、不浄説法の咎を招くへからす、古来ゟ掟のまゝ、公儀の御政道幷領主の制禁を守り、国恩を弁ひしるよふに教化いたすへし、且又教意不違様に本山ニ而修学いたすへき旨掟有之処に、近年其儀を守らす、猥に抄物を管見し、教意に背き、自	（本寺あるいは触頭）（ⅰ）末寺廻	—	—	—	

3	真宗（西）			他を誤る事歎敷候、自今相改本山講談所に於而力を尽し修学すへき事 他国江立越致説法財施を貪る事古来より堅制すといへとも、今以端々有之由不届ニ候、急度可令停止、但末寺廻ハ格別の事故、本寺又者触頭へ相届可受差図事	(本寺あるいは触頭)(・i)末寺廻	——	——	——	
4	真宗（東）	浅草本願寺輪番差出候本寺ヨリ之法度書	制条	宗門の正義不弁の輩猥に令勧化、汚法流候輩も間有之様ニ相聞候間、無油断令勤学弁宗意可申事肝要ニ候、近頃勧化かた弁舌達者之輩諸方令徘徊致法談、剰他寺の門徒に懸り合、師檀の間隔て遊逸の振合有之候由ニ候之処、急度令停止候、勧化一向不弁之輩は、其組合の僧侶を頼み為致勧化可申候、組合之外ハ堅可為無用事	——	——	○	△	
5	真宗（高田）	高田派触頭差出候本寺ヨリ之法度書	定	説法教化ハ衆生利益の第一に而、他宗他門を誹謗すへからさる儀宗門の掟ニ候得者、仏法の実儀を傍にし、専利養に耽り、法談教化之道場に而種々の事を勧め両《ママ》銭等を集候族向後堅可令停止、尤堂塔修造ニ付、担越の志に依而寄附等ハ可為格別候、法談人も他宗より傭ひ候様な類事仕間敷候、其寺々住職或ハ弟子法類の僧可相勤事	——	○	——	△(他宗僧雇い禁止)	
6	真宗（仏光寺）	仏光寺派触頭差出候本寺ヨリ之法度書	覚	真宗の僧侶、近来仏祖の教誡を背き、世事を専とし、名利に心を合せ、法義を疎略とし而、出世の要を求事なく、朝暮の勤行懈怠を顧みす、香花灯明之法具并仏閣内外の掃除すへて我心を失ひ候而、外見をかさり、且又学窓を閉て、経論釈の奥旨に晴て教化度生之法筵ニ而自讃毀他を誡を守らす雑話を談し而門徒を誑惑せし散銭法米を貪り渡世の資糧に仕、或者威儀を乱し候而遊興の地に徘徊いたし、歌舞音曲等	——	○	——	△(他宗僧雇い禁止)	

				に心を移し、徒に光陰を送り候様なる不信不実の儀ニも於有之者言語道断法中不相応に候、冥祖をおそれ、向後急度可令停止之事、附、法儀教化之儀、住持或者弟子法眷之僧可勤之、雖為弁舌利口、不知宗意他宗の僧を不可頼之事					
7	日蓮	日蓮宗触頭共差出候諸本寺ヨリ之法度書	覚	千部読経の人数不足無之様に仕、自分幷他所にて読置候経を指加へす、読経未練の僧を相除き如法に修行すへし、惣て法事読経供養の類も是又不如法の儀無之様に可相務候、談義勤候儀必住持役たるへし、住持病気又者無拠障り有之節、他の僧を相頼候儀者法類又者談所より許状有之所化、由緒ある寺院の隠居に限るへし、尤経論釈書の文義を解説して旦那の信心を勧る事を肝要といたし、自讃毀他幷軽賤雑話不可致事	—	○（談所より許状ある所化、由緒ある寺院の隠居も可）	—	—	
8	法相	一乗院御門跡坊官差出候法度書	制禁之条々	教化説法ハ其院住持職之所役当然之儀ニ候を、近来自分ハ不相務、他の談議僧を雇ひ参物多く相集候様企候儀、畢竟檀施を貪り不恐冥鑑働ニ候間、向後自分として随分教化説法相励、他之談議僧を雇候儀可為停止、万一病身又者生得不弁説ニ而説法成かたく寺院於不相続者、其旨本寺へ相願法眷之中相頼説法致せ可申段者格別ニ候、勿論他宗誹謗令停止事	本寺	○	—	○	興福寺別当
9	法相	大乗院御門跡坊官差出候法度書	制禁之条々	教化説法ハ其寺院住持職之所役当然之儀候を、近来自分ニ者不相勤、他之談議僧を雇ひ参物等多く相集候様企候儀、畢竟担施を貪り不恐冥鑑働に候間、向後自分として随分教化説法相励み、他之談義僧を雇候儀可為停止、万一病身又者生得不弁説にて説法難成寺院不相続ニ於てハ、其旨本寺へ相願、法眷之中相頼説法為致可申候ハ格別ニ候、勿論他宗誹謗令停止事	本寺	○	—	○	興福寺別当

10	浄土（鎮西）	知恩院役者より出候法度書	浄土宗法度	説法教化事、元祖大師遺戒のヶ条を守り、律儀に応し候様ニ相務へし、立新儀不可説奇怪之法候、近来寺院建立に事よせ、卑劣之勧化いたすの輩有之、宗門の瑕瑾不可違之候、若無許事にて他の僧を頼み候ハヽ、門中へ相断り、本寺許容の上者依其人体可有容赦候、猥に他の僧を頼候て営活命の輩多く、空閣仏経祖釈偏に事狂言綺語妄怪愚夫耳誑惑、世人の過甚重し、向後門中相互に急度可吟味事	本寺（あるいは触頭(ii)）	—	—	○	
11	浄土（鎮西）	黒谷金戒光明寺差出候法度書	制条	説法法談の勤役者住持職たる間、平生別時共に自分に可被相務、然に近世四十八夜別時念仏等を勤るに他の僧をたのみ、金銀を以やとひ、助説致させ候事有之由尤有間敷事ニ候、説法之節法語を縦令とし相集利倍等之様にも相聞候事粗有之、此儀甚出家之不似合義ニ候、向後者此品一向無之様にかたく禁すべき事	—	—	—	○	
12	浄土（鎮西）	京浄花院より差出候法度書	条々	説法勧化仏寺作善導師者為住持之職可相勤之、然るに寺院於て隠者或者往来の所化の僧説法之儀者旧制之通り弥堅く令停止候、併病気或ハ無拠儀有之節助説を相頼候儀者、弟子・法眷に限るへし、其節遂吟味を許容之上にて可被相務候、御制禁之通自讃毀他の説法無用、或ハ悪言を以雑談を専とし、軽心軽法の体是須魔民之所行ニ候、左様の族有之者、自今急度可被相改	○（本寺？）	○	—	○（隠者あるいは往来所化の説法禁止）	
13	浄土（鎮西）	京知恩寺ヨリ差出候法度書	条々	説法勧化者住持職たる間、平生別時ともに自身可被相務、然ルに近世四十八夜別時念仏等を勤るに他の僧をたのみ、金銀を以やとひ、助説為致候事有之よし、尤有間敷事ニ候、説法の節、法語を仮令とし、世間の雑談を専にし、或ハ自讃毀他の悪言を以て諸	—	—	—	○	

				人の聞をよろこはしめ、又者種々の境界をうつし軽心軽法の有様言語道断よろしからす、其上勧化の次第、宗旨の法要ニあらさる雑行を巧み出し奇怪の法を演する、はた卑劣の品とも有之由、諸人の見聞不宜仏法の損滅宗門衰微たるの間、深く可相慎事					
14	浄土（西山深草）	京円福寺ヨリ差出候法度書	定	説法教化等も近年風儀悪敷成候而、宗門の経釈専要之儀をバさし置、世間の雑談を好、異風の勧化を企て狂言綺語の様に成行、剰自讃毀他の悪言を以諸人を誑惑し、利欲を本として卑劣の所為甚本意に非る事ニ候、勿論説法等を住持の職分たる間、平生別時ともニ自身可被相務、無筋目他僧を金銀にて雇ひ助談いたさせ候事、是又有間敷事ニ候間、其旨相心得如法ニ可相勤事	—	—	—	○	
15	浄土（西山深草）	京誓願寺ヨリ差出候法度書	法式	説法談議の勤役者住持之職たる間、平時別時ともに自身可相務、然に近世四十八夜別時念仏を勤るに他の僧を頼金銀を以て雇ひ助説いたさせ候事有之候、尤有間敷事ニ候、説法の節、法談を仮令として、世間の雑説を専にし、或者自讃毀他の悪言を以て諸人の聞をよろこばしめ、又者種々の境界をうつし、軽心軽法の有様言語道断よろしからす候、其上勧化の次第宗旨の法要にあらさる雑行を巧み出しはなはた卑劣の品とも有之候、諸人の見聞よろしからす、仏法の損滅、宗門衰微たるの間、深く相改め急度可慎事	—	—	—	○	
16	浄土（西山西谷）	京禅林寺・光明寺ヨリ差出候法度書	定式	説法講談の勤役ハ各寺住持の職たるゆへ、平日作業臨時の別時ともに自身可被相勤、然ルに近年ハ行作あしく、別時念仏等をつとめ、施主家の四十八夜等を務るにも舌弁口才の僧を頼み、金銀を以て雇ひ、自助談いたさせ候事、各寺の恥辱尤有間敷事なり、自					

16	浄土（西山西谷）	京禅林寺・光明寺ヨリ差出候法度書	定式	他ともに説法の説仏義法談を外にし世間の雑話を専にし、或ハ自讃毀他誹謗罵詈の悪言を以て諸人之聞を喜し、又者種々の境界を催し、軽心軽法歌舞の有様言語道断よろしからす、其上勧化之次第宗門の勝儀ニあらさる雑行を巧出し甚卑劣の品も有之由、諸人の外見よろしからす、聞も恥へし、仏法の損滅、宗旨の衰微たる間、深く相改急度可慎事	――	――	――	○	
17	真言律宗	南都西大寺ヨリ差出候法度書	条目	教化説法ハ其寺住職の役義なり、近来自分ニ者不相務、他の談議僧を雇ひ、財物を相集め候様なる企、世上に有之候、畢竟担施を貪り自分勝手の貯となし候事、冥慮恐多儀ニ候、仏法興隆建塔修復の為に候ハ、住僧説法尤に候、**若病身又者生得不弁舌にて教化難成候ハヽ、本寺江相願、法眷之内相頼み説法いたさせ可申候事**	本寺	○	――	○	
18	法相	南都法隆寺より差出候法度書	覚	説法利生ハ寺院の当職、仏祖の提撕なれは、是を勤る事緊要たるへし、但名利のために異相を顕ハし、猥に不浄説法し、又者他僧を雇て貪求説法せしむる事仏祖本願の堅き虚栄なり、専停止たるへし、**但他僧を雇ひこと無拠子細有之ハ役者にて可達其旨事**	役者	――	――	○	

※　慶應義塾大学三田メディアセンター所蔵「諸宗本寺ヨリ差出候法度書」（二一五-五〇〇-一）より作成。（・i・ii）「本寺許容之上と申義、触頭相定候地ニ而ハ、其触頭委細致吟味、無滞分者、本寺許容之義ニ候」（「日鑑」享保八年六月一三日条。『知恩院史料集　日鑑・書翰篇』九、総本山知恩院史料編纂所、一九九二年、五九頁）。

の遵守を促すかたちで旅僧法談の禁止が通達されている。(15)

このように、享保七年「制条」を踏まえた教化の規定は、本山から繰り返し触れ出されていた。では、この本山の規定は、地方の教化にどのような影響を与えたのだろうか。また、この本山規定を踏まえて行われた教化の取り締まりは、いかなるものであったか。以下、尾張国の寺法・国法触頭を務めた名古屋御坊の事例を通じて見ていく。

享保一六年、名古屋御坊輪番・善久寺から本山に対し、享保七年「制条」に関する報告がなされた。史料二は、同年中に出された善久寺に対する本山家臣の返書である。

【史料二】

覚

其御坊附坊主中御門徒中連々被成　御免置候御書致中絶、御法儀疎〳〵成（敷脱）歎敷存候段達御聞、御吟味有之候処、享保七年之御制条故組合之外徘徊難成、組合之内不弁之輩而已有之所々者、をのすから御講及退転候由相聞候、連々被成

御免置候御書及退転候義有間敷事ニ候、享保七年被　仰出候御制条之趣者、弁舌達者之輩諸方令徘徊致法談、剰他寺之門徒ニ掛り合、師檀之間を偏（隔）放逸之振舞有之由ニ候、此段急度令偏正候、勧化方可申候組合之外者堅可為無用事

右之通放逸之輩有之付而御制条被仰出候、然者不弁之輩而已にて御講致、退転候所々者、其段可申事、右之通ニ而及退転候程之所々ゟ組外之坊主を頼来者候、向後者其時之輪番致吟味、御制条不背人柄ニ候ハヽ、組外ニ候共願之通可申附候、尤願無之、私ニ組外致徘徊候義者御制条之通堅可為無用事

右之通被　仰出候也[16]

善久寺によれば、享保七年「制条」により、「不弁之輩」のみの組合では講の活動が立ちゆかなくなっているという。講が結成されると、講の出願に応じて門主の御書が発給され、信仰活動に用いられるが、善久寺の主張からは、「制条」により、門主の御書が下付された講が退転する事態に陥っていることが読み取れる。

これに対し、本山家臣は、「制条」の趣旨は「放逸之輩」を取り締まることにあると説明する。その上で、「不弁之輩」のみの場所については、時の輪番が吟味し、「制条」に違反しない人柄の者であれば、組合外の僧侶に法談を依頼してもよいと指示している。

以降、名古屋御坊では、御坊を介した独自の教化の取り締まりが実施された。時は下って文化二年六月、名古屋御坊は、旅僧法談禁止の徹底を促す本山触に独自の触を添えて触下寺院へ回達した。

【史料三】

（御坊通達一条略）

一、都而組合之外ハ法話相招キ申間敷候段御定法ニ候、若無拠儀ニ付組外之僧相招キ候ハ、其旨相達可申旨前々以被仰渡、猶亦天明元年丑八月御触示も有之候処、近来猥ニ相成、御坊江申達も無之随意ニ客僧相招キ法談法話等為致、御定法之厳制を相背キ候族有之由追々相聞へ不埒之至ニ候、（後略）(17)

御坊の通達では、やむを得ない理由により組合外の僧侶を招く場合は御坊へ事前に届け出る決まりとなっているが、近年、それが守られていないと指摘する。名古屋御坊は、享保七年「制条」の規定を原則としつつ、組合外の僧侶による法談を届出制にして管理していたようである。だが、実際には違反者もおり、教化の取り締まりは円滑に機能していなかった。御坊による同様の触は、一一年後の文化一三年五月にも達せられている。そこでは、まず、他国僧による法談は、近年では「蹤跡正敷」人物であれば触頭へ出願し、藩の許可を受ければ実施可能であったことが記された上で、その決まりが守られないために、以後は従来通り他国僧の法談を禁止するとしている[18]。続いて、組合外の僧侶が法談を行う際の事前報告の徹底が再び示されている。そして最後に、門徒も手次寺（檀那寺）へ相談をせず、随意に他寺院を招き、また招待を受けた僧侶も願主の望みに任せ、みだりに徘徊していることが問題視されている。

以上の尾張国の事例より、東派では、享保七年「制条」をもとに、旅僧による法談の禁止の徹底が度々図られていたことを確認できた。基本的に、取り締まりを担ったのは、地方で触下寺院を統括する触頭寺院であった。すなわち、朴澤が示す②教団行政の支配系統、あるいは上野のいう本山―触頭―組合編成によって、教化の取り締まりが行われていたと指摘できる[19]。そして、教化の取り締まりは、触頭寺院の裁量のもと、地域の実情に合わせた運用がなされた。その際、組合外による法談なども、触頭寺院の判断によって許容される場合もあった。

では、この東派の取り締まりと、幕藩領主による統制は、どのように関わり合いながら展開したのだろうか。第二節では、藩政史料と触頭寺院史料の双方が豊富に伝来する加賀藩領の事例を通じて、右の点の考察を進める[20]。

第二節　加賀藩領における教化の管理・規制

一　教化をめぐる取り締まりの展開

まず、加賀藩領で布達された法令を検討する。表（表4-2）は、加賀藩領で布達された、教化の取り締まりに関係する法令などを一覧化したものである。教化の取り締まりに関連する記述を抜き出した上で、夜法談禁止[21]、旅僧（他国僧）法談禁止、在家法談（在家で僧侶が行う法談）禁止、その他、の四項目の有無を示した。一見して分かるのは、一八世紀末から、教化の取り締まりに関する法令が増加することである。とくに、一八世紀末から一九世紀初め、そして一九世紀半ばに多く出される傾向が見出せる。また、最も多い項目は夜法談禁止で、これは早い段階から存在する（①承応元年〈一六五二〉九月二五日寺社奉行通達）。また、夜法談禁止と、在家法談禁止は、主に寺社や百姓の風俗の取り締まりを目的とした通達に盛り込まれていることが特徴的である。なお、⑬天保一三年（一八四二）七月の藩寺社奉行による触を除き、各項目が同一の通達に全て入ることはない。

次に、作成者と宛所から通達の対象を見ると、大きく地方と寺社の二つに分けられる。前者に関しては、地方行政を担当する郡奉行や改作奉行などが、百姓の風俗取り締まりの一環として、教化に関する規制に言及しているものが多くを占める。一方、後者では、基本的に藩寺社奉行から触頭に対して通達されていることが確認できる。うち、触頭による通達の伝達過程を窺い知られるものもいくつ

表4-2　加賀藩領における教化活動取り締まり関係の法令等一覧

番号	年月日	表題	教化活動関係事項	作成	宛所	夜法談禁止	旅僧（他国僧）法談禁止	在家法談禁止	その他	典拠	備考
①	承応元年（一六五二）九月二五日	覚	一、仏事法会之外夜中ニ人を集夜談儀不執行様ニ可申付事	寺社奉行（岡島市郎兵衛・葛巻蔵人）	（諸寺社）	○	―	―	―	『能登阿岸本誓寺文書』	寺社取り締まり関係
②	万治二年（一六五九）六月一日	寺社方諸式猥成作法無之様常々堅可申付事	一、夜談儀其外夜中寺社中江人集不仕様ニ堅可申付事	寺社奉行	（諸寺社）	○	―	―	―	加越能文庫特一六・六一―〇四四「寺社方幷支配方御条目」（金沢市立玉川図書館近世史料館）	寺社取り締まり関係
③	寛文三年（一六六三）六月一〇日	覚	一、他国僧　御国江参談義名跡者弥堅御停止候之間、如何様之品有之候共許容有間敷事／一、夜法義御停止之処聴衆夜中ゟ参詣仕候得者夜談義同事ニ候間、自今以後明六ツ時ゟ門を開参詣之者共入談義可仕事／一、縦上古ゟ説来候法義たり共近代執行不申異体成談義一切停止之事／一、惣而談義之場ニ不限旦那之宿々ニ而も大勢入込不作法之体、或替たる法談等修行方候ハ、聞届急度可被申付候事	（寺社奉行）	―	○	○	―	○（異法義禁止）	「寺社方御条目帳」特一六・六一―〇四五（金沢市立玉川図書館近世史料館）	法談関係取り締まり

④	寛文一一年（一六七一）三月二五日	覚	一、於諸寺庵夜談義御停止候事	—	—	○	—	—	—	「御定書」（『加賀藩史料』四）（i）	風俗取り締まり関係
⑤	（享保九年（一七二四）～同一三年の間）九月一〇日	—	前々ヨリ他国他領之寺庵幷所化等御領国江相越談儀説法不仕筈之処、近年猥ニ罷成申体ニ候、向後急度可被申渡事	寺社奉行（永原左京孝之・成瀬内匠当栄・生駒右近直政）	妙成寺	—	○	—	—	加越能文庫特一六・六一-〇四一「寺庵方御触二種」	寺社取り締まり関係
⑥	延享三年（一七四六）五月一二日	覚	附法談等の義も、農業の障に不罷成様可相心得候、近年心得違の者も有之、俗人の身として仏法を語り人を勤《ママ》め候者有之由、不届至極の義に候、向後寺庵道場の外俗家にて人を集め、農業の障を致すもの於有之は、急度遂吟味曲事可申渡候条、此段末々迄不相洩様に申渡、令吟味、非法の義無之様に可相心得事	改作奉行（山本陳之他八名）	諸郡御扶持人・平十村中・山廻り	—	—	—	○（俗人法談禁止）	『加賀藩農政史考』（ii）	百姓風俗取り締まり関係
⑦	（延享五年（一七四八）～宝暦二年（一七五二））一〇月二日	—	談儀説法等仕、宗旨之儀聴集之もの、右相済候ハヽ、早速退出可仕処、及夜陰迄罷有り、安楽等之族も有之体ニ候事、講等之申立ニ而寺庵寄合候節、不行跡之出合、且又門前ニ罷有候俗家抔ニ而右准候様ニ成所茂有之体ニ候、此等之儀ハ其地主之住僧ゆるかセニ仕置候故迄ニ相聞候事、神主抔寺庵方ニ准相心得不相洩様ニ夫々触下之社人江茂可被申渡事	寺社奉行（多賀方清・横山昌行・生駒直武）	長福院他	—	—	—	○（法談後の居残りなどの禁止）	『能登阿岸本誓寺文書』	法談取り締まり関係
⑧	寛政六年（一七九四）	覚	一、夜談議者御停止に候処、近年遠所町方・寺庵之内、夜説法抔与称し	（家老）	算用場奉行	○	—	—	—	「御郡典」（『加賀藩史	百姓風俗取り締まり関係／通達

	四月		夜談議いたし、参詣人之内乱行之族も有之体相聞候。以来家之内たりとも夜談議不仕様、厳重可申渡旨寺社奉行江申渡候事							料』五）	が出された経緯は以下の通り。まず、百姓の風俗をめぐる郡奉行等からの報告を踏まえ、家老衆は、四月に算用場奉行に対し、諸町奉行と郡奉行・寺社奉行・改作奉行それぞれに百姓風俗の是正に関する覚書を渡した旨を伝達。これを受けて、算用場奉行は同月一〇日に郡奉行に対し、覚書を申し渡すように指示。その後、七月一〇日には、各地の郡奉行の連名による地方への覚書の通達が実行されている
⑨	寛政九年（一七九七）六月	—	一、一向宗法談夜中興行、及於俗家法談之儀堅く致間敷段、跡々より度々申渡置候処、今以右等之興行相企候由、不届之至に候、前々申触置候通、弥違失仕間敷候事	寺社奉行（前田修理・品川主殿・前田内蔵太）	（諸宗触頭）	○	—	○	—	「上田旧記」（『加賀藩史料』一〇）	寺社風俗取り締まり関係

⑩	享和元年（一八〇一）一二月二三日	—	兼々相触候夜講等之義、元来於御国法御停止之事に候処、別而近年厳重之被仰渡有之、其段申渡請書取立置候処、又候猥に相成候旨粗相聞候、全体大切成御法義相続之義、国所之法度相忍会合いたし候儀者、先以　御本山ゟ兼々御教示之旨ニも相背候義心付、無之心底ゟ門徒等へ之教化如何被申示候哉、一円不得其意事ニ候、此以来万一心得違之僧侶於有之者、拙寺共承り次第早速御国方江茂御達申上、不軽御取計ニも相成可申候条、其旨急度可被相心得候事	徳証寺・正寿寺・正永寺・北安田村・明達寺	瑞泉寺・善福寺	○	—	—	—	瑞泉寺文書A-I-五-二〇-一	法談取り締まり関係／請書
⑪	文化元年（一八〇四）三月二三日	—	於御郡方遠所僧等を招、法談為致人集候儀不相成段、是迄毎度申渡置候処、心得違之者有之、今以人集いたし候者有之候旨粗承及候。先以申渡方等閑之致方沙汰之限に候。以来心得違之者有之、人集等いたし候儀承及においては、人別に相糺厳重致取縮可申候。右に付足軽折々相廻候儀も可有之候条、得其意、末々迄不相洩候様厳重可申渡候、以上	能州郡奉行（菅野義知・高田種尹）、改作奉行（江上保校・毛利乗善）	能州四郡十村中	—	—	○	—	「郡方御触」（『加賀藩史料』一一）	法談取り締まり関係
⑫	文化一三年（一八一六）三月	—	今般法談僧幷宝物等御寺法　御国法御縮方之儀ニ付、配下寺庵ニおゐて法談相勤申度僧侶録所江罷出可致着帳旨先達而申渡候、然ル処府内之寺庵願書を以箇条之通不縮無之様横見役相立不致着帳之様一統願之趣承届之候、依而惣代願出候、各江横見役申渡候条被得其意、以来紛敷談僧幷他国他領之宝物等見聞次第早速可有	円長寺他九ヶ寺	専光寺・善福寺	—	—	—	—	瑞泉寺文書A-I-五-二七-七・八	法談取り締まり関係

	⑬	
	天保一三年（一八四二）七月	
	—	
	一、…尤旦家たりとも寺役法用之外、夜中俗家江立入候儀は勿論、猥り之参会堅指止可申事。但、宗旨により説法等之節参詣之男女を留置、酒宴を設け、時刻を移し、猥之振舞有之体聞前之趣有之候。元来寺庵之儀は如何にも清浄第一に可致之所、右等之族却而戯場・遊所に似寄、甚歎ヶ敷次第。参詣之族迄も相応に弁当等之支度無之而は参詣いたし兼候様にも押移、甚悪敷風俗不心得之至に候。兼々旦家等之共同も可致境涯に候所、右族参詣人迄も押移、沙汰之限りに候。以来右習俗厳重相改、向後寺中に人集、酒宴ヶ間敷儀堅可為無用事／一、於寺社家夜中人集之儀御停止に候所、今以等閑に相心得候者も有之、中には神祭之節夜中迄も請参詣を候族も有之体。右等は前々申渡置候御縮方茂有之候所、甚心得違候条、已来急度指止可申事。但、於俗家致法談、聴衆を集候儀も、是又御停止候所、中には講抔与申立、猥りに寄合候者茂有之体。右之族無之様急度相心得可申事／一、他国宝物弘通、幷他国僧を招き為致法談候等儀、御停止に候所、不心得之者も有之に付、近年改而申渡置候所、中には今以猥りに相成候向も有之。及御国寺庵之宝物に仕成、致弘之。	注進候、若其儀無之候者横見役相勤候寺庵可為越度候事
	寺社奉行（品川武住・織田益堅・篠原忠貞）	
	（諸宗触頭）	
	○	
	○	
	○	
	—	
	「御触留書」（『加賀藩史料』一五）	
	寺社風俗取り締まり関係	

			通候族も有之体に相聞候。右等は先以御縮方相洩、心得違に候条、向後急度相心得可申事								
⑭	天保一三年（一八四二）九月	—	近年村々若き者共報恩講、或者妻子等志抔与唱、指定候仏事之外村中寄集り、坊主相招候体。右様之儀以後堅不相成候条、厳重可申渡候事	郡奉行	—	—	—	○	—	「上田旧記」（『加賀藩史料』一五）	百姓風俗取り締まり関係
⑮	（天保一五年（一八四四）四月）	—	一、当配下寺庵相互ニ法談勤合いたし候儀ニ付、去天保十五年四月一統申渡置候通り相心得、宿寺ゟ毎月式日毎ニ談僧伺書付被指出候上、寺社所式日ニ各書附御達ニおよひ候条、同日昼後録所江御聞届之有伺書、重而談僧着帳印形札請取ニ可罷出、尤法談為勤仕廻候ハヽ、其段書附を以可被相達候事	（触頭）	（触下寺院）	—	—	—	○（法談の報告義務づけ）	瑞泉寺文書A-I-五-一〇三-一	法談取り締まり関係
⑯	弘化二年（一八四五）二月二〇日	—	能美郡村々之内、近来御講抔与申立、寺庵方僧侶を招、参詣人多く集め、剰御明与申体に而、鳥目を集め候様之儀有之体相聞。右様僧侶を招人多に集り候儀、別而夜談議抔いたし候儀、堅不相成儀者前々申渡置候処、近年甚増長之体、先以御縮方にも指障、沙汰之限に候	加州郡奉行（吉田藤馬・津田少左衛門）	能美郡十村中	○	—	○	—	「郡方御触」（『加賀藩史料』一五）	百姓風俗取り締まり関係
⑰	弘化三年（一八四六）七月	—	貴寺高岡町与力寺庵之内、毎度致座談中ニハ表門を閉、裏門通行之族も有之、弥紛敷、御縮方ニ指障り候旨等同所町奉行由比忠左衛門等ゟ別紙写之通申来候、夜中参詣人を請法話等いたし候儀ハ前々ゟ御停止ニ候処、甚不埒之事ニ候、以来右様之心	伊藤主馬正延（寺社奉行）	勝興寺	○	—	—	—	加越能文庫「自他国寺庵宝物幷法談願旧記」	法談取り締まり関係／同様の内容は善徳寺・瑞泉寺・東末寺にも申し渡し

			得違無之夕七半時限相仕廻候様厳重御申渡可有之候								
⑱	嘉永三年（一八五〇）五月二〇日	—	各配下於寺庵夕時法談相勤候節、他国他領之僧為致法談候儀前々御停止ニ候、併富山・大聖寺御領之僧座敷ニおゐて法話之儀願出候へ者是迄承届来候得共、今度諭義之趣有之、向後右座敷法談指留候、且御領国之僧法話相勤候儀者、各手前ニ而前々取締方有之、寺社所江届無之候得者是又僉義之趣有之候条、以来法話相勤候節、いつれ之僧為相勤度之旨、時之書付取立可被指出候、右等之趣配下一統可被申談候事	寺社奉行（伊藤正延）	瑞泉寺・専光寺・善福寺	—	○	—	○（法談の報告義務づけ）	瑞泉寺文書A－I－五－一〇三－一	法談取り締まり関係
⑲	慶応四年（一八六八）二月	—	其一派寺庵夕時法談相勤候節、他国僧「（虫損）」僧相招候義前々御停止之趣此度触渡置候通ニ候、然処、越中筋寺庵ニ者密々他国僧等招為致法話候義聞前之趣有之、逐一可遂穿鑿筈ニ候得共、其義□令用捨候条、右等之族無之様触下一統江改而厳重御申渡可有之候、此上ニも不心得之寺庵有之おゐて者急度可申付「（虫損）」、此趣可有御申聞候事	（寺社奉行）	善徳寺・勝興寺・東末寺看坊	—	○	—	—	加越能文庫「自他国寺庵宝物幷法談願旧記」	法談取り締まり関係

（i）復刻版。清文堂出版、一九七〇年。

（ii）小田吉之丈編著、刀江書院、一九二九年。

かあるが、一例として、表（表4-2）⑦の触を取り上げる。

【史料四】

諸宗之儀宗祖以来掟茂有之、夫々相守候儀勿論之事ニ候、然所近年猥成事々取失申族も有之由粗相聞候、御先代延享三年被　仰出之趣茂有之又々申渡置候処、今以不慎之段沙汰之限ニ候、向後之儀急度相慎可申事

談儀説法等仕、宗旨之儀聴集之もの、右相済候ハヽ、早速退出可仕処、及夜陰迄罷有り、安楽等之族も有之体ニ候事、講等之申立ニ而寺庵寄合候節、不行跡之出合、且又門前ニ罷有候俗家抔ニ而右准候様ニ成所茂有之体ニ候、此等之儀ハ其地主之住僧ゆるかセニ仕置候故迄ニ相聞候事、神主抔寺庵方ニ准相心得不相洩様ニ夫々触下之社人江茂可被申渡事

右条々急度相順可申候、若不慎之寺庵於有之者、其住職ハ不及申、組合之寺庵迄茂急度曲事可申付之条、向後ハ組合之寺庵より更ニ異見を加、不承知之者有之候ハヽ、早速頭寺江相訴吟味之上拙者共可被申聞候、惣而僧侶不相応之義破戒之筋も相聞候、左候得ハ夫々頭寺より茂見通候義ハ有之間鋪義ニ候条、諸事厳重ニ被相改、規矩等正敷可被相守候、尤夫々不相洩様ニ触下之寺庵へ可被申渡候、以上

十月二日

（方清、寺社奉行）多賀宇兵衛印
（昌行、寺社奉行）横山木工　印
（直武、寺社奉行）生駒内膳　印

（真言宗触頭）長福院　（真宗東派触頭）本念寺　（真宗東派触頭）本誓寺　（真宗東派触頭）妙厳寺

松岡寺（真宗西派触頭）　大宮司監物殿

右本念寺より送申て十月十九日ニ円正寺請取、同日写妙厳寺へ送、応覚寺へ相渡(22)

史料四は、一〇月二日に藩寺社奉行三名から長福院（真言宗触頭）、本念寺（真宗東派触頭）、本誓寺（同）、妙厳寺（同）、松岡寺（真宗西派触頭）、大宮司監物（気多神社か）に出された達である。藩寺社奉行の在職期間から、延享五年（一七四八）〜宝暦二年（一七五二）の間に出されたと推察される。内容は、延享三年（一七四六）の通達に従わない者がいるので慎むべきであること、説法終了後に聴聞者を居残らせないようにすることを促すものである。延享三年の通達は、現時点ではその文面を確認できないが、恐らく表（表4-2）の⑥に関連する通達であろう。

傍線部では、違反する寺院が出た場合、当事者の住職は勿論、組合にも連帯責任が及ぶことが示される。その上で、以後は組合の相互監視を徹底し、従わない場合には頭寺（触頭）の吟味を経て、藩寺社奉行へ報告するよう指示がなされている。そして、以上の内容を、触頭から触下寺院へ通達するようにと書かれている。

ここからは、組合による相互監視の励行と、連帯責任の存在が窺え、藩は触頭―組合のルートを活用して教化等の規制を徹底させようとしていたことが分かる。言い換えれば、藩は、基本的には触頭や組合にその実質的な取り締まりを委任していたということになる。このようなあり方は、第一節で見てきた、東派本山の取り締まりと共通する。

しかし、寺社や地方に対し、一八世紀半ばより教化に関する多くの通達が繰り返し出されていることとから、取り締まりから逸脱する教化が広く展開していたことが窺えよう。次の史料五（表4－2⑩）からは、そうした事態が藩と触頭の双方で問題視されていたことが読み取れる。

【史料五】

兼々相触候夜講等之義、元来於　御国法御停止之事に候処、別而近年厳重之被仰渡有之、其段申渡請書取立置候処、又候猥に相成候旨粗相聞候、全体大切成御法義相続之義、国所之法度相忍会合いたし候儀者、先以　御本山ゟ兼々御教示之旨ニも相背候義心付、無之心底ゟ門徒等へ之教化如何被申示候哉、一円不得其意事ニ候、此以来万一心得違之僧侶於有之者、拙寺共承り次第早速御国方江茂御達申上、不軽御取計ニも相成可申候条、其旨急度可被相心得候事

酉十二月（享和元）

右之趣被仰渡候御触之趣奉得其意、依而御請上之申候、以上

酉十二月廿三日

組合頭石川郡本吉

徳証寺印（花押）

同郡

正寿寺印（花押）

宮保村

正永寺印（花押）

北安田村

明達寺㊞（花押）
瑞泉寺
善福寺[23]

右は、享和元年（一八〇一）一二月二三日に提出された、触頭寺院からの触に対する触下寺院の請書である。夜法談禁止をめぐり、とりわけ近年に厳重な申し渡しが藩からなされ、請書を提出させたにもかかわらず、再び違反する者が出ていると指摘されている。かかる状況を受け、藩や寺院では新たな取り締まり方法が模索されることになる。

二　藩による取り締まり強化と寺院の対応

寛政三年（一七九一）、藩側は、教化の規制をめぐる踏み込んだ指示を、触頭に出した。

【史料六】

拙寺共配下寺庵、二時之勤行相勤候節、門徒為教化前々ゟ　御国法一宗之寺庵之義ハ相互ニ頭寺江不及届勤合来候得共、他国他領之者共為致法談候義者御停止ニ御座候、勿論夜法談等堅相成不申に付、度々被仰渡、其時々厳重ニ申渡置候、然所、今般配下寺庵法談相勤候節、何等之趣意承糺御役所江御届申上候様被仰渡候、近例法談相勤候節ハ拙寺共於手前相糺承届置、時々御達不申上、是以後毎度願出候義ニ候得者、万一ふと御届方相洩候而ハ迷惑仕候間、御指支之趣（抹消）義も無御座候ハヽ、何卒在来之通拙寺共切ニ承届置候様仕度奉存候、且又右法談僧之義ハ、前段之通、是

迄三州入交り候得共、他之支配之者之義、兼而人品等之趣承不申、左候へハ自然御縮《しまり》方相洩候義も出来仕候而ハ如何ニ奉存候間、以来之義ハ拙寺共配下切ニ而他僧入交り不申様ニ仕度奉存候、左候得ハ、宿寺幷談僧とも配下之義御座候得ハ示方行届、御縮方ニ茂相成可申と奉存候、此段御聞届被下候様奉願候、以上

亥四月廿九日

瑞泉寺印
専光寺印
善福寺印

寺社御奉行所(24)

これは、寛政三年四月二九日に加賀三ヵ寺から藩寺社奉行所へ提出された書付の写しである。従来、勤行時に触下寺院が相互に法談をする場合、触頭への届出は不必要であった。しかし、今後は藩寺社奉行所へ届出を行うよう、申し渡されたという。法談を行うに際し、藩寺社奉行所への事前通達が義務づけられようとされたのである。

しかし、三ヵ寺は、触下寺院同士の法談については、最近は触頭で管理していると述べ、毎回藩寺社奉行所へ出願しなければならなくなると、届出洩れも生じかねないと懸念を表明した。その上で三ヵ寺は、これまで通り、藩寺社奉行所への通達を行わず、自身で法談執行の管理を行いたいと願い出ている。加えて、従来は加越能三州の僧侶が入り交じって法談を行っていたが、他の触下寺院から

来訪している場合、どのような人物か確認を取れていなかったので、今後は三ヵ寺の触下寺院同士で法談を行わせるようにすれば、取り締まりも円滑に機能するのではないかと述べている。

以上の願いに対し、五月五日、藩寺社奉行所は三ヵ寺の主張を全て容認した（ただし、他の触下寺院による法談はその後も継続[25]）。よって、この段階では、法談を行う際の手続きに藩寺社奉行所が介在することはなかった。

しかし、藩寺社奉行所からの締め付けは弱まることはなかったようである。文化一三年（一八一六）二月には、触下寺院の徳善寺他四ヵ寺から触頭寺院に対し、願書が提出されている。その願書には、今回、夕時法談をめぐって厳重な「御縮方」が申し渡されたが、他国僧などに法談を勤めさせることや、自坊での法談を自らが勤めると届け出ながら、実際には他の僧侶に勤めさせるようなことが起こらないよう、組合および隣寺同士で監視するので、「法談願」の手続きは在来の通りのままとしてほしい、とある[26]。法談の届出方法の変更が再び検討されていたのである。

では、その変更とは、どのような内容だったのだろうか。結論を先に述べると、それは、「自分ニ法談相勤申候共着帳」すること（「自分ニ法談」は、自坊で法談を勤めることだと思われる[27]）と、加賀三ヵ寺の触下寺院での法談を希望する僧侶は、触頭に出頭し、「着帳」を済ませること[28]、の二つである。これらの指示が、「御寺法」と「御国法」から申し渡された[29]。「着帳」とは、後に検討する史料七の記述から推定するに、法談を開催する前に、会場となる寺院名や期間、法談を行う僧侶の情報などを、触頭寺院に出向いて届け出る手続きを指すと思われる。

これに対し、触下寺院は、自坊における法談の着帳の実施を受け入れた上で、組合内に「横見役」

を設置し、①自坊における夜法談の禁止、②七ツ半までに夕時法談を終了すること、③加賀三ヵ寺以外の加賀藩領内触下寺院に対する着帳の実施、以上三つの励行を図りたいと願い出ている。[30]他方、触下寺院での法談に関する着帳の実施については、横見役の設置を理由に拒否している。[31]こうした触下寺院の働きかけにより、「横見役」が設置されるとともに、自坊での法談に対する着帳が実施されたが、触下寺院における法談の着帳は見送られた。[32]なお、加賀三ヵ寺以外の触下寺院からの法談僧については着帳が実施されていたようだが、その開始時期については管見の限り史料がなく、不明である。

以上により、文化一三年段階には、開始時期は不明なものの、加賀三ヵ寺以外の触下寺院からの法談僧に対する着帳の義務化に加え、自坊での法談の着帳が義務づけられたこと、加賀三ヵ寺の触下寺院同士による法談の着帳は回避されたこと、横見役による組合内の監視強化が開始されたことが判明した。ここからは、藩と、恐らく藩側の意向を受けた触頭寺院が、着帳という制度を介し、僧侶の法談の取り締まりを強化しようとしたことが窺える。とはいえ、このときは、藩側は触頭寺院のもとでの取り締まり強化を志向しており、寛政三年時のような要求は行っていない。なお、触下寺院同士の法談に関する着帳を、触下寺院側が拒否した理由は判然としない。先に見た寛政三年時の藩と触頭寺院のやりとりを想起すると、触下寺院間での法談は活発に行われており、着帳の義務化は触下寺院の事務負担の増大につながると考えられたためではないかと思われる。

ところが、天保一五年（一八四四）四月には、法談を行う際の手続きに、大きな変更が加えられる。それが読み取れるのが、次の史料七である。この史料は、「嘉永五丑年壬子歳改㝡／法談僧着帳／録所」（／は改行、以下「嘉永着帳」）の冒頭に綴じ込まれていた状である。①は、嘉永三年（一八五〇）

五月二〇日に、藩寺社奉行が加賀三ヵ寺に申し渡した内容、②は、①を踏まえ、同年同月に御用番専光寺が触下寺院へ出した達となっている。

【史料七】（①②は筆者が付した）

①付札石坂瑞泉寺等

各配下於寺庵夕時法談相勤候節、他国他領之僧為致法談候儀前々御停止ニ候、併富山・大聖寺御領之僧座敷ニおゐて法話之儀願出候へ者是迄承届来候得共、今度諭義之趣有之、向後右座敷法談指留候、且御領国之僧法話相勤候儀者、各手前ニ而前々取縮方有之、寺社所江届無之候得者是又僉義之趣有之候条、以来法話相勤候節、いつれ之僧為相勤度之旨、時之書付取立可被指出候、右等之趣配下一統可被申談候事

寺社方御用番

（嘉永三年）
戌五月廿日　　伊藤主馬

瑞泉寺

専光寺

善福寺

②配下一統御書立写を以申渡之覚

一、別紙御書立写之通御用番伊藤主馬殿被仰渡候ニ付、尚更談僧達方等之儀左之通

一、法談日数等之儀者是迄之通一統可相心得候事

一、当配下寺庵相互ニ法談勤合いたし候儀ニ付、去天保十五年四月一統申渡置候通り相心得、宿

寺ゟ毎月式日毎ニ談僧伺書付被指出候上、寺社所式日ニ各書附御達ニおよひ候条、同日昼後録所江御聞届之有伺書、重而談僧着帳印形札請取ニ可罷出、尤法談為勤仕廻候ハ、其段書附を以可被相達候事

一、他配下談僧達方右同様ニ候、且頭（組）之添紙面無之分一円不承届候事

一、近年談僧儀、侍者召連前座抔与称し法談為相勤候族茂有之、先以御縮方ニ指障沙汰之限候、以来侍者召連候儀急度差留候事

一、今度法談僧等之儀ニ付被仰渡之趣も有之、談僧調理方ニ付横見相立、役僧等為見廻、紛敷儀等有之節者直様録所江連越可遂僉義条を互ニ致心得、不如法之振舞有間敷候事

一、御寺国法御縮方前々被　仰出之御趣意堅相守、尚更今度御書立を以被仰渡之趣等厳重相守可申候、新発意次三男等江茂入念申談可有之候事

右六ケ条之趣被得其意、組合寺庵ニ茂可被申渡候、以上

庚戌（嘉永三年）　御用番
五月　専光寺印(33)

まずは、天保一五年四月に触下寺院へ申し渡した内容が記載された、②の三つ目の一つ書きに注目したい。同部分によれば、三ヵ寺の触下寺院同士が法談を行う場合、宿寺（法談僧を受け入れる寺院）が毎月の（触頭の）式日ごとに「談僧伺書付」を提出し、さらに、藩寺社奉行所の式日に各々が書付を提出して、同日昼後、触頭からの受理済みの伺書と、「着帳印形札」を触頭寺院へ受け取りに来る

よう指示が出されている。法談のために巡回していて不在の場合は、その旨を触頭へ書付で報告するように取り決められている。

天保一五年四月の申し渡しは管見の限り確認できないが、以上の記述からは、このときから、加賀三ヵ寺の触下寺院同士が法談を行う際にも着帳を行うことが決定されたことが判明する。それだけでなく、法談の届出を藩寺社奉行所へ行うことも義務づけられていた。

そして、嘉永三年五月になると、藩寺社奉行所に届出が必要な法談の対象が、加賀藩領全体に拡大する。それが分かる記述は、①の傍線部である。「各手前ニ而前々取縮方有之」という文言は、恐らく文化一三年時の横見役設置などを指すと推定される。続く記述では、領内の僧侶による法談執行の手続きに関し、以後は誰が法談を勤めるのか、藩寺社奉行所へ届出を行うように指示が出されている。なお、傍線部の前で言及されている富山藩領・大聖寺藩領の僧侶の「座敷法談」（庫裏の座敷で行われる法談を指すか）については、今後は認めない旨も示されているが、この点は次節で言及したい。

これらの藩寺社奉行による指示を受け、②では法談の届出などに関する具体的な方法について、触頭が触下寺院に提示している。以下、その内容を検討していこう。

二つ目の一つ書きには、法談日数は従来通りと示される。次の三つ目の一つ書きでは、先述のように、三ヵ寺触下寺院同士による法談の届出方法について、天保一五年四月の取り決めを再確認しながら具体的な説明が加えられる。

続く四つ目の一つ書きでは、他の触下寺院の僧侶に関する届出も、天保一五年時の取り決めと同様に行うよう指示する。但し、組頭の添紙がない場合には受理しないとする。五つ目では、法談僧の侍

図4-1　着帳と着帳印形札の形式

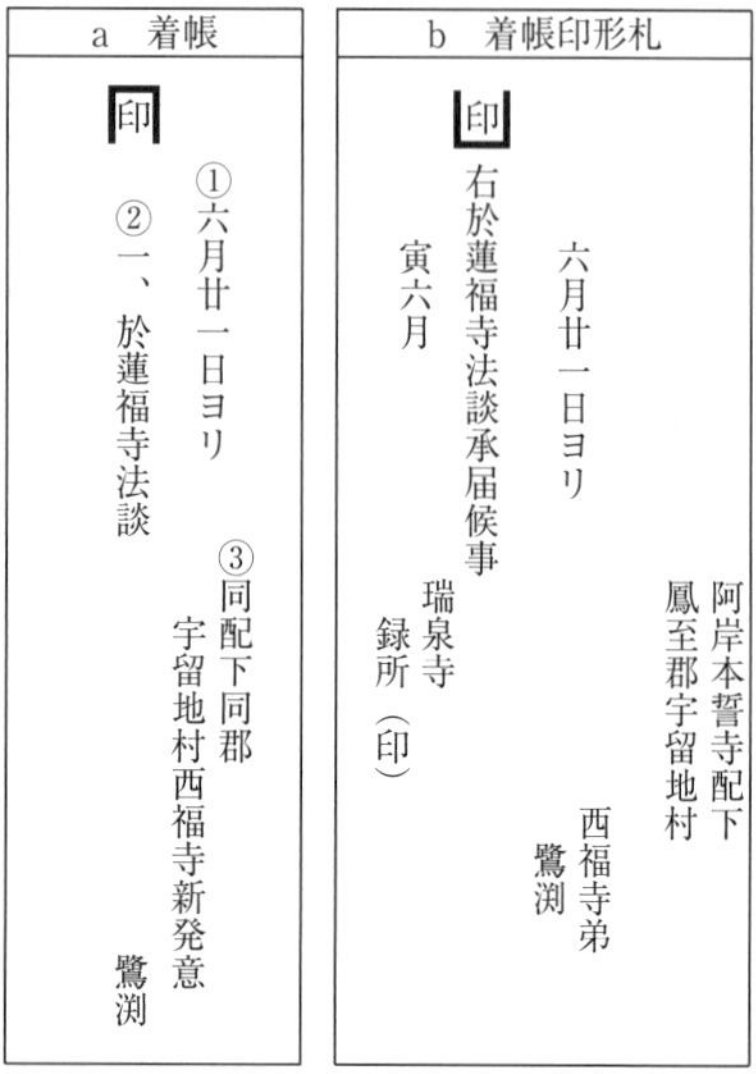
a　着帳
印
①六月廿一日ヨリ
②一、於蓮福寺法談
③同配下同郡
宇留地村西福寺新発意
鷺渕
b　着帳印形札
印
阿岸本誓寺配下
鳳至郡宇留地村
西福寺弟
鷺渕
六月廿一日ヨリ
右於蓮福寺法談承届候事
寅六月
瑞泉寺
録所（印）

※瑞泉寺文書 A-Ⅰ-5-103-1より作成。

者による法談の禁止が提示される。六つ目では、法談僧の見張り役として「横見」を立て、もし「紛敷儀」があれば、すぐに触頭に報告するよう取り決めている。この「横見」は、文化一三年に設置された横見役とは別のもので、法談僧の監視役である。以上が、嘉永三年五月に取り決められた、法談取り締まりに関する規定である。

さて、天保一五年四月に触下寺院同士の法談にも導入された着帳については、先述の「嘉永着帳」と、「安政二乙卯歳［　］（虫損）／法談僧着帳／三ヶ寺録所」（以下「安政着帳」）の二冊が現存する。前者には、嘉永五年（一八五二）二月～嘉永七年一一月までの総件数四二二（うち抹消五件含む）、後者には、安政二年（一八五五）正月～安政三年二月までの総件数二〇六（うち抹消七件含む）の届出が記載されている。帳面には、①法談執行期間、②法談開催会場、③法談僧侶の情報（所属寺院・支配関係・僧侶の立場・名前）が記載される（図4-1-a）。また、「着帳印形札」には、着帳の帳面とほぼ同じ内容が記載される（図4-1-b）。両者の上部には、割印が押される。この着帳印形札は、先ほど述べたように、触頭から宿寺へ渡された。[34]

以上、寛政三年と文化一三年、そして天保一五年以降の教化活動の取り締まりをめぐる、藩と寺院側の動向を見てきた。これまでの議論を整理すると、まず、加賀藩領では、夜法談や他国僧法談などが一貫して禁止されており、その取り締まりは当初、触頭寺院に一任されていた。しかし、寛政三年に藩寺社奉行所は、触下寺院同士が法談を行う際、奉行所への届出の義務化を三ヵ寺に命じた。これは三ヵ寺の抵抗を受けて挫折し、従来通り、触頭寺院が取り締まりを行う体制が継続した。文化一三年になると、自坊での法談と、触下寺院同士の法談における着帳の義務化を行う動きが出る。これに対し、触下寺院側は、自坊での法談の着帳は受け入れたものの、横見役の設置と引替えに、三ヵ寺触下寺院同士の法談に対する着帳の実行は拒絶した。

ところが、天保一五年になると、三ヵ寺の触下寺院同士による法談についても着帳を行い、また、藩寺社奉行所へ届出を行うことが義務づけられた。そして、嘉永三年になると、三ヵ寺の触下寺院同士による法談だけでなく、加賀藩領内の僧侶を招いて法談を行う場合にも、藩寺社奉行所への届出が義務化されたのである。

これらの動向は、教化の取り締まりをめぐる、藩側と寺院側のせめぎ合いとして把握できる。藩寺社奉行所は、他国僧の流入などを防ぐため、触頭寺院による取り締まりに自らを介在させようとするなど干渉を強めた。対する寺院側は、触頭寺院による法談僧の身元把握を強化することで、法談を行う手続きへの寺社奉行所の介入を一旦は回避した。しかし、藩側とのやりとりのなかで、着帳をめぐる動向のように、藩が寺院側の譲歩を引き出しながら取り締まりの強化を進行していったことも見逃せない。最終的に、加賀藩領内全ての真宗寺院僧侶が法談を行う際、藩寺社奉行所への届出を要することになったのである。

三　嘉永・安政「着帳」から見る法談僧の活動

ここでは、「嘉永着帳」や「安政着帳」を分析し、加賀三ヵ寺の触下寺院で法談を行う僧侶や法談の傾向について見ていく。

先に述べたように、「嘉永着帳」と「安政着帳」には、①法談執行期間、②法談開催会場、③法談僧侶の情報（所属寺院・支配関係・僧侶の地位・名前）が記載されている。これらの情報から、どのような僧侶が、どこで何日間法談を行っていたのかを把握することができる。法談会場となる寺院は、着帳の性格上、いずれも加賀三ヵ寺配下の寺院である。

手始めに、法談日数を見ていく（表4-3）。「嘉永着帳」・「安政着帳」ともに一一日〜二〇日の期間の届出が最も多く、ついで六日〜一〇日の期間の届出が多くなっている。五日以下の短期と、二一日以上の長期は少ない。

次に、法談僧の情報について検討する。まず、法談僧が所属する寺院について、支配系統別にまとめたのが表4-4である。「嘉永着帳」・「安政着帳」とも、最も多いのが加賀三ヵ寺（瑞泉寺・善福寺・専光寺）配下である。その次には、越中国井波瑞泉寺・城端善徳寺配下の寺院が多い。ここからは、越中国の寺院が、加賀国・能登国の寺院へ来訪して法談を勤めたことが分かる。

続いて、法談僧の立場（住職、長男、弟子など）の傾向を確認しよう（表4-5）。ただし、長男（新発意）が住職となったり、住職であった僧侶が隠居をしたりする場合などもあるので、ここで示すのは大まかな傾向である。「嘉永着帳」では、記載のない僧侶が最も多く、その次に舎弟（弟、弟子とも）が続く。「安政着帳」では、舎弟が最も多く見られ、その次に何も記載のない僧侶が続いている。

では、何度も法談へ訪れている僧侶はいるのだろうか。いるとすればどのような僧侶が頻繁に来訪しているのだろうか。便宜上、一〇回以上帳面に登場する僧侶に注目してみると、「嘉永着帳」では四名、「安政着帳」では三名を確認できる。具体的には、「安政着帳」では、越中国砺波郡城端町善徳寺地中真覚寺舎弟の一味が二四回、能登国羽咋郡一宮村長永寺（羽咋本念寺触下）の隠居五乗庵が一二回、越中国射水郡触坂村蓮沢寺（井波瑞泉寺・城端善徳寺触下）の舎弟龍天と越中国射水郡高岡町西光寺（井波瑞泉寺・城端善徳寺触下）隠居の大悟院が一一回となっている。「安政着帳」では、一味が一三回、能登国鳳至郡宇留地村西福寺（阿岸本誓寺触下）の舎弟三位が一二回、大悟院が九回を数える。

表4-3　法談日数一覧

	嘉永着帳	安政着帳
総件数	417	200
1日～5日	21	5
6日～10日	104	40
11日～20日	152	92
21日以上	12	2
不明	128	61

※瑞泉寺文書A-Ⅰ-5-103-1・A-Ⅰ-5-104より作成。
※件数は抹消等を除いて計算。「不明」は法談期間未記載などにより期間を特定できなかったもの。

興味深いのが、その活動である。例えば一味の場合、嘉永六年（一八五三）には、四月二日～晦日まで金沢小立野永順寺（うち、四月一六日～晦日は永順寺に加え金沢大衆免竪町仁随寺でも法談）で、五月一〇日～二〇日まで金沢鍛冶町長徳寺で、五月二一日～晦日まで石川郡日向村定力寺で法談を執行している。さらに、同年九月二八日～一〇月一〇日までは金沢石坂町徳龍寺で、同月八日～二〇日までは金沢伝馬町浄誓寺で法談

表4-4　支配系統別一覧

	嘉永着帳		安政着帳	
	寺院数	除外	寺院数	除外
阿岸本誓寺配下	31	0	27	1
井波瑞泉寺・城端善徳寺配下	100	2	39	1
鵜飼妙厳寺配下	10	0	3	0
小松本蓮寺配下	17	0	3	0
府中長福寺配下	16	0	10	0
羽咋本念寺配下	29	0	13	1
瑞泉寺・善福寺・専光寺配下	154	3	69	1
地中	56	0	31	3
その他	1	0	0	0
不明	3	0	4	0
合計	417	5	199	7

※瑞泉寺文書 A-Ⅰ-5-103-1・A-Ⅰ-5-104より作成。
※「除外」は抹消分などを計上。「除外」分は「寺院数」には含まれていない。

表4-5　法談僧の立場

	嘉永着帳		安政着帳	
	件数	除外	件数	除外
新発意	32	1	27	1
次男	6	0	0	0
舎弟（弟・弟子）	145	0	79	4
おじ（伯父・叔父）	14	0	2	0
隠居	34	1	23	0
記載なし	184	3	69	0
不明	2	0	1	0
合計	417	5	201	5

※瑞泉寺文書 A-Ⅰ-5-103-1・A-Ⅰ-5-104より作成。
※「除外」は抹消分などを計上。「除外」分は「件数」には含まれていない。

をしている。また、一一月一〇日～一八日には、金沢下伝馬町浄照寺で法談した。一味については、他の年も同じように法談を執行するため加賀国へ来訪していることが確認できる。一味のほか、着帳からは、一年のうち、かなりの日数を法談執行に費やす僧侶の存在が見出せる。

右から連想されるのは、関山和夫が注目した説教者である。関山によれば、真宗教団では、説教者というプロの布教家が近世期から活動していたという[35]。ちなみに、幕末期の越中国では、説教者が地方寺院を来訪し、節談説教を行っていたことが奈倉哲三により紹介されている[36]。「嘉永着帳」や「安政着帳」に登場する僧侶には、こうした説教者も含まれていたと思われる。

以上、「嘉永着帳」・「安政着帳」の分析を通じて、法談を行う僧侶について見てきた。「嘉永着帳」・「安政着帳」を通じ、三ヵ寺以外の触下寺院から多くの法談僧が来訪していたことが判明した。嘉永三年以降、こうした僧侶の活動が、藩側から把握されていたのである。

第三節　藩寺社奉行所による取り締まり強化の背景

前節では、加賀藩が僧侶の法談に対し、徐々に規制を強めていくさまを見てきた。その背景には、法談僧の身元の把握を狙う藩寺社奉行所の意向があった。それでは、触頭による法談僧の身元確認に、いかなる問題があったのだろうか。この点を明らかにするため、弘化四年（一八四七）から嘉永三年（一八五〇）にかけて問題となった、大玄という僧侶の活動を検討していきたい。

弘化四年三月二六日、金沢十三間町妙源寺は、三月二四日夜に他領の僧侶に法談させたことについて、加賀三ヵ寺の問い質しを受けた(37)。妙源寺は、法用のために金沢へ来訪していた、富山藩領桑原村の長龍寺大玄という僧侶を逗留させていたところ、大玄に付き従っていた門徒六、七人が二四日夜に来訪し、大玄へ法談を行うよう勧め、それを聞きつけた門徒たちが寺へ集まってきたと述べている。妙源寺は外出していたが、大玄が法談を行っていることを聞きつけ、寺へ戻って法談を止めさせたという(38)。その上で、妙源寺は三ヵ寺に他領の僧侶に夜法談をさせたことを詫びている。これにより妙源寺は、すぐに慎の処分を受けた。

大玄は、これ以降も度々金沢の寺院へ来訪していたが、嘉永三年五月、彼の身元をめぐり、加賀藩寺社奉行所で、ある疑惑が浮かび上がった。その疑惑とは、大玄が実は伊勢国の者であるというものである。同年五月七日、妙源寺は加賀三ヵ寺に対して、大玄が長龍寺舎弟であるのは間違いないと主張する書付を、大玄本人による一札を添えて提出している(39)。

一方、五月に藩側は、大玄の法話を差し止める旨、加越能三国の東派触頭寺院へ申し渡したほか、大玄に関する情報の収集も行っている(40)。同月、寺社奉行所は、藩盗賊改方から大玄の行状に関する報告を得ている。それによれば、大玄は「種々不身持之義多」く、「元来浄瑠璃・三味線能く仕」る人物であった。先月二八日・二九日には、新竪町徳栄寺にて夜半から浄瑠璃を語り、大勢の人々を集めていたという。また、六月一二日に妙源寺が加賀三ヵ寺に出した書付（後述）によれば、大玄は法用のため、四月二〇日に妙源寺を訪れ、五月二日から八日まで同寺で法話を行っていた。

五月一一日、加賀藩家老は、富山藩寺社奉行に対し、大玄が桑原村長龍寺の舎弟であるか問い合わせている。富山藩寺社奉行からの返答は、次の如くであった。長龍寺によれば、大玄は伊勢国出身の僧侶で、先住の学友であった。大玄は先住に対し、近国に住みたいので、縁談の話があれば長龍寺の「弟分」としてほしいと依頼した。ところが、まもなく先住は病死してしまい、その後は大玄からの音信もなく、行方も分からないという。

他方、加賀三ヵ寺は、大玄本人から、身元の情報に関する書付を受け取っている。その書付で大玄は、世間で自分が「伊勢大玄」と呼ばれているために役所の不審を招いてしまったが、前に届け出た通り、自分は長龍寺の舎弟であると主張している。さらに、幼少時から伊勢国などを巡り、水沢常願寺の大玄のもとで遊学し、多年過ごしたあと、帰国する際に師匠大玄の名を譲り受けた。このように伊勢国で多くの時間を過ごしたため、世間で自身が伊勢大玄と呼ばれるようになったのだという。それと同じく、長く過ごした越前国でも、越前大玄と呼ばれることもあるのだと述べている。

その後、六月一二日、妙源寺は加賀三ヵ寺へ書付を提出した。その書付からは、以下のことが判明する。

虫損により具体的な日にちは不明だが、加賀藩が富山藩へ大玄に関する問い合わせを行う以前、妙源寺と大玄は専光寺に呼び出されている。専光寺は、五月七日に妙源寺が大玄の書付を添えて提出した答書の内容に誤りはないのか尋ね、さらに、加賀藩は富山藩に問い合わせを行うかもしれず、もしその結果と答書の内容に齟齬があれば「不容易」なことである、と告げた。これに対し、妙源寺は、たとえ加賀藩が富山藩へ問い合わせたとしても、大玄が長龍寺舎弟であることに相違はない、と返答している。また、加越能三国での法話を差し止められた大玄は、すでに金沢を出立したという。

妙源寺は、六月一一日に善福寺から呼び出しを受け、その場で富山藩からの返書の写しを見せられた。これまでの報告内容が富山藩の返書と食い違っていたことを知った妙源寺は、以下のことを語った。妙源寺住職の父がまだ存命中であった弘化元年七月二二日、初めて大玄が妙源寺に逗留した。妙源寺は、大玄による座敷での法話願と、大玄が所持していた富山藩触頭極性寺の添状を受け取り、法話の届出を加賀三ヵ寺へ行った。妙源寺の現住職は養子として入寺しており、「部屋住」であったため、詳しい事情はよく知らないとしつつ、長龍寺と先住とは兄弟であり、両者の実家は富山藩領小泉村西円寺であったという。その兄弟は、それぞれ長龍寺と妙源寺に養子として入寺した。以上の所縁により、大玄は金沢に来訪し、法用を勤めていたとのことである。弘化二年二月、妙源寺先住が死去した後、妙源寺現住職は、金沢に来た大玄と面会し、養父（先住）は大玄と懇意であったので、今後も檀家や講に法話をしてほしいと頼んだという。

以上の経緯により、妙源寺住職は、大玄が「身上麁抹之者」であることを知らず、「長龍寺人別之者」であると思っていたが、今回の件は誠に恐れ入ることである、と述べた。これを受け、善福寺は加賀藩寺社奉行所へ妙源寺の書付を提出し、さらに妙源寺を徘徊差留としたことを報告している。

報告を受けた加賀藩寺社奉行所は、三ヵ寺に対し、大玄が持っていた極性寺の添状の有無を調べるよう指示した。このとき御用番であった善福寺は添状を探し出し、六月一四日に提出している。

また、寺社奉行所は、妙源寺が法話願を届け出た弘化元年当時の状況について専光寺に尋ねた。専光寺からは、六月一五日、次の内容の返答があった。他の触下寺院が、加賀三ヵ寺の触下寺院で法話を行う際は、先方の触頭寺院の添状を受け取る手筈となっていた。大玄の場合、初めて妙源寺に来訪した弘化元年七月、当時御用番を勤めていた瑞泉寺が極性寺からの添状を受け取っている。ただし、大玄は毎回金沢などへ法話をしに来ていたので、極性寺から添状を毎回は発給しないと伝えられた。よって、以後は大玄が毎度来訪しても添状を受け取ることはなかったのだという。

さて、極性寺の添状を加賀藩寺社奉行所が確認したところ、大玄本人が執筆した書付と、添状の字が類似していることが判明した。大玄は、極性寺の添状を偽造していたのである。藩寺社奉行所は、加賀三ヵ寺に対し、「添状如何見受候哉、御答ニおよひ候様」に、と問い質した。三ヵ寺は、極性寺の添状が確かなものであると判断していたため、これまで大玄の座敷法話を受理していたと弁明している。

藩寺社奉行所は、大玄が実際には他国僧であったこと、さらに「僧分不似合之所行」もあったこと、それにもかかわらずきちんと調べていなかったことなどにより、取り締まりに抵触した廉をもって妙源寺へ遠慮を申し渡している。なお、妙源寺は八月二八日に宥免された。以上が、大玄の活動をめぐって生じた事件の経過である。

大玄の一件は、触頭寺院による法談僧の管理の限界を露呈するものであった。大玄による活動が問題視されるようになった弘化四年段階では、加賀三ヵ寺の触下寺院同士による法談は、触頭寺院への着帳と、藩寺社奉行所への届出が必須となっていた。しかし、三ヵ寺以外の触下寺院から僧侶を招いて法談を行う際には、藩寺社奉行所への届出は不必要であった。触頭寺院からの添状を入手し、加賀三ヶ寺で着帳の手続きを済ませれば、法談を行えたのである。

ところが、大玄の一件では、法談僧の身元を証明する触頭寺院の添状自体が偽造されていた。さらに、大玄の場合は何度も金沢へ来訪していることから、極性寺の申出により、添状の提出をいちいち求めないことになっていた。しかし、添状自体が偽造されていたことを踏まえれば、極性寺の申し出自体が事実かも疑わしい。いずれにしろ、触頭寺院の身元保証は上手く機能していなかったといえる。

また、第二節で述べた通り、嘉永三年五月には、富山藩領および大聖寺藩領の僧侶による座敷法談が差し止められた。これは、大玄の一件が問題化していた時期と重なっており、大玄の件を受けての対応とみてよいだろう。このときには、既述のように、法談の届出の手続きにも変更が加えられた。加賀藩は、例外的に認めていた富山藩領・大聖寺藩領の僧侶の座敷法談を停止し、さらに、加賀藩領全ての真宗僧侶による法談の届出に藩寺社奉行所を介在させることで、他国僧による法談を徹底的に排除しようとしたのである。

なお、富山藩領・大聖寺藩領の法談僧の活動を停止するといった藩寺社奉行所の対応は、これまでの教化のあり方を変容させるものでもあったと予想できる。それは、教化をする僧侶側だけでなく、教えを受容する門徒側にも影響を与えたと考えられよう。

おわりに

東派では、享保七年「制条」により、原則として組合外の僧侶の法談を禁止した。ただし、教化の取り締まりを実質的に担っていたのは触頭寺院であり、名古屋御坊の事例で見てきたように、触頭寺院の裁量次第で、一時期には他国僧による法談も手続きを踏めば許容されていた。また、加賀藩領の事例では、名古屋御坊の事例と比較すると、組合外の寺院による法談の原則的禁止に触れられることはない。実際には、他の触下寺院からも法談僧を受け入れていた。本山が名古屋御坊に対しては触頭寺院による管理のもとでの例外も認めていたことを踏まえれば、組合外の寺院の法談禁止はあくまでも原則であり、実際には、地域の実情に合わせた柔軟な取り締まりが触頭寺院のもとで実施されていたのだと思われる。

幕藩領主との関係については、加賀藩領の事例から、藩と触頭寺院等が、教化の取り締まりをめぐってせめぎ合うさまを見ることができた。そこでは、他国僧による法談を排除するために、触頭寺院による教化の取り締まりに介入しようとする藩側と、あくまでも自身の手で取り締まりを貫徹させようとする触頭寺院側の駆け引きが展開していた。しかし、触頭寺院による法談僧の身元管理の不徹底などが露呈し、最終的には、法談の取り締まり手続きに寺社奉行所が介在する状況を招いた。

なお、本章では、教化を受容する民衆側の動向を検討することができなかった。そこで、最後に民衆側の動向を示す事例を一つ紹介し、本章を閉じたい。

文政五年（一八二二）四月、羽咋郡宝達村泉福寺・同郡八野村正明寺・河北郡高松村浄専寺に、加賀国江沼郡山中燈明寺養弟護城庵と称する旅僧に法談させたことが発覚した。泉福寺については、同寺の主張によれば、護城庵とは類縁であるために止宿させていたが、檀家から護城庵の法談を聞きたいと依頼され、仕方なく二月二七日から二九日の三日間、護城庵に法談をさせたのだという(41)。

この事例からは、門徒の要望に応えるかたちで、寺院側が旅僧に法談をさせていたことが分かる。本山や触頭寺院、領主が排除しようとした他国僧の法談が行われていた背景には、そのような活動を受け入れる門徒の存在があった。旅僧を受け入れる門徒がいる限り、他国僧の法談の完全な排除はで

きなかったのである。(42)

注

(1) 上場顕雄「近世末東本願寺学僧の教化とその受容」（同『増補改訂　近世真宗教団と都市寺院』法藏館、一九九九年、初出一九七九年）、長谷川匡俊『近世念仏者集団の行動と思想』（評論社、一九八〇年）、同『近世浄土宗の信仰と教化』（溪水社、一九八八年）、澤博勝「近世民衆の仏教知と信心」（澤博勝・高埜利彦編『近世の宗教と社会 三』吉川弘文館、二〇〇八年）、同「仏教知の受容と伝達」（同『近世宗教社会論』吉川弘文館、二〇〇八年）、上野大輔「近世後期「捨世派」僧侶の布教と地域民衆」（『仏教史研究』四九、二〇一二年）など。

(2) 上野大輔「長州大日比宗論の展開」（『日本史研究』五六二、二〇〇九年）、小林准士「神道講釈師の旅と神仏論争の展開」（『社会文化論集』七、二〇一一年）、同「神祇礼拝論争と近世真宗の異端性」（『歴史評論』七四三、二〇一二年）。

(3) 小林准士は、教団による身分把握の周縁に位置する旅僧の活動が、寺檀関係に包摂しきれない講組織などによって支えられていたことを明らかにしている（「旅僧と異端信仰」『社会文化論集』三、二〇〇六年）。

(4) 小栗純子『妙好人とかくれ念仏』（講談社、一九七五年）、門屋光昭『隠し念仏』（東京堂出版、一九八九年）、長忠生『内信心念仏考』（海鳥社、一九九九年）、大橋幸泰『潜伏キリシタン』（講談社、二〇一四年）、同『近世潜伏宗教論』（校倉書房、二〇一七年）など。

(5) 朴澤直秀「在地社会の僧侶集団」（吉田伸之編『寺社をささえる人びと』吉川弘文館、二〇〇七年）、同「近世の仏教」（『岩波講座日本歴史一一　近世二』岩波書店、二〇一四年）、上野大輔「近世仏教教団の領域的編成と対幕藩交渉」（『日本史研究』六四二、二〇一六年）。

(6) 近世仏教教団では、江戸触頭を全国的な教団行政機構の頂点として位置づけ、この江戸触頭が幕府との交渉を行う上での窓口として機能した（注（5）朴澤「近世の仏教」）。また、各地域には、幕藩領主が設定する国法触頭と、本山が設定する寺法触頭の二種類があり、基本的に両者は同一寺院が務めた（注（5）上野論文）。以上により、この諸宗触頭とは、諸宗の江戸触頭を指す。
（7）慶應義塾大学三田メディアセンター所蔵「諸宗本寺ヨリ差出候法度書」（二一五‐五〇‐一）。
（8）高柳眞三・石井良助編『御触書寛保集成』（岩波書店、一九三四年）二九三一号。
（9）「諸宗本寺ヨリ差出候法度書」。
（10）同右。
（11）注（5）上野論文。
（12）法統を同じくする仲間のこと。
（13）門中とは地縁的な寺院集団を指し、組合に類似する（大坂四ヶ所役者宛享保八年四月一〇日書翰〔七九〕、総本山知恩院史料編纂所編『知恩院史料集』日鑑・書翰篇九、総本山知恩院史料編纂所、一九九二年、二八三頁など）。門中の機能については、伊藤真昭「近江国甲賀郡内の知恩院門中について」（『歴史文化研究』六、二〇一七年）。
（14）「御寺法御掟」（千葉乗隆編『真宗史料集成』九、同朋舎、一九七六年）三七七頁。年代の比定は、「彦根藩役職補任表」（藤井譲治他編『彦根藩の藩政機構』サンライズ出版、二〇〇三年）を利用。
（15）「上檀間日記」天保一三年八月七日条（宗学院編修部編『東本願寺史料』二、名著出版、一九七三年、二八九〜二九〇頁）。なお、文化二年五月触は、本史料に引用されているほか、名古屋御坊からの触を留めた「聖徳寺蔵触状留」三（名古屋市鶴舞中央図書館所蔵、市一四‐八六）にも収載されている。寛政元年一二月触については現時点では原文を確認できていない。また、旅僧法談の禁止を触れる際には、享保七年「制条」のほかに寛文六年の制条にも言及することがあるが、この寛文六年の制条に関しては存在を確認できない。
（16）「御制条」（東京大学史料編纂所所蔵写真帳『野崎家記録』六）。
（17）注（15）「聖徳寺蔵触状留」三。
（18）名古屋市鶴舞中央図書館所蔵「聖徳寺蔵触状留」四（市一四‐八六）。
（19）長谷川によれば、浄土宗では、住職以外が説教を行う場合、本寺・触頭・門中の許可が必要とされていたという。その場合、説教を依頼してよいのは、直弟子や法類に限られていた（長谷川匡俊「布教統制と布教者の姿勢」〈注（1）長谷川『近世浄土宗の信仰と教化』〉）。杣田は、この長谷川論文などを踏まえ、元禄期に幕府が各寺院の宗旨を掌握し、さらに本末関係のあり方に干渉した背景に、「「説法」＝民衆教化との関連において、本山を通して末端に至るまでの宗内寺院・僧侶に対する教学面での統制強化が推進され」たことを挙げている（杣田善雄「近世前期の寺院行政」『幕藩権力と寺院・門跡』思文閣出版、二〇〇三年、初出一九八一年、一四七頁）。しかし、本章第一節で見てきたように、享保七年の各本山・本寺による教化に関する規定では、法談僧を依頼する際に本末関係を通した届出が不要な事例も多く存在し、真宗教団の事例では、管見の限り、法談僧を依頼する場合に本寺の関与は見出せない。

（20）加賀藩領における東派教団組織については前章を参照。

（21）加賀藩では、夕時法談は七ツ半までに終了することになっていた。夜法談は、それより遅くに執行するものだと思われる（金沢市立玉川図書館近世史料館寄託瑞泉寺文書A-I-五-一三-六等）。

（22）北西弘編『能登阿岸本誓寺文書』（清文堂出版、一九七一年）三五三～三五四頁。

（23）瑞泉寺文書A-I-五-一〇-一。

（24）金沢市立玉川図書館近世史料館所蔵「自他国寺庵宝物幷法談願旧記」（特一六-六一-一五九）。

（25）同右。

（26）瑞泉寺文書A-I-五-一七-三。

（27）瑞泉寺文書A-I-五-一七-二。

（28）瑞泉寺文書A-I-五-一七-七・八。

（29）瑞泉寺文書A-I-五-一七-二、同A-I-五-一七-七・八。

（30）瑞泉寺文書A-I-五-一七-二。

（31）瑞泉寺文書A-I-五-一七-七・八。

（32）瑞泉寺文書A-I-五-一七-二、同A-I-五-一七-七・八。

（33）瑞泉寺文書A-I-五-一〇三-一。

（34）このように、通常は触頭の手元には残らない。図4-1で取り上げた着帳印形札は、何らかの理由で組頭に渡されずに触頭の元に残り、帳面に挟み込まれるかたちで伝来したものである。
(35) 関山和夫『説教の歴史的研究』（法藏館、一九七三年）三一八～三三八頁。
(36) 奈倉哲三『幕末民衆文化異聞』（吉川弘文館、一九九九年）。
(37) 瑞泉寺文書A-I-五-九八-一。
(38) 本章第二節で言及したように、富山藩領と大聖寺藩領の僧侶は座敷での法談が認められていたことから、ここでいう法談とは、おそらく御堂での法談であったと思われる。
(39) 金沢市立玉川図書館近世史料館所蔵「寺院御問答書等」（特一六-六一-二五七-一）。
(40) 注(24)「自他国寺庵宝物幷法談願旧記」。以下、とくに断りのない限り、大玄に関する記述や引用は本史料に拠る。
(41) 瑞泉寺文書A-I-四c-一七九-八。
(42) かかる点については、俗人による教化活動に対する仏教教団側の対応について論じた次章でも言及している。

第五章　〈俗人〉の教化と真宗教団

はじめに

近世から近代までの国家権力と民衆との関係を論じた安丸良夫は、幕藩領主の宗教支配の特質を次のように述べた。幕藩領主は、キリスト教を頂点に、全ての諸信仰が反秩序へ転換する可能性を持つ存在であるとみなして警戒した(1)。万一「既存の秩序から逸脱しているとみなされる宗教現象が出現すれば、その都度禁止するというのが、幕藩制国家の支配の原則であった(2)」。

この安丸の議論を批判的に継承したのが、大橋幸泰である(3)。大橋は、幕藩領主や諸宗派本山などから、既成秩序を乱す存在として警戒された宗教活動全般を「異端的宗教活動」と規定する。その上で、キリシタン禁制の変質という観点から、幕藩領主による民衆の宗教活動への統制を動態的に描き出した。大橋はいう。キリシタンの潜伏に伴い、規制すべき「切支丹」像が曖昧になって「切支丹」イメージが貧困化した。その結果、一七世紀後半から一八世紀を通じて多様に展開した異端的宗教活動を「切支丹」か否か判別することが困難になった。そのため、幕藩領主は異端的宗教活動への規制を一層強化していった、と。大橋はまた、民衆の宗教活動が「切支丹同様」と見なされ弾圧された事例として宝暦四年（一七五四）からしばしば問題化した東北地方の隠し念仏を取り上げ、民衆を導師とする宗教活動への規制も強化されたと指摘している。

確かに幕藩領主の触などには、「俗人の身」[4]「俗ノ身分」[5]「俗人ニ而」[6]等、宗教者でない存在を〈俗人〉と呼び、その教化活動を問題視し、規制ないし処罰の対象とする文言を見ることができる。ここで注目したいのは、この〈俗人〉という範疇が、民衆が教化者となる活動に対し、幕藩領主側が付けたものだということである。いったい、幕藩領主から〈俗人〉というレッテルを貼られた宗教活動は、いかなる歴史的意義を有していたのだろうか。それを明らかにするには、幕藩領主側だけでなく、宗教活動を正当に展開できる立場にあった、仏教教団側の認識や対応を検討する必要がある。

だが、これまでの研究では、仏教教団側の対応が正面から検討されることはなかった。例えば真宗の異安心の一つである秘事法門（隠れ／隠し念仏）を取り上げた研究で顕著なように[7]、仏教教団は体制側として位置づけられ、幕藩領主の動向と一括りに論じられてきた。それでも最近では、近世宗教史研究の進展により、幕藩領主と仏教教団の関係の再検討が進められ[8]、大橋も、幕藩領主と宗教者の立場の相違性に留意することが必要だと述べている[9]。とはいえ、現段階の研究は、幕藩領主側の対応の分析に留まっている。今こそ、幕藩領主が〈俗人〉の活動として規制した民衆の宗教活動に対する、地方寺院および本山の認識や対応自体を分析する必要がある。そうした作業の積み重ねにより、一八世紀以降から活性化する、民衆の宗教活動を取り巻く環境が明らかとなろう。

かかる問題意識のもと、本章では文化元年（一八〇四）から翌年にかけて出羽国久保田（現秋田県秋田市）に滞在し、同所の真宗東派の西法寺俊令、同寺後住教令とともに教化をした清次郎の活動を

表5-1　久保田城下の東派寺院（嘉永４年〈1851〉時）

寺院名	仲間	備　考
西勝寺	○	触頭・加賀専光寺末／地中３ヵ寺有
専念寺	○	直末／地中３ヵ寺有
真敬寺	○	直末／地中４ヵ寺有
浄願寺	○	直末／地中４ヵ寺有
願行寺	○	直末／地中２ヵ寺有
西善寺	○	直末／地中５ヵ寺有
浄弘寺	○	直末／地中３ヵ寺有
本誓寺	○	直末／地中３ヵ寺有
西法寺	○	直末／地中２ヵ寺有
正覚寺	—	直末／地中無

※『秋田市史』第３巻（秋田市、2003年）より作成。
※直末とは、本寺が本山東本願寺であることをいう。

取り上げる。同人の活動は、久保田の東派寺院の分裂をもたらしたとして本山へ訴えられ、学寮講師深励が対応するに至る。以下、本章ではこの事件を、史料中の表現を用い「清次郎一件[10]」と称す。

　この一件を主として分析した研究はない。ただし、佐々木求巳が、公巌の思想を論じるなか、公巌の異安心事件との関連でこの一件に触れている[11]。公巌とは、出羽国酒田浄福寺の住職で、第一部第一章で取り上げたように、享和三年（一八〇三）、本山からその教説が異安心であると判定され、その後、文化三年（一八〇六）には深励門下となった人物である。彼は久保田でも教化を行い、帰服する者が多かった。佐々木の分析は、公巌による異安心事件の地方への影響を探る観点から、清次郎一件を取り上げるため、民衆の宗教活動に対する仏教教団側の対応について論じたものではない。

　そこで本章では、まず一件の経過を改めて確認し、その上で、教団側から〈俗人〉のレッテルを貼られた清次郎の活動や、それをめぐる久保田の寺院僧侶の動向と本山・学寮の対応を分析する。続いて、清次郎の活動が一八世紀以降における〈俗人〉の宗教活動において、いかなる特徴を有していたのか検討したい。

本章で用いる主な史料は、「公巌事件上申書」[12]と、深励作成の西法寺俊令・同寺後住教令宛[13]、専念寺宛[14]、八ヵ寺宛[15]の返書下書である。「公巌事件上申書」には、西法寺が深励へ提出した「口上之覚」（文化二年三月中の西法寺と仲間寺院のやりとりをまとめたもの）、「御内蜜奉申上候口上覚」（文化二年六月付）、「口上覚」（同年一二月二七日付）、「尊師御書状ニ付御歎キ乍恐奉願上候覚」（同上）が収録される。以下、「公巌事件上申書」を引用する際は、基本的に収録史料の表題を注に示す。

本論に入る前に、久保田城下の真宗寺院について説明しておきたい。秋田藩領内の真宗寺院は東派が多数を占め、城下も同様の傾向であった[16]。城下には東派寺院が一〇ヵ寺あり（表5-1）、うち西勝寺は藩からの法令を領内の東派寺院へ伝達する触頭を務めた[17]。また、正覚寺を除く九ヵ寺は「仲間（仲伴）」を形成し、領主や本山へ出願する際に意思統一を図ったり、門徒への教導を協力して行うなどした[18]。結成時期は不明だが、享保一八年（一七三三）には仲間の活動が確認できる[19]。

第一節　久保田城下の真宗寺院と清次郎一件

文化元年（一八〇四）六月七日、西法寺俊令は、自坊の本堂再建用の材木を注文するために本庄へ出かけた折、彼の檀家である鑑[?]飩屋善兵衛の元に逗留中であった「廿四輩巡拝之同行」[20]の清次郎と出会い、語り合った[21]。話題が公巌の教説に及んだところ、清次郎はその教説を批判した。公巌の教説に批判的であった俊令は清次郎を気に入り、久保田へ来訪した折には自坊を訪れるよう述べた[22]。

その後清次郎は、西法寺の檀家が四、五〇軒ある中村という村で、同寺檀家の肝煎彦右衛門方に逗留した。その地は「至テ諸国ニ異リ不法義ナル処」であったため、俊令は清次郎に対し、門徒と法義を「互ヒニ喜ヒ呉レ候ヤウ」にと伝えたという。六月二五日、清次郎は彦右衛門とともに西法寺を訪れる。以後清次郎は、西法寺地中徳円寺や城下の西法寺檀家・赤根屋太兵衛宅に滞在した。滞在中の清次郎は、「最寄ノ御内講ナトノ席」へ招待されるようになり、城下や近隣の村町へも出かけてその地の門徒と法義について語り合った。その結果、「甚タ不法義ナル処」であった久保田界隈の門徒の信仰心が高揚し、久保田では、「日頃等閑ノ者」も「御法義ニ入リ」、「異安心ノ者モ御正意ニ立チモト」るなど、「古今珍ラシク御繁昌」したという。また、清次郎は自身の教説理解を文章にまとめて門徒へ渡していたようで、例えば専念寺は、同寺檀家・牧野善右衛門が所持する清次郎の「認メモノ」を取り寄せ、筆写したという。

翌文化二年正月、清次郎と俊令らは新たな活動を展開していく。清次郎の発案で、赤根屋太兵衛が「御本山御茶所講」を設立し、毎月五日・一五日・二五日に一人につき五銭ずつ集金し始めた。集めた金銭は、檀家ら三名が上京して本山へ上納する予定であったという。また、湊町（土崎湊《ご》）や五十目《しゅうめ》村でも講を取立て、本山へ一年に二、三〇両上納する計画を立てた。この講には、西法寺とその地中も加入していた。さらに、俊令や西法寺地中は、講に加入している他寺檀家にも法談を行っていた。

しばらくして、清次郎と俊令らの活動が久保田で問題となる。二月二五日、城下の願行寺で開催された御本山御茶所講の席で、当時法話を行うために久保田へ来ていた能代浄明寺好堅と、清次郎が「論談」に及んだ。「論談」では、清次郎が用いる「善機」という言葉が問題となったが、その場はひとまず収まった。だが好堅は、論談中に来た教令に対し、論談後、本山から公厳の取調べの際に「田舎ニ於テ新名目使イ候者」がいれば報告するよう指示があったことに触れた上で、清次郎の「善機」は新名目であると指摘した。翌日以降、好堅は自身の法話の席で清次郎を「法体募リ異安心」であると非難し、さらには教令までも異安心であるかのように述べたという。なお、好堅と教令は深励門下である。(23)

また、話は前後するが、二月二三日、秋田藩寺社奉行所が俊令に対し、清次郎が大勢の人々が集まる席で教義に関する話をしている件について、書付にまとめて提出するよう指示した。これに俊令は、二五日に以下の弁明をした。以前より内講といって九ヵ寺の檀家のうち最寄りの二、三〇人を一組として教化を行っており、その場に清次郎を招き、僧侶の教化終了後に門徒と法義について語り合っていたのだ、と。加えて、自坊が本堂再建中であり、地中二ヵ寺も多忙なため、清次郎を抱え置いているとも説明している。三月五日、藩寺社奉行所は再度俊令を呼び出し、清次郎を「本国」へ返すよう命じた。(24)俊令はこれに従うとともに、自らの「遠慮」を秋田藩へ申し入れている。だが、翌六日には寺社奉行所から遠慮御免を仰せ渡された。

好堅と清次郎のやりとりを問題視したのは、久保田の仲間寺院であった。仲間寺院から「寄合」に出るように言われた俊令は、「御仲伴御例席」が開かれる専念寺を訪れた。その席で俊令は、専念寺から、まず、好堅が話した内容を伝えられた。専念寺によれば、好堅から、清次郎が用いる言葉が

「聞キ馴レザル名目」であったため、そのことを本山へ報告すると言われたという。続けて専念寺は、好堅が本山へ報告する以上、仲間寺院の側からも、本山へ清次郎のことを報告する必要があるとして、それに同心するか否か俊令に尋ねた。これに対して俊令は、仲間寺院による示談での決定に従うのは「古来ヨリノ仕来リ」であることを理由に、同心すると答えた。

しかし俊令は、好堅の来訪以前は、仲間寺院も清次郎の教説を正意としていたのに、好堅からの指摘を受けた後に態度を変えたことに不満を抱いていた。[25] また、清次郎を批判した好堅の教説自体に問題があると考えていた。その後、俊令は仲間寺院に対し、清次郎が異安心である根拠や、仲間寺院による一連の対応の不備について問い合わせたが、満足のいく応答はなかった。[26] 結果、西法寺と、仲間寺院との対立は深まり、西法寺と、同寺を除く八ヵ寺、仲間寺院の年番であった専念寺が、それぞれ書簡を深励に数度送った。[27] 八ヶ寺と専念寺の書簡は、深励の返書の内容から勘案するに、俊令と教令が清次郎を抱えて法話をさせたため、仲間寺院と対立が生じたこと、それにより法義筋に問題が起きたことを報告するものであった。対する西法寺俊令・同寺後住の教令からの書簡は、清次郎を抱え置いた経緯や、仲間寺院の対応への批判、好堅の教説の問題点を書き連ねた上で、上京中の好堅を京都へ留め置き、自身と仲間寺院も本山へ召喚して取調べるか、久保田へ講者の派遣を要求する内容であった。

以上、主に西法寺側の史料に拠りながら、一件に本山が関与するまでの流れを追った。無論、西法寺側が作成した史料の記述であるため、全体的に自身の正当性を強調する傾向がある。以上に留意しながらも、これまでの経過から次のことが指摘できる。

門徒を帰服させる清次郎の話術を見込んだ俊令は、地中寺院や自身の檀家宅に滞在させた。この段階までは、清次郎の存在が久保田界隈で大きな問題にはなっていなかった。ところが、本山への上納金を集める名目で御本山御茶所講が設立され、門徒から懇志を集め、俊令やその地中が他寺院の門徒を引き入れて講を開催するようになったことで、仲間寺院内に摩擦が生じ始めたと考えられる。そして、好堅が清次郎の教義理解を否定したことを契機に、仲間寺院は清次郎と俊令・教令の排斥に動いたのであろう。

第二節　清次郎一件の処理

一　本山側の対処

久保田の寺院からの書簡を受け取った深励は、文化二年（一八〇五）八月、専念寺宛、八ヵ寺宛、西法寺俊令・同寺後住教令宛の返書下書を作成し、それを集会所役人に渡した(28)。集会所とは、本山の各役所と、御坊や末寺、門徒とをつなぐ窓口である(29)。同所役人は深励に対し、下書の内容を肯定的に評価した上で、宗政機構中の最上級機関であった上檀間の役人に見せたと返答している。上檀間の意見は、このままでは久保田へ使僧を派遣しなければならなくなるところであったが、深励の返書を送れば穏便に解決するだろう、というものであり、深励の対応を支持している(30)。俊令・教令は関係者の召喚か学寮講者の派遣を要請していたのだが、上檀間は講者の派遣等には消極的であった。深励の対応方針は、事を荒立てないものとして本山上層部から全面的に支持されたのである。

深励はどのような返書を作成したのだろうか。結論を先に述べると、まず専念寺宛には、問題が悪化して「御本山御沙汰」になれば仲間寺院も召喚されることになり、負担も大きくなると記している。よって、俊令・教令の面子が立つように工夫し、両者との和睦を指示している。俊令・教令宛には、清次郎の素性および同人の教義理解や活動の問題点を指摘した上で、清次郎に加担したことを批判し、仲間寺院に詫びを入れて和睦するよう指示している。また、清次郎の教義理解の問題点を、俊令・教令から八ヵ寺へ伝えるように促している。なお、俊令が問題視した好堅の教説の是非については取り上げないとした。八ヵ寺宛には、清次郎の素性について俊令・教令宛と同様の内容を書き、同人の教義理解の概要を記している。その上で、俊令・教令に清次郎の教義理解の問題点を伝えたことを述べ、彼らとの和睦を要求する。すなわち、深励は、清次郎の素性や教義理解等の問題点を明示し、仲間寺院内の融和を促したのである。では、深励は清次郎の何を問題視したのだろうか。深励の返書を具体的に検討していこう。

二　深励の対応

(一) 清次郎の正体

深励の返書下書によれば、清次郎は越後国片貝村出身であると久保田で言っていた。だが、これは虚偽の情報だと深励は断定する。

深励は、全国各地の門下生からなる垂天結社という社中を形成していた(31)。その社中に所属し、文化二年の学寮の講義に出席していた越後国片貝村浄照寺観嶺[32]から、深励は清次郎の情報を得ている[33]。観嶺によれば、清次郎は享和三年（一八〇三）六月下旬、江戸芝神明前亀屋清兵衛二男と称し、越後国片貝村の庄屋幸右衛門方（西派門徒）に逗留した。逗留中、清次郎は門徒たちと法義について語らい、諸人の帰服を得た。だがその内容に問題があったため、七月下旬に同国中嶋村万行寺で下越後の寮司・義忠と対面する。この時、観嶺も義忠の傍にいた。義忠が清次郎に教誡を加えたところ、同人は「改悔懺悔」した。その後も清次郎は片貝界隈を徘徊していたが、実は「真之改悔ニ而も無之」、文化元年二月下旬に新潟へ移動し、それから出羽国方面へ向かったという。こうした情報を踏まえ、深励は、俊令・教令に対し、生国も判然としない清次郎のような胡乱な人物を抱えおき、法話をさせたことを非難している。

以上から、深励は社中を活用して寺檀関係等の枠組みでは把握できない〈俗人〉の情報を入手し、一件に対処していたことが分かる。

（二）清次郎の問題性

次に深励は、同人の行為について、①活動面と、②教義面の二つから問題点を指摘している。以下、順番にその内容を確認する。

①活動面

清次郎は、数年間京都に滞在し深励に付き従っていた結果、法義の理解が深まったので法話を行うようになったと久保田で述べていたという[34]。この点について深励は、「上京いたし候ハ、講師之唱導致聴聞候事」はありうるとしつつも、清次郎のことは「此方など一向存不申」、ゆえに「随従いたし候など申出」は、「全く之そらことニ御座候」と記している。

また、たとえ僧侶であっても、特定の寺院に所属しない旅僧の教化は「御寺国法之御制禁」（後述）であると述べる。その上で、「俗之身分」で「仏法之棟梁」[35]をすることがないのは当然であると述べ、清次郎の活動を不当なものと見なす。加えて、学寮で数年間学んだ僧侶でも講師から教化活動の許可を与えることはなく、まして「俗体之者」が門徒を教導することを許可したことはないとする。

②教義面

深励は、八ヵ寺宛返書下書の中で、好堅から清次郎の「直筆之写し等二冊」を受け取り、内容を確認したと述べている。深励によれば、その内容は以前越後国で説いたものと一致し、「詮する処ハ行者之能帰を悉くはらひ候法体つのり之異安心」に「封執《ふしゅう》」[36]していることという。「法体つのり」とは無帰命安心ともいう。これは、阿弥陀如来の力によって衆生の極楽への往生はすでに定まっているのだから、何もしなくても救われると主張し、如来を信じ自身の救済を任せる行為（たのむ）を軽視する教説で、近世真宗で異安心とされた[37]。俊令・教令宛返書下書では、本山への報告の契機となった「善機」についてなど、清次郎が説いた内容への批判が展開される。

【史料二】

①善機と申事、此名目ハ随分有之候へ共其名目之様□（虫損）間違御ざ候、清次郎ハ外之同行自分之領解如此と申述候もの有之候時ハそれを悉く善機と名を付候由、左様之儀者いつれ之聖教ニ其拠御座候哉、②又機法二種之深信を専相勧候者可有之候へ共、我身ハ地獄一定、我力かなハすと見かきるハ

> 南無の二字の意、本願力ニて御たすけと一定するは阿弥陀仏之四字の意と加様ニ機法二信心を六字の二字四字へわけ候事ハいつれの聖教ニ其拠御さ候哉、其外③たのむ一念ハ格好迄、其日〳〵か一念なりと申様成ル事、是等之儀ハ御会通之出来候事ニ而者有之間敷、又会通被成候而何之程有之候哉未審存候[38]

傍線部①は、「善機」に関する指摘である。清次郎は、他の門徒が自身の教義理解を語った際、それを悉く「善機」であると名づけたという。深励は、このような説き方は聖教にはないと否定する。傍線部③は文意が掴みにくいが、「たのむ一念ハ格好迄」というのは、たのむという行為を軽視する語りを示していると考えられる。よって、先に触れた無帰命安心に通底する教説であると思われる。

傍線部②は、二《に》種深信《しゆじんしん》についての指摘である。二種とは、機（救われる衆生）と法（衆生を救う如来の願力）を指す[39]。真宗教義の根幹は他力信心であるが、その他力信心のあり方（深信）は、自身の能力では往生が果たせないことを知り（機の深信）、また阿弥陀仏の願力に任せることでしか往生ができないことを知ること（法の深信）である。すなわち二種深信について語ることは、真宗の信心とは何かを説明することなのである。

その二種深信について清次郎は、名号（南無阿弥陀仏）の字義に結びつけて説いていた。名号をめぐっては、唐の浄土教の大成者である善導や、親鸞による解釈が真宗教団で重要視される[40]。善導は「南無」の二字と「阿弥陀仏」の四字に分け、名号の字義を説明する[41]。また、親鸞は善導の説を継承しつつも、二字と四字に分けることなく名号の字義を説明する。しかし、いずれも名号が持つ力を説明するものであって、二種深信とは別個のものである。よって、深励は、清次郎の説は「機法二信心」を「六字の二字四字へわけ」るもの、換言すれば二種深信と名号の解釈を織り交ぜて解釈したものであると評し、これも聖教にはない説き方だと批判したのである。

このように清次郎は、無帰命安心的な教学解釈や、聖教にはない教説理解を語っていた。さらに、彼は数年在京して深励に付き従い、法義に熟練したと述べた上で、かかる教えを説いた。深励にとっては、自らの名の下に誤った教説を流布させられることになる。それは、学寮の最高責任者たる深励にとって許せない行為であり、学寮の権威にも関わることであった。であるからこそ、深励は清次郎の活動を全否定し、斥ける必要があったのである。

以上より、深励は、清次郎が教化者の立場にないこと、教説自体に誤りがあることを久保田の寺院に示した上で、仲間寺院の和睦を促した。その際注目したいのが、深励が俊令・教令の教説理解を問題にしていない点と、教令と好堅が共に深励門下である点である。清次郎の教説を聞いた上で法話をさせた以上、西法寺側の教義理解が問題となってもおかしくはない。この点について深励は、八ヵ寺宛返書には教令が「近年為修学偏参ニ而講座へも累年懸席」しているので「御自分之心得違ハ有之間敷」と述べる。また俊令・教令宛返書にも、教令は学寮で修学しているので「御本山御教化通段々御心得」ているから教令が教導するべきだ、と指摘する。すなわち、教令の教学理解の正しさは、所与の前提となっているのである。

一件では深励門下である教令と好堅も対立する状況になった。もし西法寺側の要求通り正式に本山の取調べを行う場合、時の講師の門下同士が安心をめぐって論争することとなり、学寮の権威が揺らぐ危険性があった。教化者としての正当性を持たず、すでに久保田を去っていた清次郎は、教団にとって排除するのに問題のない存在であった。よって、本山上層部や深励は、清次郎に責任を帰し、深励門下の教学理解の「正しさ」を前提とした上で、仲間寺院内の融和を図ることにより一件の解決を目指したのである。

三　清次郎一件の行方

深励の返書以降、最終的な顚末は不明であるが、本山上層部や深励の思惑とは異なり、一件は容易には解決しなかった。俊令・教令は、文化二年一二月二七日付で作成した「口上覚」と「尊師御書状ニ付御歎キ乍恐奉願上候覚」を深励に出している。以下、これらの史料から、一件の行方を確認したい。

俊令・教令は、深励から「清次郎封執イタシ候処ハ異安心」との指摘を受けて「恐レ入リ」、自身の檀家や近隣の村々の門徒が清次郎の教説に「封執」しているか確認した(42)。また、八ヵ寺の檀家のうち「善機方ト相ヒ分リ候者」には、九月七日の御寄講の席で「封執」する者の有無を吟味したという。結果、「封執」の者はいなかったと報告している。なお、清次郎に法話をさせたことに関しては、教令の教化活動に清次郎を同行させただけだと否定している(43)。

さて、九月五日、専念寺から俊令と教令へ、仲間寺院の寄合に出向くよう連絡があった。教令は所用があったため、俊令のみが専念寺へ向かった。到着すると専念寺から、深励の書簡が到来したこと、その中に清次郎の出自が書かれていたこと、好堅に渡した清次郎の著作を見た深励から、清次郎の勧めは「法体募ノ異安心」であると評されたことを告げられた。また、深励が「西法寺親子ノ者心得ノタメ一、二条申シツカハシ」たので、内容を聞くよう指示があったと述べ、その内容を話すよう俊令に求めた。俊令はまだ深励の返書を読み終えていないと断った上で、深励に渡った清次郎の著作が写しか否か、仲間寺院がどの著作を入手したのか尋ねた。専念寺は、渡した書き物は写しであること、種類は三つほど入手したと答えている。俊令は、丁度久保田へ寮司の東暉が下向しているので、清次郎の著作を互いに読んで議論したいと持ちかけた。

しかし翌六日になると事態は悪化する。東暉の法話の後、真敬寺は参集した門徒の前で、深励の返書のうち、清次郎は「法体つのり之異安心」であると書いた箇所のみを読み上げた。結果、門徒たちは口々に俊令・教令を非難した。その後、九月一四日、俊令は西勝寺の元を訪れ、今後のことを相談した。その際、深励の返書が話題となった。俊令は、好堅の件が捨て置かれたのは、好堅が「三男ニ生レ立身モカ、ヘ罷有候事ト思召メサレ」たためであろうと述べた。また、八ヵ寺宛返書には清次郎が法体募りだと指摘する一方、自身へ「封執」と書いたのは、深励が「御八ヶ寺へハ利ヲ持セ、拙寺へモ少シハ利ヲ持セ」ようとしたからだと評する。そして、互いに和睦するよう促している点は受け入れ、深励の指摘を契機とし、教学研究のために清次郎が書いた著作の検討を改めて提案した。

そして、一二月八日の「仲間無尽寄合」の席で、俊令が持参した清次郎の著作について議論することになった。しかし、専念寺がその著作の筆跡を見て、清次郎の直筆ではないと主張し始め、俊令は激高する。専念寺は、深励から送付された同寺宛書簡の中で、西法寺から清次郎の教説の問題点を聞くよう指示があったことに触れ、深励へ返書を送るため、深励が教示した清次郎の問題点を話すよう促した。しかし、俊令は一切その内容を話さなかった。俊令と教令は以上の経緯を述べた上で、深励へ、仲間寺院数ヵ寺も一緒に本山へ召喚するか、講者を久保田へ派遣するよう願い出ている(44)。

以上の俊令の主張から、本山上層部や深励の意向とは異なり、仲間寺院は和睦するどころか対立を深めていたことが分かる。なお、この西法寺側の書簡に対する深励や本山の反応は不明である。ただ、以後も講者の派遣等は確認できない。文化三年に西勝寺等は深励門下となっており、これを機に収束の方向へ向かったと思われる(45)。

以上、清次郎一件の展開を検討してきた。一件を通じて見えてくるのは、〈俗人〉が学寮講師の権威を借りて門徒を教導していたこと、そして、俊令・教令のように、地方寺院のなかに〈俗人〉へ教化活動の一端を担わせていた僧侶が存在したことである。ここで問題となるのが、清次郎による教導の内実であろう。すなわち、清次郎の活動が、門徒に対して僧侶のように法話を行うものだったのか、それとも、門徒同士が互いに自身の信心のあり方について議論しあう、いわゆる「示談(46)」と呼ばれる活動であったのかどうかである。この「示談」自体は、本山も推奨する信仰活動であった(47)。

俊令・教令の主張を注意深く見ると、教令の法話の席に清次郎を随行させたり、門徒宅で門徒と安心に関する討論を行わせたりしていたことが述べられ、法話を行ったとは書かれていない。また、先に触れたように、俊令は秋田藩の問い合わせに対し、内講の席に招いて門徒たちと法義について語り合っていたと説明している。しかし、好堅や仲間寺院は、清次郎が門徒を「教導」していたと見なしており、清次郎も自説を書き物にまとめていた。したがって、俊令・教令の主張は、対本山・領主向けに〈俗人〉の教化活動を「示談」の枠内で説明しようとした弥縫策である可能性が高い。清次郎の活動は、「異安心ノ者」を「正意」にさせ、「不法義ナル処」の門徒の信仰心も高揚させるという、実際には僧侶による教化活動に匹敵する内実を備えたものであったと推察される(48)。

第三節　民衆の教化活動と社会的背景

一　一八世紀末以降における民衆の教化活動

清次郎の活動は、地方寺院の一部と結託して教導を行うことで門徒の帰依を集めるものであった。その活動は深励から正当性を否定され、また教説面に関しても異安心の判定がなされている。とはいえ、清次郎の教説は教義解釈上の問題に留まる性質のものであって、教団権威そのものを否定しさるような性格は有していなかった。むしろ、京都で深励に付き従って教学知識を身につけたと語るなど、学寮講師の権威を自らの権威づけに利用している。

従来、民衆が導師となる宗教活動を取り上げた研究では、教団権威を否定する教説の存在に関心が向けられてきた(49)。しかし、清次郎の事例は、学寮講師という本山に由来する権威が、民衆を導師とする宗教活動に利用され、それが受け入れられていたことを示しており、民衆を導師とする宗教活動の多様性が窺い知られる。

では、清次郎のように、学寮講師などの権威に依拠しながら展開された〈俗人〉の活動は他にもあったのだろうか。この点を考えるため、深励の講録の末尾にある次の記述を見たい(50)。

【史料二】

アル僧来リテコノ聞書ヲウツスヲ見テ問テ申スニハ、ソレハナニヲ写サル、ゾヤト、予答テ云ク、コレハ聞（抹消）御講師ノ御法談ノ聞書ニテ候、マタ問テ云ク、ソレハナニ、セラル、、答、イヤコレハ在家ノ人ノタノミテ写シツカワスナリ、僧シカシテ云ク、ソレハヨロシカラズ、近年ハ坊主ハカヘツテ在家ヨリハオトリテ、在家ノモノハサマ〳〵ノリクツヲオボヘテ坊主ヲ云ヒコメテコマラスルヤウニナルノハミナコノヤウナモノヲカイテミセルユヘナリ、カナラズ左様ナコトハ無用ニセラレヨ、予答テ云ク、坊主ハ学問スヘキハヅノモノナルヲ、懈怠ニクラスニヨツテ俗人ニサヘ云ヒコメラレルナリ、ソレユヘニ随分大切ニ学問ヲセラレヨ、マタイハク、ソレハ御尤ナコトナレドモ、近年ハ俗人モ後生ノ一大事ト云コトハウチワスレテ、タヾ信心安心ノリクツバカリオボヘテ坊主ヲワルク云フ、時節□□（虫損）ノコトニ越前アタリニハ子細ラシイモノガアリテ、御講師ノ法談ヲオホヘテ安心書ナドヲコシラヘ、或ハ坊主ノゴトク御相続ヲシテマワリテ、数百人ノ参リヲ取リテ、名人ノ談僧ヨリモ繁昌スルコトナリ、カ、ル時節ナレハコノヤウナモノヲ書テ見セルコトハ必ス〳〵無用ニセラレヨト申（抹消）[51]

この写本の作成者は、越前国伊井村応連寺瓊林（深励門下）[52]である。写本の作成年代は不明だが、瓊林は深励存命中に亡くなったため[53]、文化一四年（一八一七）以前の成立と思われる。史料二の内容は次の通りである。瓊林が門徒の依頼を受けて講録の写本を作成していたところ、とある僧侶からそれを見咎められた。その僧侶によれば、近年は在家が理屈を覚えて僧侶をやりこめるが、そうしたことが起こるのは講師の法談の聞書を在家に渡すからであるという。瓊林はそれに対し、「俗人」にやり込められるのは僧侶の懈怠であると批判する。僧侶は瓊林の意見に同意しつつも、近年は「俗人」も信心の理屈ばかりを覚えて僧侶を批判すると指摘する。また、近年では越前国界隈で講師の法談を覚えて「安心書」を拵えたり、僧侶のように教化して数百人の参詣を得、名人の談僧よりも繁昌させる「俗人」がいるという。その上で、そのような時期であるから、「俗人」に講録を筆写して渡すことはやめよ、と瓊林に言っている。

ここからは、学寮講師の法談をベースに教化活動を行う〈俗人〉の姿と、そうした活動が好評を得ていたことが垣間見える。清次郎の活動以外にも、既存の仏教教団の権威を利用するような活動がほぼ同時期に存在したのである。一方、末寺僧侶には、清次郎一件における西法寺のように、〈俗人〉の活動に加担する僧侶もいれば、史料二の「アル僧」のように、〈俗人〉の活動を警戒する僧侶もいた。後者は、〈俗人〉による教学知識の向上と、それに相反して信仰の質が低下していることを問題視し、また、一部の僧侶による向学心の減退等に伴って僧侶の権威が失墜しているという現実認識を有していた。〈俗人〉による活動は、人々の信仰をめぐる様々な思惑が交錯するかたちで展開していたのである。

二　教化を支える構造

では、〈俗人〉が教化できたのは何故だろうか。この点を考える上で、小林准士による旅僧の活動の分析は示唆的である(54)。小林は、宝暦年間（一七五一〜一七六四）に中国地方で発生した西派の旅僧円空の異安心を分析するなかで、旅僧が活動できる社会的基盤として、法談を行える寺院以外の場の存在を挙げている。石見や安芸では、寺檀関係とは別個の地縁的な講中組織が存在し、その運営の主導権は在家にあった。旅僧はこうした場で教化を行い、在家に止宿しながら各地を回っていたという。

東派でも、在家で檀那寺以外の僧侶が教化していたことを示す事例を確認できる。例えば尾張国では、文化一三年（一八一六）に名古屋御坊から触下寺院に対し、「在家之面々」が「手次寺江も不申達他寺之僧を招」いて法談させているが、その禁止を門徒へ徹底するように、との触が出されている。(55) また、後年の事例だが、天保八年（一八三七）七月、本山が、寺内町の自派門徒が他宗派の僧侶を自宅へ招待し、近所の者を集めて法話を受けていることを問題視した事例もある。(56) 門徒は、手次寺（檀那寺と同意）の目が届かないところで、他寺院の僧侶を招き寄せ、教化を受けていたのである。

清次郎の場合、すでに述べたように、越後国で門徒宅に逗留し、その地の門徒を教化して帰服を得ている。清次郎は旅僧のように在家へ泊り、教化をして各地を巡っていたのである。このことは、旅僧を受け入れる構造が、〈俗人〉の教化を下支えするものでもあったことを示している。とりわけ、清次郎の事例で特徴的なのが、既述のように久保田の寺院の一部も清次郎の活動を受け入れていたことである。この点についても、旅僧の事例が参考になる。

東派で条文を確認できる旅僧法談の禁止の最古例は、前章にて検討した享保七年「制条」である。(57) 東派では、組合外の僧侶による教化の禁止が原則となっていた。旅僧による教化は「御寺国法之御制禁」であるという先の深励の言葉は、恐らくこの享保七年「制条」を念頭に置いたものであろう。

しかし末寺では、組合外はおろか他国僧を招いて法話を行わせており、前章で見たように、本山や触頭は度々これを戒めていた。ちなみに西派でも、享保七年の法度書で他国に赴いての教化が禁止され、(58) 文化三年にも他国僧の活動が問題視されている。(59)

なお、近世期には、真宗の教えを独特の節回しで平易に説いた説教者が、各地の寺院に招かれ、人気を博していたことが紹介されている。(60) 旅僧法談の禁止が近世を通じて繰り返し出されたことも併せて考えれば、僧侶の教化に対する本山の取り締まりは、円滑に機能していなかった。すなわち、教化を担う寺院の側にも旅僧の活動を支える余地があり、それがまた、清次郎のような〈俗人〉の活動を受け入れる基盤にもなり得たのであった。

おわりに

本章では、清次郎一件を通じて、地方寺院の一部と〈俗人〉による教化が問題化し、学寮講師によって処理される過程を分析した。その上で、清次郎のような〈俗人〉の活動が、旅僧の活動を支える社会的基盤の上で展開したことを指摘した。最後に、〈俗人〉の教化活動に関する仏教教団の対応の特徴についてまとめたい。

小林准士は、政教関係から見た日本近世の仏教界の秩序を整理するなかで、僧俗の身分的分離の原則を掲げている。(61) これは、僧侶の宗教的活動への専念と、俗人による布教等の活動の禁止を規範的秩序とした原則である。以上から見れば、〈俗人〉が教化者となることは、かかる規範的秩序からの逸脱となる。

ちなみに、仏教教団は、管見の限り、基本的に〈俗人〉に対して、教化活動の禁止を促す触は流さない[62]。本山は、原則として僧侶身分の編成や統制を担うため、統制の管轄外である〈俗人〉の教化活動を能動的に取り締まることは難しかったと思われる。

では、先の規範的秩序に僧俗が違反した場合、本山側は具体的にどう対処したのか。その対処の一事例として位置づけられるのが、本章で見てきた清次郎一件である。僧侶こそが教化者であるとする規範を地方寺院へ示し、清次郎の教説を異安心として斥けた深励の対応は、本山に属する教学統制権[63]に基づくものであった。すなわち、統制の管轄外である〈俗人〉自体を直接統制できない本山側は、僧侶に対し、行動面と教説面の両面における〈俗人〉の教化の不当性を提示することにより、問題の収束を図ろうとしたのである。

ただし、行動面への指摘については、西法寺側は法義談合を持ち出して自身の行為の正当化を試みており、その効力には疑問が残る。これは、僧俗共同で運営された講のあり方や、法義談合といった宗教活動の実態と、僧俗の身分的分離という秩序との乖離によるもの[64]であると思われる。かかる事態に対しても効力を発揮したのが、本山の教学統制権に根ざした教説判定であった。とはいえ、教説判定の効力が発揮されるのは、あくまでも〈俗人〉の教説に異端性が指摘できる場合に限られる。本山の教説の範囲内にある教えを説くような〈俗人〉の活動は、基本的には教団内で黙認されていたとみることもできよう。〈俗人〉による教化は、こうした本山側の対応の特質や、地方寺院の思惑、宗教的慣行などが絡み合うかたちで展開したのである。

注

(1) 安丸良夫『神々の明治維新』(岩波書店、一九七九年)。

(2) 安丸良夫「民俗の変容と葛藤」(同『文明化の経験』岩波書店、二〇〇七年。初出は「「近代化」の思想と民俗」という題で、網野善彦他編『日本民俗文化大系一』小学館、一九八六年所収)九六頁。

(3) 大橋幸泰『潜伏キリシタン』(講談社、二〇一四年)、同『近世潜伏宗教論』(校倉書房、二〇一七年)。

(4) 「延享三年百姓縮方申渡請書之事」(小田吉之丈編『加賀藩農政史考』刀江書院、一九二九年)一七九〜一八一頁。

(5) 高橋梵仙『かくし念仏考』第一(日本学術振興会、一九五六年)一〇六頁。

(6) 名古屋市鶴舞中央図書館所蔵「聖徳寺蔵触状留」四(市一四-八六)。

(7) 小栗純子『妙好人とかくれ念仏』(講談社、一九七五年)、長忠生『内信心念仏考』(海鳥社、一九九九年)等。なお、門屋光昭『隠し念仏』(東京堂出版、一九八九年)は、教団側の動向にも触れる。

(8) 澤博勝「日本における宗教的対立と共存」(同『近世宗教社会論』吉川弘文館、二〇〇八年、初出二〇〇五年を一部加除)、上野大輔「長州大日比宗論の展開」(『日本史研究』五六二、二〇〇九年)、同「近世仏教教団の領域的編成と対幕藩交渉」(『日本史研究』六四二、二〇一六年)、小林准士「三業惑乱と京都本屋仲間」(『書物・出版と社会変容』九、二〇一〇年)、同「神道講釈師の旅と神仏論争の展開」(『社会文化論集』七、二〇一一年)等。

(9) 大橋幸泰「近世秩序における「邪」のゆらぎ」(島薗進他編『シリーズ日本人と宗教六　他者と境界』春秋社、二〇一五年)。

(10) 大谷大学図書館所蔵マイクロフィルム(宗巻一四-六四-一二)。

(11) 佐々木求巳『近代之儒僧公巌師の生涯と教学』(立命館出版部、一九三六年)。公巌事件については、本書第一部第一章を参照。

(12) 大谷大学図書館所蔵(宗大一五九二)。内容は全て清次郎一件関係史料である。奥書によれば、本史料は永臨寺所蔵の原本を大正六年四月に大谷大学図書館が謄写したものである。公巌が来訪した際の久保田寺院の対応等が記されているため、それを元に謄写の段階で表題が付された可能性がある。
(13) 大谷大学図書館所蔵マイクロフィルム（宗巻一四-六四-三）。
(14) 同館所蔵マイクロフィルム（宗巻一四-六四-二）。
(15) 同館所蔵マイクロフィルム（宗巻一四-六四-五）。
(16) 秋田市編『秋田市史』第三巻（秋田市、二〇〇三年）七四〜七五頁。
(17)「御内蜜奉申上候口上覚」によれば、光徳寺と西勝寺が触頭に設定された際、秋田藩領内の東派真宗寺院の対立が生じたという。また、秋田藩の公的記録である『国典類抄』では、領内東派寺院が触頭の設定に信服せず愁訴に及んだため、明和三年（一七六六）本山が光徳寺へ触頭の辞任を要求し、最終的に辞したとある（秋田県立秋田図書館編『国典類抄』第一九巻雑部二、秋田県教育委員会、一九八四年、三五九〜三六〇頁）。
(18)「公厳事件上申書」。
(19)「御内蜜奉申上候口上覚」。
(20) 二十四輩とは、親鸞の門弟を開基等とする寺院を指す。これらの寺院の巡拝は、元禄・宝永頃から盛行になり、享保期頃から普及化したとされる（柏原祐泉「近世真宗遺跡巡拝の性格」同『真宗史仏教史の研究Ⅱ　近世篇』平楽寺書店、一九九六年）。
(21)「御内蜜奉申上候口上覚」。以下の記述や引用は同史料に拠る。
(22) 実際、仲間寺院のうち、西勝寺・専念寺・真敬寺は公厳とともに本山へ召喚の上処分され、西法寺は召喚や処分は受けていない（本書第一部第一章）。
(23) 大谷大学図書館所蔵「垂天結社簿」（宗大二八一二）。これは、深励が結成した社中の名簿で、一二〇〇余の僧侶の名前と所属寺院名が記されている（澤博勝「近世民衆の仏教知と信心」澤博勝・高埜利彦編『近世の宗教と社会』三、吉川弘文館、二〇〇八年）。
(24)「口上之覚」。以下はとくに断りのない限り同史料に拠る。
(25) 俊令によれば、願行寺・専念寺・西善寺・真敬寺・本誓寺は清次郎の教説理解の正しさを認め、なかには清次郎に檀家を会わせて話を聞かせた寺もあったという（「口上之覚」・「御内蜜奉申上候口上覚」）。

(26) 「口上之覚」・「御内蜜奉申上候口上覚」。
(27) 注(13)〜(15)。
(28) 大谷大学図書館所蔵「講師寮日記」巻六、文化二年八月二四日条(宗甲七五-九-五)。
(29) 谷端昭夫「近世における東本願寺の宗務機構について」(『真宗研究』二一、一九七六年)。
(30) 「講師寮日記」。
(31) 注(23)澤論文。
(32) 「垂天結社簿」。
(33) 注(13)俊令・教令宛、注(15)八ヵ寺宛の返書下書に同様の内容が記載。以下、清次郎の素性に関する記述や史料引用は、注(13)に拠る。
(34) 注(13)俊令・教令宛返書下書。以下の引用は同史料に拠る。
(35) ここでは、仏法を護持し、ひろめるにあたって大切な人物、仏法の護持者の意(『日本国語大辞典　第二版』第九巻、小学館、二〇〇一年)。
(36) 封執とは、かたくなにとらわれること、の意(大橋俊雄校注『日本思想大系一〇　法然・一遍』岩波書店、一九七一年、一四一頁)。
(37) 大桑斉「近世真宗異義の歴史的性格」(橋本博士退官記念仏教研究論集刊行会編『仏教研究論集』清文堂出版、一九七五年)。
(38) 注(13)俊令・教令宛返書下書。
(39) 勧学寮編『新編安心論題綱要』(本願寺出版社、一九八二年)。
(40) 同右。
(41) 同右。
(42) 「口上覚」。以下はとくに断りのない限り同史料に拠る。
(43) 「尊師御書状ニ付御歎キ乍恐奉願上候覚」。
(44) 同右。

(45) 注(11)佐々木書一三八頁。佐々木は、文化二年八月の公厳帰国等により、解決に向かったと推定している(一〇八頁)。
(46) 蒲池勢至「勝興寺の御示談」(蒲池勢至・川村赳夫『真宗民俗の再発見』法藏館、二〇〇一年)。
(47) 松金直美「近世真宗における〈教え〉伝達のメディア」(『大谷大学大学院研究紀要』二三、二〇〇六年)によれば、文政六年(一八二三)の東本願寺焼失後、翌年に本山が再建のため上京した門徒に発布された「東本願寺焼失に付七箇条」には、僧俗ともに法義の「談合」をすべき旨等が記載されている。
(48)「御内蜜奉申上候口上覚」。
(49) 注(7)小栗書・門屋書等。
(50) 寛政一一年(一七九九)未正月二九日、越前国下石田村弥七郎宅で開催されたものである(龍谷大学大宮図書館所蔵「法話二座　越前石田・越高小屋」(一〇五-一/一〇六-W/一))。
(51) 同右。
(52)「垂天結社簿」。
(53) 龍谷大学大宮図書館所蔵「瓊林公百ケ日幷御順在御講師法談」(一〇五-一/一〇六-W/五)。
(54) 小林准士「旅僧と異端信仰」(『社会文化論集』三、二〇〇六年)。
(55)「聖徳寺蔵触状留」四(市一四-八六)。
(56) 宗学院編修部編『東本願寺史料』二(名著出版、一九七三年)八五頁。
(57) 朴澤直秀「在地寺院と寺元慣行」(同『近世仏教の制度と情報』吉川弘文館、二〇一五年)。
(58) 慶應義塾大学三田メディアセンター所蔵「諸宗本寺ヨリ差出候法度書」(二一五-五〇〇-一)。
(59)「寺法品節」(千葉乗隆編『真宗史料集成』九、同朋舎、一九七六年)。
(60) 関山和夫『説教の歴史的研究』(法藏館、一九七三年)、奈倉哲三『幕末民衆文化異聞』(吉川弘文館、一九九九年)。
(61) 小林准士「宗旨をめぐる政教関係と僧俗の身分的分離原則」(『日本史研究』六四二、二〇一六年)。
(62) ただし、西派「御本山御代々制条」に収録の、宝暦一一年(一七六一)八月付で本山が達した「六ケ条御式目」のなかには、「在俗之身分」が「知識之振舞」をして「在々所々」に「経廻」し、門徒の「信心の厚簿」を論じて「往生の成否を定」る者は「邪見之骨張」なので、手次寺の僧侶から注意するよう促す項目が確認できる（注（59）『真宗史料集成』六四頁）。宝暦五年には、京都で秘事法門が発覚しており（注（7）小栗書）、宝暦一〇年には門徒が教化者となることを推奨するなどした長門円空の教説が邪義と断ぜられた（注（54）小林論文）。この項目は、かかる状況を踏まえて盛り込まれたと思われる。また、この触からは、本山が〈俗人〉による教化活動を、手次寺を介して規制しようとしていたことが窺える。

（63）　教学統制権をめぐる議論は、注（8）に挙げた先行研究および本書序章を参照。

（64）　注（61）小林論文。

第三部　文字化された教え

第六章　近世の講録流通

はじめに

近世の民衆を対象とし、仏教の教化を目的とした書籍を「勧化本《かんげぼん》」と定義して、その全体像の解明を進めた後小路薫は、寺院の蔵書に僧侶の語りの筆録を含む写本の仏書があることを指摘した(1)。実は、写本の仏書の所蔵は、寺院に限らず、門徒宅でも見受けられる(2)。

一七世紀初頭に誕生した商業出版の歴史的意義を見出し、書物の出版・流通・受容過程を分析した書物研究は、歴史研究に新たな分析方法を導入した(3)。その分析方法を導入した分野の一つに、近世宗教史研究がある。そこでは、本山・本所を頂点とする宗教者集団の編成を分析することで、近世国家論や身分論の問い直しを図ってきた(4)。だが、教説の特徴や近世人の信仰の内実といった、思想面に関する分析は後景に退いていた(5)。そうした課題を克服する一手段として、書物研究の成果を組み込んだ研究が現在展開している。具体的には、宗教者および宗教施設の蔵書の形成過程や構成の分析(6)、宗教書などの書物の流布に注目した研究(7)、読書行為自体の近世的特質の検討(8)、本山御用書林などの出版するものの動向に関する分析(9)などがある。これらの諸成果により、書物を通じて、近世宗教の諸側面

――宗教知の広がり、書林と教団との関係性など――が解明されつつある。

とはいえ、従来の研究では、全体的な傾向として板本の分析が主であった。しかし、出版物と写本が併存する近世社会の特質を踏まえるならば、(10)写本に関する分析も進める必要があろう。その点で、道場主(11)の蔵書を素材とした松金直美の諸成果は、写本の機能を考察した画期的なものであった。氏は、道場主の蔵書に、本山学僧の法話や講義の筆録（講録）、談義本(12)が多くあることに注目した。そして、本山発信の教えが文字化され、地域寺院・道場・門徒へと伝達されたこと、道場主が伝達の媒介を担ったこと、道場主の真宗の思惟が、談義本的世界と正統教学的世界の両者を享受した上で形成されていたことを指摘した。

以上を踏まえた上で、講録については、内容面も含めたさらなる分析が必要である。講録は、基本的に僧侶の語りを筆記したものを指すが、その内容は、学寮等における講義や、民衆を対象とする法話、あるいは異安心の取調べ記録など、多岐にわたる。ゆえに、教えの文字化とその伝達を見ていく際には、講録にどのような語りが記載されているのかをまず押さえる必要がある。

かかる問題意識のもと、本章では講録を、（一）学寮等での講義録、（二）法談・法話の筆録、（三）異安心取調べ関係記録、（四）問答体講録(13)の四種に分類する。その上で、まず、（三）異安心取調べ関係記録の流布と受容のあり方を検討していきたい。続いて、（一）（二）の講録の流通についても分析を行う。なお、（四）問答体講録に関しては、次章で取り上げる。

第一節　異安心取調べ関係記録の伝播と受容
――公厳事件を例に――

一　取調べと記録の作成

　異安心の取調べは、基本的に聞調・御糺・教誡と数段階に分けて行われ、各段階で記録が作成された。松金は、本書でも取り上げげた公厳事件を分析した成果のなかで、同事件の取調べ記録の写本が各地に伝播していることを指摘している。そこから、公厳事件の影響力の大きさを指摘するとともに、「正統教学を模索する学び方」(14)が取調べ記録によって行われたのではないかと推定している。

　以上の指摘を踏まえ、本節では、(三)異安心取調べ関係記録がどのように流布し、どの記録が最も読まれていたのかを解明する。具体的には、公厳事件を事例に検討を進めていく。

　表(表6-1)は、公厳事件の取調べなどの際に作成された記録の一覧である。全部で九種類の記録が存在する。事件の推移についてはすでに論じたが、ここでは、実際の取調べ過程でどのような記録が作成されたのかを示すため、事件の流れを再度追っていきたい(本文中の丸番号は、表6-1の丸番号と対応)。

　享和二年(一八〇二)五月、公厳は学寮の夏安居に出席するために上洛し、その際、本山に学寮の講者と対話したいと出願した。この出願は容れられ、六月二九日から七月一二日の間、学寮の講師寮において、公厳は学寮講師深励・嗣講宣明と対話した(15)。対話の席では、本山側と公厳側の双方に筆記

表6-1　羽州公巌異安心事件関係記録種別一覧

種　別	備　考
①深励・宣明対公巌対話聞書	享和二年（一八〇二）六月二九日～七月一二日の間に実施された、深励・宣明と公巌の対話。
②公巌御糺	享和二年（一八〇二）一一月一日～一八日の間に実施された、公巌に対する御糺。
③公巌再御糺	享和二年（一八〇二）一二月二日・三日に実施された、公巌に対する再御糺。
④公巌請書	享和二年（一八〇二）一二月三日に公巌が本山へ提出した請書。
⑤公巌回心書	享和二年（一八〇二）一二月六日に公巌が本山へ提出した回心書。
⑥公巌他九名への教誡	享和二年（一八〇二）一二月七日～一七日に公巌他九名に対して実施された教誡演説。
⑦公巌他九名への本山申し渡し	教誡以後に本山が公巌他九名に対して下した申し渡し。
⑧門主達如教誡御書	享和三年（一八〇三）閏一月六日付で作成され、出羽国・越後国惣末寺中・惣門徒中へ下付された門主達如の教誡御書。
⑨本山寺法触	御糺・教誡で示された、公巌の教説の誤りを僧俗に示した寺法触。

者が立てられ、対話の内容が記録された（①）。この対話は盆前まで差し掛かったため、盆後に改めて取調べの席が設けられることになった。

同年八月二八日から一〇月中には、公巌の教説に心服していた出羽国・越後国の寺院のうち、七ヵ寺が本山へ召喚され、取調べを受けている。同時期、本山は、望雲寺などに公巌の法話の講録を二つ提出させている。これらの講録は、次に触れる御糺で活用された。

一一月一日から一八日には、本山において、公巌に対し全八席にわたる御糺（教説の誤りを糺す場）が行われた⑵。翌月の一二月二日と三日には、再御糺が実施されている⑶。再御糺では、御糺の内容に不審な点がないか確認がなされるとともに、御糺上のやりとりを元に本山側が作成した請書の草案を公巌へ確かめさせている。再御糺終了後、同三日中に公巌は請書を本山へ提出した⑷。また、同月六日には、公巌と、同人とともに本山に召喚されていた出羽国・越後国九ヵ寺が、本山へ回心書を提出した⑸。

回心書の提出を受け、一二月七日～一七日、深励と宣明は公巌他九名に対して教誡演説を行った。この教誡は、公巌御糺での議論について、全一五回にわたって解説するというものであった⑹。具体的には、七日は深励の演説のみ行われ、八日以降は宣明・深励の順で一席ずつ実施された。宣明の演説は、深励の内容の補足という位置づけであった（なお、御糺八席目に関する演説は深励のみ）。教誡が終了したのち、本山は公巌等に対して処分を下した⑺。

翌享和三年閏一月に入ると、同月六日付で、出羽国・越後国惣末寺中・惣門徒中に門主達如から教誡御書が下付された⑻。また、全国各地に、公巌の教説の誤りを列挙した本山寺法触が伝達された⑼。

以上、公巌事件の展開について、作成された記録と関連づけながら確認してきた。異安心の取調べでは、実に様々な記録が作成されていたことが分かる。それでは、こうした公巌の事件関係記録は、実際にどの程度流布していたのだろうか。また、どのような記録が多く流布していたのだろうか。

二　現存写本から見る記録の広がり

公巌事件関係記録の現存写本は、現時点で四七点が確認できる。[16] ここでは、奥書などの記述から伝播過程を想定できるものを紹介する（丸括弧内の番号は収録内容を示し、表6-1の「種別」に対応）。

俗人が所有していたものとして、弘前市立弘前図書館所蔵「酒田浄福寺公巌異安心ニ付御書幷御廻状写」[17]（⑥⑧⑨）がある。これは、善応寺願浄の蔵書を借用し筆写した本で、表紙には「津軽青森吉田屋」の印が押されている。寺院蔵書を俗人が筆写したか、寺院蔵書の写本を後に俗人が入手したものかと思われる。

僧侶間の伝播をめぐっては、以下の事例が確認できる。まず、大谷大学図書館所蔵「羽州公巌賚司八席御教誡」[18]（⑥⑨）は、文化七年一〇月一四日に近江国磯村喜光寺（現滋賀県米原市磯、仏光寺派）にて甚応という僧侶が筆写した本で、後に南濃の龍淵の蔵書となった。続いて、架蔵「羽州酒田浄福寺御教誡」（⑤⑥⑦）は、一つ目の奥書によれば、恵旭・慈照（所属寺院不明）が大野広覚寺（現愛知県愛西市大野町か、大谷派）から借用し、文化二年三月一五日に筆写した本である。奥書の二つ目によると、尾張国山路村随順寺（現愛知県愛西市山路町、大谷派）の蔵書となっていることが分かるが、本書を筆写した恵旭・慈照が随順寺の僧侶である可能性も考えられる。同じく、架蔵「羽州浄福寺公巌対話之説」（①）も僧侶間で伝播した本だが、詳細は後述する。

このほか特徴的な写本として、「羽州公巌御糺教戒之一冊」（⑥）がある。これは、「文政一一年（一八二八）二月に、名苗家七代目の新十郎が手次寺である臨永寺（現石川県羽咋郡宝達志水町）より借用して書写したもの」である。[19] 名苗家は、越中国射水郡葛葉村に所在し、同村の肝煎役を歴任したほか、近隣村の肝煎も兼任するなど、十村組内でも有力な肝煎家であった。[20] さらに、臨永寺（東派）の越中国門徒の総代・旦頭を務め、また葛葉村にあった道場を管理する道場主でもあったという。[21] このような写本の存在は、取調べ記録の受容層に道場主も含まれていることを示している。

次に、所蔵者の特徴と写本構成の傾向を分析する。表6-2は、四七点の写本を用いて、表6-1で示した種別がどのように組み合わさっているのかを類型化し、各旧蔵先にどの類型の本が所蔵されているのかを示したものである。まず、所蔵者の全体的な特徴として、寺院が多くを占めていることが指摘できる。また、大学寮（現大谷大学の前身にあたる）や、「龍谷学黌」（西派学林）が所蔵していた事例も見受けられる。俗人が所持していた本は七冊で、寺院蔵書であったものと比較すると、多くはない。

各記録の冊数は、それぞれ、①一〇冊、②一三冊、③八冊、④一〇冊、⑤七冊、⑥一八冊、⑦六冊、⑧三冊、⑨三冊、となっている（重複有）。⑥公巌他九名への教誡、②公巌御糺、①深励・宣明対公巌対話聞書と④公巌請書、の順で多いことが確認できる。

では、各記録はいかなるかたちで収録されているのだろうか。単体で構成されるものは、①深励・宣明対公巌対話聞書である。単体で構成されるものもあるが、他の記録と組み合わされるものとしては、②公巌御糺、④公巌請書、⑥公巌他九名への教誡、である。④は、基本的に他の内容（とくに②～⑦）と組み合わされる。他の記録と組み合わされ、単体では存在しないものとしては、③公巌再御糺、⑤公巌回心書、⑦公巌他九名への本山申し渡し、⑧門主達如教誡御書、⑨本山寺法触、である。

③④⑤⑧	④⑤⑦	⑤⑥⑦	⑤⑦その他	⑥	⑥⑨	⑥⑧⑨	⑧⑨	合計
0	0	0	0	2	0	1	1	7
0	1	1	1	7	1	0	0	22
0	0	0	0	2	0	0	0	7
1	0	0	0	1	0	0	0	3
0	0	0	0	0	0	0	0	2
0	0	0	0	1	0	0	0	3
1	1	1	1	13	1	1	1	44

とくに、③⑤⑦は②と、⑧⑨は⑥と一緒に収録される傾向を指摘できる。これらの記録は、内容的に他の記録と合わせて流布する性格を有していたといえよう。

続いて、各記録のうち、独特の特徴を有する⑥公巌他九名への教誡について取り上げる。既述の通り、教誡自体は、深励・宣明の順で実施された。したがって、両者を分離せず、実際の順番で演説を収録している書物が、取調べの実態に即した記録であるといえる。ところが、そのような構成の記録は、⑥が収録されている全一八点のうち五点のみとなっている。残りの一三点のうち、端本と思われる一点を除く一二点は話者ごとに収録されている。このなかで、深励・宣明両方の演説を収録しているものは二点のみ、宣明のみ収録しているものは二点、残り七点は深励の演説のみを収録している。以上からは、実際の取調べ通りの記録よりも、話者ごとに収録した形態の写本が広がっていたこと、とりわけ、深励の演説が多く流布する傾向があったことが分かる。

表6-2　内容類型・所蔵別一覧

分類／旧蔵先		①	②	④	②③④	②③④⑥	②～⑤⑦	②～⑦
俗人		1	1	0	0	0	1	0
寺院		5	2	1	1	0	1	1
その他	大学寮	2	1	0	2	0	0	0
	龍谷学黌	0	1	0	0	0	0	0
	その他	1	0	0	0	1	0	0
不明		1	1	0	0	0	0	0
合計		10	6	1	3	1	2	1

※拙稿「異端と写本流通」（『書物・出版と社会変容』17、2014年）の【表２】データを元に作成。なお、【表２】23・24・40番は本表では除外。
※所蔵先は、蔵書印・奥書の記載などから判断。
※大学寮は現大谷大学の前身で、明治15年（1882年）～29年（1896年）まで設置。

以上の分析から、公巖事件の関係記録は広く流布していたが、記録によって、その広がり方には偏差があることが分かった。具体的には、⑥公巖他九名への教誡、②公巖御糺、①深励・宣明対公巖対話聞書の順で流布していた。なお、数的には①と④は同数だが、先に述べた通り、④は原則的に②～⑦と合わさって流布しているため、ここでは除外する。⑥に関しては、深励の演説のみを収録した写本が多く広がっていたことが分かる。以上より、講者、とくに深励の教誡内容に対する関心が高かったといえるだろう。

三　伝播の実態

ここでは、記録がどのようなかたちで所蔵されていたのか、二つの事例を通して明らかにしたい。

（一）伊勢国三重郡吉澤村法林寺（西派）の例

まず、伊勢国三重郡吉澤村（現三重県三重郡菰野町吉沢）に所在した法林寺（西派）旧蔵の「書籍名簿記」[22]

（架蔵）を取り上げる。本史料の作成年代は明治一八年（一八八五）で、同年段階における法林寺の蔵書状況が反映されていると考えられる。

目録では、まず板本の書籍が列挙される。以降は「写録之部」（写本）、「経書歴史詩集」、「医書」、「字引」、「雑書」という順で蔵書が分類され、その多くは近世期の書物である。板本と写本の大半は、真宗関係の書物が占める。また、医書は、一八世紀後半以降に成立した書物が中心である。この医書の多さは、寺院蔵書としては特異ではないかと思われる。

「写録之部」には、多くの学僧の講義録等が含まれるが、そこには、「出羽国御教誡」・「肥后法幢御糺」という東派の異安心記録が存在する。「出羽国御教誡」は公巌事件の記録で、その内容は、書名から判断するに、恐らく⑥公巌他九名への教誡だと思われる。また、「肥后法幢御糺」とは、文化三年（一八〇六）から同四年にかけて発生した、肥後国合志郡陣内村光行寺の住職・法幢による異安心事件[23]の記録であろう。法林寺の教学的立場や、伊勢国における真宗寺院の有り様を踏まえる必要があるものの、ここでは、西派寺院にも東派の異安心取調べ関係記録が伝播していることを指摘したい。

（二）信濃国伊那郡清内路村清南寺（東派）の例

信濃国伊那郡清内路村（現長野県下伊那郡阿智村清内路）は、山間部に位置し、近世期には幕臣であるとともに尾張藩家中にも属した千村氏の預所一一ヵ村の一つであった。村落内部は、上清内路と下清内路という二つの独立的な集落で構成される[24]。同村の宗派構成は、上清内路は全戸が同所に所在する清南寺の門徒、下清内路は三分の二が飯田に所在する善勝寺の門徒で、残りは同じく飯田にある浄

土宗浄玄寺の信徒であった。(25)

上清内路にある清南寺（東派）は、寺伝によれば、享保一六年（一七三一）、同国飯田にある善勝寺（同）の掛所として上清内路の住民が建立したとされる。(26)文化三年（一八〇六）三月二〇日には、清南寺という呼寺号の使用許可を本山から得ている。(27)清南寺は宗判寺院ではなかったため、上清内路の門徒の宗判は善勝寺が担っていた。また、清南寺の住職は、善勝寺の僧侶が務めていた。

清南寺には、現在、全四一部五四冊の書物が伝来している。(28)それらの書物には、記名や蔵書印を確認できるものもある。記名や蔵書印は基本的に清内路（とくに上清内路集落の）住民のものであり、以上から、講録などの写本の仏書を村民が所持していたことが分かる。

さて、清南寺伝来の書物のうち、講録は全部で二五冊ある。このうち、（一）学寮等での講義録は七冊、（二）法談・法話の筆録は一三冊、（三）異安心取調べ関係記録は五冊ある。そこには、「羽州異安心御教誡」⑥も含まれる。これは、深励の教誡部分のみをまとめたものである。伝来過程などは不明だが、清内路村には、公巌事件関係の記録は⑥公巌他九名への教誡、正確には深励の演説のみを収録した写本が伝わっていた。

以上、本項では二つの事例から、公巌異安心取調べ関係記録がどのように伝来していたのかを見てきた。公巌の取調べ記録は、東派・西派の別なく入手されていた（先に取り上げた「羽州公巌寮司八席御教誡」の筆写元を含めれば、仏光寺派寺院にも伝播）。また、法林寺の例では、その他の異安心取調べ記録と一緒に受容されていたことが分かる。なお、他の異安心取調べ記録とともに入手されていた事例は、他寺院の蔵書目録でも見受けられる。(29)

四　受容の一側面

公厳の取調べ記録は、どのように受容されていたのだろうか。記録の入手目的や、活用の実態が分かるいくつかの史料を手がかりに、記録の受容の一端を見ていきたい。

（一）越後国刈羽郡井岡願浄寺（東派）の例

まず、願浄寺の旧蔵本「羽州酒田浄福寺公厳御糺畧鈔　附　公厳御請書廻心状公厳御教誡畧鈔」(30)（②③④⑤⑥⑦）を取り上げる。これは、同寺の渡辺法瑞の手になる写本である。ただし、「畧鈔」とある通り、御糺と教誡の部分は対話記録の読み上げ部分などを省略している。なお、同寺には①深励・宣明対公厳対話聞書もあり、対話内容を参照することは可能であった。

さて、本史料で注目したいのは、御糺部分のあと（六一丁ウ）に書かれている次の一文である。

【史料一】

已上ハ八席ノ御糺ノ略鈔也、但シ安心ニ関スル所ハ問答共ニ一言モ略サス其弁論ノ侭ヲ写セリ、或ハ公厳ノ曲会、或ハ安心ニ関セサル所、或ハ煩重ニ似タル所ヲ略省セリ、故ニ略鈔ト題スル也

法瑞は、御糺の「安心ニ関スル所」については一言も略さずに写したという。しかし、「公厳ノ曲会」や、安心に無関係な部分、煩瑣になる部分は略したと述べている。ここで注目すべきは、略した部分に「公厳ノ曲会」が含まれていることである。この記述から、「公厳ノ曲会」は不必要なものと

見なされていることが分かる。彼は、「安心ニ関スル所」を筆写することで、正統な教えを身につけようとしていたといえるのではないか。

（二）静岡県上山梨正福寺（東派）の例

先に触れた、架蔵「羽州浄福寺公巌対話之説」を見ていく。裏表紙に書き込まれた記述や、奥書の二つ目によれば、この写本は、静岡県上山梨正福寺（東派）一一六世龍直が所持していたもので、祖父龍山の所縁によって伝来したのだという。この写本には、①深励・宣明対公巌対話聞書のみが収録されており、龍直は明治二三年（一八九〇）四月にこの写本を読んでいる。だが、②公巌御紀と、⑥公巌他九名への教誡は自坊に所蔵されていなかった。そこで龍直は、翌五月、同県横須賀恩高寺（東派）からそれらを借用し、「再度披読」したという。

ちなみに、奥書の一つ目には、墨阪真勝寺（詳細不明）の良天が、文化一一年（一八一四）、小池浄宮寺（現新潟県燕市小池、大谷派）へ逗留中、この写本を書き写したとある[31]。この奥書と本文は同筆であり、龍直の筆とは異なる。ただ、この本自体が良天が書写した実物であるのか、それとも良天の筆写を原本として書き写されたものであるのかは分からない。

本事例からは、取調べ記録が近世期に寺院間で書写されていったこと、そうして伝わった写本が近代に入っても読まれていたことが分かる。さらに、対話の記録を読んだ僧侶が、未所蔵の他の記録を他寺院から借りてきて読んでいたことも判明する。

（三）越後国片貝村太刀川喜右衛門の例

越後国片貝村の庄屋を務めた太刀川喜右衛門（西派明鏡寺檀家）が著した『やせかまど』には、三業惑乱の地域社会への影響について記された「宗門惑乱の事」という記事が存在する。第一章でも触れたように、公厳は越後国各地へ教化に訪れていたことが本記事に記載されている。また、そこには、公厳の取調べに関する記述も確認できる。以下、その部分を引用する。

【史料二】

羽州酒田浄福寺公厳《ママ》大学匠なりしか、当流安心正意に不叶趣にて、講師越前金津深霊《ママ》、宜講越中高岡の専明《ママ》なと安心御糺し方有之、（中略）公厳《ママ》子安心大旨を申さは、末代の悪凡夫誠の心と云ふは、如何にしてもない虚不実也、然れ共信心は御文に真の心とあれは、如来の方へ御助け候へと果海投入と仏の心へなけ入れさいすれは、如来の御助け也、凡夫の心を誠にしやふのなと、申ことならさる也、かかる故に南無阿弥陀仏と云ふか、御助け候へと云わふが、助け給へと云わふか、如来の大海へ投入りにしか当流の安心の姿也、弥陀智願の広海に帰入しぬれは等、よりて衆水に海に入りて一味あるか如しなと、（中略）

講師深霊《ママ》の教化は、如来の御胸へ衆生の心を投込むとは何に事そや、仏智満入と如来の御誠を是非衆生へ引請ねは、往生は難出来こと也、御文は信心をとるとは此心也、むかふはやる信心ではない、此方へ呉れ様とある信心を貰ふ請るかと、今家の安心正意也と、回向不回向なとを引出し、於京都に一年中の御法話ありしか、終に公厳《ママ》信伏し、当流の安心に基つきし也、是は別記物あれは、爰に大旨を申はかり也(32)

史料二には、公巌の「安心大旨」と、深励の「教化」が要領よくまとめられている。深励の「教化」は、御紀や教誡で話した内容である。この深励の「教化」は、⑨本山寺法触[33]からは把握することができない情報である。喜右衛門は、②公巌御紀や、⑥公巌他九名への教誡を参照した上で、これらを記述したのではないか。

以上、本節では、現存写本や、書籍目録、上層門徒の著作を用いて、公巌事件の取調べ記録の広がりや受容の一側面について検討してきた。公巌に関する記録は、広範囲に流布していたが、とりわけ、②公巌御紀や、⑥公巌他九名への教誡が多く流布していた。

記録の広範囲にわたる流布は、事件に対する人々の関心の高さを示している。では、何故、これらの記録が人々に求められたのだろうか。それは、公巌の教説の特徴と、講者の批判の仕方にあると思われる。第一部第一章で見てきたように、公巌の教説には、三業帰命説[34]や、一念九念の異計[35]、一益法門[36]といった、近世真宗で異安心とされた教説に通じる部分があった。深励と宣明は、それら異安心の内容を紹介しながら、公巌の説との共通性を指摘していった。したがって、それらのやりとりを読んでいくと、どのような解釈をすると異安心に陥るのかを学ぶことができる。これこそが、公巌の異安心取調べ記録が流布する要因であったといえるのではないだろうか。

第二節　講録流通の様相

一　講録の流通のあり方

本章の冒頭で触れたように、近世社会には多くの講録が広く流布していた。これらの伝達経路に関しては、道場主の事例で、縁戚関係の真宗寺院から貰ったり、貸借して書写したりするなどして入手していたことが明らかにされている[37]。また、先に取り上げた清南寺には、「江州唯専寺嗣講師御法話」[38]という講録の写本がある。この写本の奥書からは、「六条御殿御学寮大龍」[39]（詳細不明）が、「清内路邑庄三郎様・茂八様・友右衛門様・勇介様御同行中」に対してこれを贈呈したことが読み取れる。この事例からは、僧侶が門徒に対して講録の写本を贈呈する場合もあったことが分かる[40]。

以上の事例は、いずれも人脈を介した伝播である。だが、次に挙げる史料には、これらとは異質な流布のあり方が存在したことを窺わせる記述がある。

【史料三】

（前略）

一、『僧讃聞書』一向ニ外へ散リ不申様頼上候、随従之方々聞書も来夏後迄ハ御預り被成候様ニ頼入候、当夏も『浄讃』御殿講之写書清書を書林より貸し本いたし流行候由、吟味もいたし候様ニ申方も候へ共、己（已カ）往之事ハ無致方候と申居候

（後略[41]）

これは、深励が門下の霊曜に送った、寛政一二年（一八〇〇）七月一六日付の書簡の一部である。当該期の学寮では、春夏秋に安居という講義が開講されていた。安居では、聖教をテキストとした講釈が行われる。『僧讃聞書』や『浄讃』は、それぞれ『高僧和讃』、『浄土和讃』をテキストとした深励の講義の聞書で、前者は寛政一一年、後者は翌一二年に開演された[42]。

書簡の内容は、次の通りである。深励は霊曜に対し、『高僧和讃』講義の聞書を他へ流出させないことと、（霊曜に）随従している者が所持する聞書についても、来夏後までは霊曜が預かるように依頼した。というのも、「当夏」、深励は、自身の『浄土和讃』講義の「写書清書」が「書林より貸し本いたし流行」していることを知ったからであった。

『僧讃聞書』や『浄讃』は、（一）学寮等での講義録にあたる。「書林より貸し本いたし流行」しているという記述からは、学僧の講義録が書林を介在して流通していることを窺わせる。では、この「貸し本」とは、具体的にどのようなものであったのだろうか。

二　書林を担い手とした講録流通

講義録の「貸し本」の実態について、その解明につながる史料は、実は文学研究者の手によりすでに紹介されている。後小路薫は、同氏所蔵の『浄土勧化良材鈔』後印本（幕末頃の後印と推定）に付載されている、「近来名家・写本唱導集品目」という目録を紹介している[43]。『浄土勧化良材鈔』は、西派御用書林・永田調兵衛が刊行した本であるが、その目録には、「近来名家」の唱導僧二〇名と七四部の写本の「勧化本」について、その内容と代金が記載されているという。末尾には「此外漢文和文之写本講録物等色々御座候間、御注文之上は早刻為写潤進可仕候」とあることから、氏は、この記述を元に、「この目録によって注文すると、すぐさま写本を作って販売していた」と述べている。また、「口演」と題されている部分には、「右勧録代物之義は一部〳〵の下にて委敷験し置候通に御座候処、若し御手元にて御写し取披《ママ》下候はゝ、本紙之多少によらず、一巻に付見料弐匁つゝと従来相定め置候事に候得共、其儀は何れとも御勝手宜敷様、御相談可仕候間、追々御用奉希上候、尚此後も珍書尋当り次第、早速目録に差加へ御覧に入可申上候」という記述があるという。これらの記述から、氏は、永田が「注文に応じて写本を販売するばかりでなく、見料をとって写させ」る商売をしていたとする。実際、永田の元で見料を払い、書写したことを示す事例もあると述べている。[44]

後小路は、永田調兵衛が右のような商売を手がけつつ、幕末においても平仮名絵入りの「勧化本」の刊行を続けていることから、「この時期永田調兵衛は僧侶には写本を、版本はより多くの販売が期待できる在家の信者へと考え」ていたと推論する。[45] そして、その背景として、唱導の聴衆が新しい話を求めるため、僧侶はその需要に応じる必要があったからであると述べる。そして、それらの動向を、後小路は「勧化本の世界では幕末に向けて「版本から写本へ」という動きがおこって」いたと評価した。[46]

和田恭幸は、書林が版本の仏書出版に加えて写本の流通を手がけていたという後小路の論を踏まえた上で、写本関係の商売が「学僧や学事に心を寄せる唱導僧たち」を対象に「小数部の書物を作成・

販売する」ために生み出されたものであると主張した(47)。そして、先に触れた永田調兵衛と類似の商売を行っていた事例として、書林・丁子屋西村九郎右衛門が所持していた「丁子屋真宗写本目録」（仮題、落合博志氏所蔵史料）を全文翻刻し、紹介している。丁子屋西村とは、東本願寺に出入りしていた書林である(48)。

和田によれば、目録には内題が二つあり、まず扉と巻頭に「寛政后　真宗／写録　空華堂所蔵」、そして四〇丁表に「元禄后　真宗／写録　西村所蔵目録」と書かれてあるという。奥書には、「于時安政二乙卯歳六月／平安城洛南淳風坊書館／西村空華堂／丁字屋九良右衛門／長〔判〕」とある。和田によれば、目録の状態から、丁子屋西村がこの目録を日常業務に使用していたと推定している。

後小路と和田は、写本の「勧化本」を、書林の商業戦略の一つとして位置づけている。両者が紹介した事例は、まさに、講録の写しが本山御用書林を介在して生産されていく過程を示したものである。これは、贈答や貸借とは明らかに異なる講録の伝播のあり方が存在したことを示している。

では、書林が商品として取り扱った講録は、具体的にどのような内容のものだったのか。和田が翻刻した「丁子屋真宗写本目録」には、東派僧侶（とくに学寮講師）の講録が大部分を占めており、とりわけ、深励口述が最も多い。それらの講録の題には「講義（口義）」という言葉が見受けられる。よって、これらは（一）学寮等での講義録にあたると推定できる。それ以外の（二）法談・法話の筆録、（三）異安心取調べ関係記録、（四）問答体講録は見当たらない。以上より、書林は、商品として（一）学寮等での講義録を取り扱っていたということが分かる。ここで、史料三の「書林より貸し本いたし」の指す意味が判明する。すなわち、深励等の講義録が、書林の手で複製されたり、あるいは見料を取って筆写させたりする商売の商品となっていたのである。これらの講義録の入手経路が気になるが、丁子屋西村は学寮に出入りしていたため、深励の書簡も踏まえると、学寮で学ぶ僧侶から手に入れた可能性が考えられる。

以上から、講録の流通の実態は、以下のようにまとめられる。（一）は人脈による伝播と書林の商業活動で、（二）・（三）は人脈による伝播によって、各々流布していた。現在寺院等に伝来している講録を分析する際には、このような流通のあり方にも目を向けていく必要があるだろう。

おわりに

本章では講録を、（一）学寮等での講義録、（二）法談・法話の筆録、（三）異安心取調べ関係記録、（四）問答体講録の四種に分類した上で、まず、（三）異安心取調べ関係記録の作成過程や流布のあり方について、公巌事件を事例に分析を進めた。続いて、（一）学寮等での講義録、（二）法談・法話の筆録の伝播の様相についても言及し、（三）異安心取調べ関係記録の流布のあり方も含め、それぞれの講録の伝播の特徴に関して検討を加えてきた。

公巌の取調べは筆記され、記録されていた。それらの記録は、内容から分類すると全部で九種存在していた。公巌の異安心に関する記録は、写本という媒体で広範囲に流布していた。また、受容していたのは僧侶が多数であったが、俗人も少数ながら含まれることが分かった。公巌の記録は、僧俗双方で流布していたのである。

記録の種類ごとにおける流布の傾向については、⑥公巌他九名への教誡、②公巌御紀、①深励・宣明対公巌対話聞書の順で多く流布していたことが分かった。教誡や御紀の記録が多く流布したのは、その内容の特質にあると思われる。深励と宣明は、御紀や教誡において、公巌の「誤り」を、本山相承の教えを解説しながら糺している。したがって、読者はそれらを読むことにより、聖教の「正しい」解釈や、近世真宗における種々の異安心の内容とその問題点を学習できるのである。これが、公巌の異安心取調べ関係記録、とりわけ⑥公巌他九名への教誡や②公巌御紀が多く流布した要因であった。

次に、講録の流通面については、講録の類型のうち、（一）学寮等での講義録に関しては本山御用書林が流通に関与していたことを指摘した。彼らは、何らかの方法で入手した講義録を用いて、依頼に応じてその写本を作成したり、あるいは見料を取って筆写させたりする商売を行っていた。商品には、学寮講者、とりわけ深励の講義が多く、東派宗学における深励の地位の高さが窺い知られる。他方、（二）学寮等での講義録以外の類型については、書林の取り扱いを確認することはできなかった。したがって、現時点では、（一）学寮等での講義録は書林による「貸し本」での流通と、個々人の貸借等による流通の二つのあり方で、その他の講録については、個々人の貸借等による流通で、それぞれ広がっていったといえるだろう。

注

（1）　後小路薫「増訂近世勧化本略年表」（同『勧化本の研究』和泉書院、二〇一〇年）。

（2）「土佐屋文書史料細胞現状記録」（下平歩実他編『清内路 歴史と文化』三、東京大学大学院人文社会系研究科・文学部日本史学研究室、二〇一二年）には、多くの写本の仏書を確認することができる。土佐屋善兵衛家は、信濃国伊那郡清内路村において脇本陣を務めた家で、幕末には上清内路の名主に就任している（下平歩実「解題　土佐屋文書について」『清内路 歴史と文化』三。清内路村については、第一節第三項で詳述）。土佐屋所蔵の写本については、拙稿「清内路村における講録の一考察」（『飯田市歴史研究所年報』八、二〇一〇年）で分析を加えている。

（3）書物研究の成果については、序章注（34）を参照。

（4）例えば、高埜利彦『近世日本の国家権力と宗教』（東京大学出版会、一九八九年）や、井上智勝『近世の神社と朝廷権威』（吉川弘文館、二〇〇七年）など。

（5）この点について、澤博勝は、宗教社会史研究と宗教（仏教）思想史研究が分離して存在していると指摘している（「序章　近世宗教史研究の現状と課題」『近世の宗教組織と地域社会』吉川弘文館、一九九九年）。

（6）引野亨輔「近世真宗僧侶の集書と学問」（『書物・出版と社会変容』三、二〇〇七年）、松金直美「近世後期真宗道場における文化受容」（澤博勝・高埜利彦編『近世の宗教と社会』三、吉川弘文館、二〇〇八年）。

（7）松金直美「近世真宗における〈教え〉伝達のメディア」（『大谷大学大学院研究紀要』二三、二〇〇六年）、引野亨輔「真宗談義本の出版と近世的宗派意識」（同『近世宗教世界における普遍と特殊』法藏館、二〇〇七年、初出二〇〇一年を改題）、澤博勝「「聖地」の誕生と展開」（同『近世宗教社会論』吉川弘文館、二〇〇八年）。

（8）引野亨輔「近世真宗における神道批判の論理」（注（7）引野書、初出一九九九年）、同「「読書」と「異端」の江戸時代」（『書物・出版と社会変容』一二、二〇一二年）。

（9）小林准士「三業惑乱と京都本屋仲間」（『書物・出版と社会変容』九、二〇一〇年）、万波寿子『近世仏書の文化史』（法藏館、二〇一八年）。

（10）藤實久美子『近世書籍文化論』（吉川弘文館、二〇〇六年）。

（11）道場主は、村内宗教施設である道場（原則的に宗判を担えない等の点で寺院とは異なる）を管理する宗教者で、出家した僧侶身分の者や、「毛坊主」と呼ばれる俗人がなった（澤博勝「「真宗地帯」越前の地域的特質」注

（5）澤『近世の宗教組織と地域社会』、同「道場主」吉田伸之編『寺社をささえる人びと』吉川弘文館、二〇〇七年）。
（12）真宗教義を平易な語り口で叙述した書物。近世では歴代門主らに仮託した談義本が多く出版されたが、異端的要素が含まれるものが多く、教団側から問題視された（注（7）引野論文）。
（13）問答対講録については、次章にて論じる。
（14）松金直美「近世真宗東派における仏教知の展開」（『真宗文化』二二、二〇一三年）一一五頁。
（15）宣明（寛延二年〈一七四九〉～文政四年〈一八二一〉）は高岡開正寺住職で、尾張五僧の事件による深励講師休役に伴い、文化八年に講師となった（のち復職した深励とともに講師を務め続ける）。倶舎に秀で、倶舎宣明と称される（真宗新辞典編纂会編『真宗新辞典』法藏館、一九九四年）。
（16）本章の元となった拙稿「異端と写本流通」（『書物・出版と社会変容』一七、二〇一四年。一橋大学機関リポジトリ https://hermes-ir.lib.hit-u.ac.jp/rs/ に掲載）に、二〇一四年時点で所在を確認した公巌事件関係記録四二点などを表にまとめている。そちらも参照されたい。
（17）W一八八-七-二二三。
（18）宗大三六四六。
（19）注（14）松金論文一一五頁。なお、この「羽州公巌御糺教戒之一冊」は、松金直美氏のご厚意により、所蔵者のご了解を得た上で、写真データを閲覧させていただいた。記して謝意を表する。
（20）注（7）松金論文。
（21）同右。
（22）「書籍名簿記」の蔵書一覧については、注（16）拙稿を参照。
（23）水谷寿『異安心史の研究』（大雄閣、一九三四年）。
（24）以下の清内路村に関する記述は、清内路村誌刊行会編『清内路村誌』（清内路村誌刊行会、一九八二年）、吉田伸之「山里の分節的把握」（後藤雅知・吉田伸之編『山里の社会史』山川出版社、二〇一〇年）に拠る。
（25）森謙二編『出作りの里』（新葉社、一九八九年）。

(26) 清内路村の真宗門徒の動向については、拙稿「真宗寺院と清内路門徒」(吉田伸之編『山里清内路の社会構造』山川出版社、二〇一八年)を参照。
(27) 清南寺文書二-一-一〇-一。福井県編『福井県史』通史編三(福井県、一九九四年、六八二～六八四頁)によれば、真宗の道場は近世期に寺院化が果たされていくが、幕府による新寺建立の禁止以後は、本山から寺号が下付されても、藩権力は寺院として認めず、道場格としたという。このような寺号を「呼寺号」等と呼んだとされる。ここでいう「呼寺号」も、同様の性格のものであろう。
(28) 清南寺の書物については、拙稿「清南寺〈蔵書〉の世界」(坂本広徳他編『清内路 歴史と文化』四、東京大学大学院人文社会系研究科・文学部日本史学研究室、二〇一四年)の分析に基づく。また、注(16)拙稿には、蔵書の一覧を掲載している。
(29) 例えば、鈴木俊幸氏蔵「書籍目録」(明治七年〈一八七四〉七月に善隆寺法雪が作成した目録)では、同寺の蔵書(計一五四部)を、各函ごとに分けて一覧化されている。うち第三一函に「羽州異安心御教誡聞書」(一巻)が、第三二函に「羽州公厳御糺類」(二〇巻)が含まれている。両函とも、異安心関係の諸記録が入っている。
(30) 大谷大学図書館所蔵(宗大三六四七)。
(31) なお、三九丁ウには、「已上四席(筆者注…六月二九日～七月五日の対話)者文化十二亥冬臘月二十二日夜半在京兆写、以下三席(七月八日～一二日の対話)者文化十一甲戌秋仲秋十四日在于北越写合而為一巻候」という記述がある。これはその内容から類推するに、真勝寺良天が書き記した備忘録であろう。ここからは、この写本が、実際には諸本を組み合わせて作成されたものであったことを知ることができる。
(32) 『やせかまど』(小千谷市史編修委員会編『小千谷市史 史料集』、小千谷市、一九七二年所収)一三九～一四〇頁。一部読点を変更。
(33) 第一部第一章【史料一】。
(34) 身口意(阿弥陀仏に礼拝しながら、口で助けたまえと称え、心で救済を願う)の三業を揃えて阿弥陀仏に救済を求める(祈願請求する)ことで、極楽往生が定まると主張する説。
(35) 「乃至十念」(乃至は回数を限定しないこと、十念は十声の念仏の意)の「十念」を初一念と残り九念に分割し、前者が阿弥陀仏に帰依したことを示す往生の業で、後者が報謝の行為であると位置づける説。
(36) この世にいながら滅度（さとりの境地）に至るとする説。
(37) 注（7）松金「近世真宗における〈教え〉伝達のメディア」。
(38) この法話の話者は、深励門下の香雲院澄玄である（注（28）拙稿「清南寺〈蔵書〉の世界」）。
(39) 澄玄と同じく深励門下であった、越前国応蓮寺大龍の可能性がある（大谷大学図書館所蔵「垂天結社簿」〈宗大二八一二〉）。
(40) 俗人への講録贈呈をめぐる問題については、前章を参照。
(41) 小串侍編『東本願寺講者書翰集』（法藏館、一九七七年）三三頁。
(42) 「浄土真宗本願寺派・真宗大谷派安居講師・講本一覧」（赤松徹真他編『真宗人名辞典』法藏館、一九九九年）。
(43) 注（1）後小路論文。以下の「近来名家・写本唱導集品目」に関する引用部分は、同論文に拠る。
(44) 『帖外九首和讃勧考』（信楽寺大乗坊述）には、「乙巳（弘化二年〈一八四五〉）仲春自洛永田調恩借視料両巻四匁　龍谷門人桑門欣浄写」という記述があるという（注（1）後小路論文六〇四頁）。なお、この本は、恐らく大谷大学図書館所蔵本（宗大一〇八二）と同一であると思われる。
(45) 注（1）後小路論文六〇四～六〇五頁。
(46) 同右六〇五頁。
(47) 和田恭幸「丁子屋西村の写本目録」（『龍谷大学論集』四六九、二〇〇七年）五〇頁。以下の西村九郎右衛門の写本目録に関する記述は、同論文に拠る。
(48) 大谷大学図書館所蔵マイクロフィルム「御出入方名簿」（宗丙一二七-一）には、学寮の出入商人に関する取り決めと、商人の名前・所在地の一覧が記載されている。同史料から、西村九郎右衛門（本屋）と中村忠兵衛（筆屋）が「出入頭」を務めていたことが分かる。本史料は、大谷大学真宗総合研究所編『条規学則集一・二』（大谷大学真宗総合研究所、一九九一年）に一部が翻刻されている。

第七章　問答体講録について

はじめに

今晩ハ法話ヲスルヤウニトノゾマレテ、一席ノ法筵ヲヒラカレ、遠国近国ノ御本廟参詣ノ同行中マデガ縁ヲモトメテコノヤウニマイラレテ、京ノ人モ田舎ノモノモ、北国モ西国モオナジヤウニカタヲナラベヒザヲクンデ、一種一味ノワガ往生ノ善知識ノ御直ノ御教化ニアフヤウニナリタハマコトニアリガタイコトヂヤホドニ[1]

これは、寛政一〇年（一七九八）七月一五日、高倉通越後高田屋敷で開催された深励の法話の講録から引用したものである。近世社会には、こうした講録の写本が多数存在していた。

この講録に注目した研究に、松金直美の成果がある[2]。松金は、越中国射水郡葛葉村で道場主と旦頭を務めた名苗家の蔵書中の講録を分析し、その流布のあり方と、講録が有する機能を明らかにした。それによれば、学僧の語りを聴衆・僧侶等が筆記することで講録が作成され、僧侶や門徒への貸借・書写を通じて流布していったという。名苗家所蔵の講録には、本山で実施された学僧による演説が含まれており、それを松金は、本山の教えが講録を媒介に地域へ伝達されていった証左とする。

講録に記載される僧侶の語りは、例えば同じ蓮如御文を題材としたものでも、語る場や聞き手が異なれば、その内容も自ずと異なってくる。学寮での講義であれば、御文の一言一句を解説する専門的な内容となるし、一般門徒を対象とした法話であれば、平易で通俗的な内容となる。前章では、語りの場や聴衆の違いによって生ずる語りの内容の差異に着目し、講録を、（一）学寮等での講義録、（二）法談・法話の筆録、（三）異安心取調べ関係記録、（四）問答体講録の四つに分類し、（一）～（三）の流布について見てきた。

（一）～（三）の講録には、原表題がある場合、以下のような表題が用いられる傾向がある。（一）には「〇〇講義」、「〇〇聞書」（〇〇は、話者の名前や論じる聖教類の名称等）などの語が、（二）には「〇〇御法話」、「〇〇演説」などの語が、（三）には「～教誡」、「～御糺」（～は、異安心者の名前や、異安心者の所属する寺院が所在する国名等）などの語が見受けられる。

通常、講録には聴衆の姿は登場しない。紙面にあるのは、僧侶の語りだけである。しかし、「御話」・「御法話」などの語を含む表題を持ちながら、僧侶と門徒の対話を記載する「講録」も存在する。それが、（四）問答体講録[3]である。本章では、文化九年（一八一二）四月、筑後国久留米法蓮（連とも。以下、「蓮」で統一）寺門徒六人（伊之助・定八・おみえ〈史料により「おえみ」とも〉・おえん・友次郎・勇之助）と深励との間で行われた問答を記載した書物（示談録、後述）を中心に取り上げ、本書の流布のあり方や内容面の分析を行い、問答体講録が流布した意味について検討する。

第一節　問答体講録と示談録

一　問答体講録について

まず、問答体講録がどのような講録であるのかを紹介する。

【史料二】

其元当流ノ安心イカ、心得候ヤ

答曰

善知識様ノ御教化ニヨリテタノムモノヲ助ケテヤルトアル御名号ノ御イハレヲキ、ヒラキテ、カ、ルモノヲ頼ムハカリデ御助ケニマチカヘナヘト御請申テ御称名ヲヨロコヒ申候(4)

史料一は、深励と「備前ノ尼」との問答を記載した書物の冒頭部分である。以後、「問曰……、答曰……」といった叙述形式で淡々と問答が展開される。その内容は、教義理解に関する事柄のみとなっており、「備前ノ尼」の人物像や、深励との関係性が分かる記述は確認できない。管見の限り、そのほかの問答体講録も、右の書物に準ずる内容となっている(5)。なお、問答体講録は、基本的に学僧と門徒との問答を記載したものであるが、変わり種として、ともに学寮の講者である深励と宣明の問答を記載した書物もある(6)。これは、深励の問いに宣明が答えるという体裁が取られている(7)。

このように、問答体講録は、教義理解に関する事柄をめぐる問答が記載された書物で、登場人物に関する情報や、問答に至る背景などの説明は書かれない。こうした問答体講録に比較すると、これから分析する筑後国久留米の門徒と深励との問答を記載した書物は、序文と本文から構成され、深励との関係性や問答に至る経緯などが詳細に描写されているところに特徴がある。さらに、全体を通じて、門徒の人物像も捉えることが可能となっている。この久留米門徒と深励との問答体講録は、後に述べるように、写本として流布していた。統一した書名はないため、以下、便宜的にこの講録を「示談録」と称することとする(8)。

右の示談録について、問答に至る経緯をまとめると次の通りとなる(9)。寛政七年（一七九五）、天明八年（一七八八）の京都大火で類焼した学寮の再建工事に参加するため、諸国から多くの僧俗が参集した。筑後国久留米から上京した伊之助・定八・おえん・おみえの四名もその一員であった。四名は、再建工事中、深励と出会い、教えを受けた。その後の文化八年（一八一一）、宗祖親鸞の五五〇回遠忌に際して本山で執行される大法会に参加するため、門徒四名は再び京都へ向かった。その際、四名は、再度深励から自身の教説理解の是非を調べてもらおうと考えていた。だがそのとき深励は、尾張五僧の事件(10)に関連して講師休役の上、逼塞中の身であったため、目通りすることは叶わなかった。

翌年、深励の逼塞が解かれたとの情報を入手した門徒たちは、深励に再会するため、みたび上京した。その際、先の四名のほか、同じく法蓮寺門徒の友次郎・勇之助の二名も同行した。六名は一月一三日に久留米を出立し、二月二日に着京した。六名が宿屋で深励の様子を聞いたところ、深励は越前国からまもなく上京するとのことであった。深励は三月二七日に京都へ到着し、本山での所用を済ませ、四月二三日に再び越前へ帰国する予定であった。門徒六名は、その間の四月一七日朝辰刻に深励に拝謁する。以上が、問答に至る経緯である。[11]

先に見てきたように、問答体講録では、基本的に僧侶と門徒との問答が淡々と展開される。他方、示談録は、問答に至る経緯なども紹介されており、独自の特徴を有していた。では、この示談録はどのように流布していたのだろうか。

二　示談録の諸本と流布

表（表7-1）は、現時点で現存が確認できる、示談録の諸本を一覧化したものである。[12]そこから、近世期に成立した写本が五冊（「豊后国六人御調御法話聞書」[13]〈以下【A】「弘前本」〉、「御法話」[14]〈以下【B】「御法話」〉、「香月院講師豊後国同行安心御調」[15]〈以下【C】「御調」〉、「筑後国六人同行記」[16]〈以下【D】「同行記」〉、「香月院様伊之助於ヱミ勇之助定八於ヱン友治郎江御話」[17]〈以下【E】「御話」〉）と、鹿野久恒が出版した活字本二冊（『香月院安心示談』[18]・『香月院信仰座談』[19]）の計七冊の存在が確認できる。『香月院信仰座談』は、『香月院安心示談』を再版したものである。近世期の刊本は確認できない。

次に、諸本を比較する。まず、序文について見ていこう。序文に記載される情報を整理すると、①学寮・講師設立由来、②天明大火による東本願寺類焼、③門主乗如による作事所への通達、④深励、再建作事に従事する僧俗の教化を自分に任せるよう門主に上申、⑤深励による学寮再建の上申、⑥深励講師休役、⑦久留米門徒四名と深励の出会い、⑧四名二度目の上京、⑨四名（＋二名）の上京、⑩深励講師復職、⑪門徒と深励との再会、⑫友次郎・勇之助の説明、⑬門徒の年齢、⑭おえんの説明、以上一四項目となる。

①は、初代講師恵空[20]のことや、門主別邸である枳殻邸内に在した古学寮の高倉への移転、天明大火時の講師の紹介などが記される。③は、門主乗如が作事所へ出した通達の紹介である。伽藍を一刻も早く再建すること、作事に従事する僧俗は惣会所で示談を行うことの二点が乗如から指示されたという。④は、③と密接に関わる項目である。再建に際し、門末の教導をも思い煩っている乗如の苦労を慮った深励が、自身に僧俗の教化を任せるよう本山家臣下間氏らへ願い出、それに感じ入った下間氏が門主へ取次ぎ、結果その出願が許可されたという話になっている。

諸本の序文を項目ごとに見比べると、次のようになる。まず、②③④⑦⑧⑨⑩⑪⑬で構成されるのが、【A】「弘前本」と【C】「御調」である。次に、①②⑤⑥⑦⑧⑨⑩⑪⑫⑬⑭で構成されるのが、【B】「御法話」・【D】「同行記」・【E】「御話」である（ただし【D】は⑭が欠落）。前者の系統では、教団上層部が一丸となって再建にあたったことが強調される。後者では、①や⑤など、学寮の発展を中心とする叙述になっている。したがって、示談録には、再建時における本山の動向を中心に叙述する系統と、学寮の歴史を中心に叙述する系統の二つが存在していたことが分かる。なお、【A】と【C】は、序文・本文ともほぼ同一文章であることから、両者は底本が同じであると推測される。

本文については、各本により記述の精粗がある。最も詳細な記述となっているのが、【D】「同行記」である。内容を左右するほどの差異は基本的にはないが、深励と定八の問答の一部分のみ、【D】と他四冊の間に差異がある。この問答は定八の娘・そめの他宗派信徒との縁談をめぐる内容である（深励の回答は後に詳述）。【D】の場合、そめは嫁入り前であり、定八は対処法を深励に問うている。

表7-1　示談録写本伝来等一覧

記号	史料名（略称）	所蔵先	奥書・蔵書印	成立年	伝達過程	伝来過程
A	豊后国六人御調御法話聞書（弘前本）	弘前市立弘前図書館	（奥書）「于時文化十癸酉歳六月上旬　光常（花押）」	文化一〇年（一八一三）八月	光常	光常所持
B	御法話（御法話）	架蔵	（奥書）「于時文化十一年戌ノ夏四月十九日ニ写之、熊石村七左右衛門同行より六平へ授与スル者也、爰ニ豊後ノ国久留米ノ同行衆六人連ニテ御本山御学寮へ参リ越前金津ノ御講師様へ御対顔ト申シ上ケ御法話ニ預リシ人々名前ト爰ニ出ス、尤御法話前文有之候ヘトモ子細アツテ略文ナリ、オミヘ四十四才オヱン三十六才伊之助四十一才定八三十六才友次郎ト勇之助是ハ連ノ同行也、于時文化十四年三月十三日南屋ニテ写之者也、武田定右衛門」／［印「武田蔵書」］／［印「西堀蔵」］　他二種（判読不能）	文化一四年（一八一七）三月一三日	熊石村七左右衛門↓六平↓武田定右衛門	文化一一年（一八一四）四月一九日に筆写され、美濃国熊石村同行七左右衛門から六平へ授与された本を、文化一四年三月一三日武田定右衛門が南屋にて筆写。熊石村は現岐阜県市上市八幡町
C	香月院講師豊後国同行安心御調（御調）	大谷大学図書館	「文政九暦三月津軽弘前ヨリオヱン持参之由、能代オミヱ方ヨリ相達ス、御講師トハ御能化也、深励尊師ノ御教化ナリ、此書始終トモニ御調ト有ハ豊後ノ国ノ同行六人銘々安心領解兼々覚悟ノ心底ヲオシラヘニアツカリテ聴聞セシコトナリ」／（裏表紙）「亀州」／［印「真宗大谷大学図書」］／［印「大谷文庫」］	文政九年（一八二六）三月か	津軽弘前オヱン	文政九年（一八二六）三月に津軽弘前おえんが持参したもの（であることを能代おみえが述べる）

D	筑後国六人同行記（同行記）	大谷大学図書館	（奥書）「金堂邑勝徳寺法灌記」／〔印「林山文庫」〕／〔印「大谷大学図書」〕／〔印「大谷文庫」〕他二種（判読不能）	弘化三年（一八四六）	近江国金堂村勝徳寺法灌	近江国金堂村勝徳寺法灌が弘化三年に筆写。のち、能登国西方寺一七世・林山義猷（一八八〇～一九五九）の手に渡る。勝徳寺は現滋賀県東近江市に所在
E	香月院様伊之助於ヱミ勇之助定八於ヱン友治郎江御話（御話）	大谷大学図書館	（奥書）「文政九戊年初春中旬在京於詰処従尾州称念寺求之写、願栄寺了観、于時文政十一子九月上旬在京玄興寺〔印「金猊山（以下判読不能）」〕」／一丁目ウ〔印「玄興寺」〕／〔印「大谷大学図書」〕／〔印「大谷文庫」〕	文政一一年（一八二八）九月上旬	尾張国（i）称念寺→願栄寺了観→飛驒国高山玄興寺	文政九年初春中旬本山詰所にて尾張国称念寺《ママ》（※2）の本を願栄寺了観が筆写。さらに文政一一年九月上旬飛驒国高山玄興寺が筆写

※　弘前市立弘前図書館所蔵「豊后国六人御調御法話聞書」（W一八八-七-九二）、架蔵「御法話」、大谷大学図書館所蔵「香月院講師豊後国同行安心御調」（宗大二九四三）、同館所蔵「筑後国六人同行記」（宗大九三七一）、同館所蔵「香月院様伊之助於ヱミ勇之助定八於ヱン友治郎江御話」（宗大五八六九）より作成。

（i）「尾州八郡東本願寺派寄帳」（市五-六七）・「尾州東本願寺御末寺々号帳」（市五-六六）（共に名古屋市鶴舞中央図書館所蔵）には名前を確認できず。三河国知立に同名の寺院があることから、知立の称念寺を指すか。

他方、他四冊では、そめはすでに嫁しており、定八は他宗派の家へ娘を嫁入りさせた罪悪感を吐露している。このような記述の差異が生まれた理由は不明である。

以上、近世期写本について、序文と本文それぞれの比較を行った。それでは、近代活字本にはどのような特徴があるのだろうか。近世期写本と比較しながら述べていきたい[21]。

近代の活字本は、編纂者の鹿野によれば「余（鹿野）が姻戚応現寺放麟道師の手記録より抜きしもの」であるという。この放麟は、「香月院師に常随したる」人であるとされる。文字通り読めば、近代活字本は、近世期の写本を底本に刊行されたように思える。だが、近世期写本と近代活字本には、大きな差異が存在する。それを確認するため、近世期写本の本文冒頭にある伊之助の発言の一部を取り上げてみよう。

【史料二】

先年御学寮御再建ノ節御手厚ク（中略）御親シク御示シ下サレ、御慈悲ノホト今ニワスレカタク、明暮御化導ノ趣思出シ、有カタク喜存シオリマスル、（中略）去年大御法会ノ節マカリ登リマシテ、（中略）又御聴聞ハトケマシタヒ、イカ、ハセント思ヘトモ、御目通ハ叶ハヌ、彼方様モ御慎ミノ御事ナレハ、虱ニナリトモナリテ節ノ穴ヲク、リテナリトモ御目通リ、御膝元ヘ忍ヒヨリ、往生ノ一大事ヲ今一度御シラヘニ預リタシト思ヒマシタニ、念力カト、ヒテ唯今ト云唯今思ノ通リニ御目通仕ルコト、偏ニ如来様御開山様善知識様ノ御慈悲深ヒ御差図カトサテ〱ウレシク有カタク存シマス[22]

右には、文化八年の親鸞五五〇回遠忌の節に上京した際、深励が「御慎ミ」中であったために会えなかったと記されている。しかし、近代活字本の同部分では、「先年学寮 再建《せんねんがくりようさいこん》の節《せつ》。取《と》り分《わ》け親《した》しく御化導《ごけどう》を蒙《かふむ》り御恩《ごおん》の程今《ほどいま》に忘《わす》れ難《がた》く。朝夕其御《あさゆうそのお》示《しめ》しの程《ほど》を思《おも》ひ出《だ》し喜《よろこ》んで居《お》りまするが。今度《こんど》は罷《まか》り出《で》まして重《かさ》ねて親《した》しく御教化《ごけうけ》を蒙《かふむ》る時節《じせつ》の到来《とうらい》せしこと、偏《ひと》へに如来聖 人《によらいしやうにん》の厚《あつ》き御導《おみちび》きと、難 有嬉《ありがたくうれ》しく存《ぞん》じます」とあるのみで、深励が「御慎ミ」であった事実は記載されない。ちなみに、活字本には序文にも深励の講師休役・復職に関する記述はないため、深励が講師休役の処分を受けていたことを読み取ることはできない。

このほか、最後の深励の発言に関しても、近世期写本には精粗の差こそあれ、王法為本・仁義為先の遵守の徹底を促す部分があるが、近代活字本では欠如しているなどの差異が存する。以上の差異が、鹿野の手による改変の結果であるのか否かは不明である。しかし、このような問題点がある以上、近代活字本を基本史料として使用することはできない。したがって、本章では基本的に近世期写本を分析に使用する。なお、示談録の成立過程は不明な点が多いが（後述）、奥書等の記載を踏まえると、最も早く成立したのは【A】「弘前本」で、深励と門徒の問答が行われたとされる文化九年の翌年には同書が成立していた。そこで、現段階ではとくに断りのない限り、最も成立年の早い【A】「弘前本」を分析に用いる。(23)

伝播の過程に関しては、伝達過程・伝来過程の項目を見ると、【D】「同行記」・【E】「御話」は僧侶間で、【B】「御法話」・【C】「御調」は門徒間で伝播していたことが分かる。また、【C】は、「オエン」「オミヱ」が伝播に関与していたことが奥書の記述から把握できる。

伝播過程で興味深いのは、【E】「御話」の奥書の内容である。文政期（一八一八〜一八三〇）、東本願寺は寺内失火によって焼失した伽藍の再建工事を行っていた（文政度再建）。奥書にある「詰処」（詰所）とは、再建工事のために上京した僧俗が寝泊まりする施設で、国ごとに設立されていた。[24] 以上より【E】は、詰所の僧侶によって作成された書物であることが分かる。本山再建を機に示談録が流布することもあったのである。なお、序文内容に基づく系統と、伝播の傾向には、相関関係はない。

示談録は、僧侶や門徒を媒介して筆写され伝播していたことが分かった。それでは、この示談録は、どのようにして成立したのだろうか。結論を先に言えば、成立過程を直接的に説明する記述は、諸本から確認することはできない。ただし、【A】「弘前本」の文末部分には、示談録の成立過程に関する説明が付されている（なお、ほぼ同文が【C】にも存在する）。

【史料三】

（深励が）御茶御煙草モ召上ラレス御立ナサル、トキ、手前所化侍者三、四人御附添居ラレ障子ノ一間ニテ御聞書共々大切ニイタシ居ラル、、御立ノ節仰セラル、ハ、昨朝ヨリノ法話ハ聞ル、通リ日頃ノ覚悟ノホト一大事ノコトユヘ調ヘタヒトノコトナレハ、所化ノ聞書ナト、申スニハナラヌコトチヤ、ソナタ衆モ覚悟ノ調ニイタスコトチヤ、書留メルコトテハナヒ、書誤リテ御預リノ御門徒ノ聞アヤマリニナル、書カスニトモ〳〵大事ノコトシヤ調ヘアフタカヨヒ、カクコトハ必ス无用ニセラレヨ

これは、問答終了後の出来事である。障子の一間に控えていた侍者三、四人が問答内容の筆記物を

大切に持っていたのを見た深励は、彼らに、「今回の問答は六名の安心を確認する趣旨のものであるから筆写してはならない。もし書き損じてしまい、それを元に門徒を教導しては、門徒が誤った理解をしてしまう」と述べたという。この記述を踏まえれば、示談録は深励の侍者の筆録が原本となり、人から人へと筆写されていった、ということになる。これは、近代活字本における鹿野の説明とも合致する。だが、この記述は一部の写本でしか確認できない。

そもそも、門徒六名と深励との問答は実話なのだろうか。天明大火による東本願寺類焼と再建、尾張五僧の事件に伴う深励の講師休役と翌年の復職は、確かに実際に起きたことである。しかし、深励の日記「講師寮日記」(25)には、久留米門徒と面会したという記述はない。また、門徒六名の檀那寺とされる久留米法蓮寺は、久留米藩の寺社書上(26)からは確認できない。成立過程に不明点があることもあわせて考えると、現段階では、示談録を深励の民衆教化の実態を示す史料には使用できないといえる(27)。

とはいえ、上述の内容は、示談録の史料的価値を下げることにはならない。この書が近世の僧俗間で出回ったことは事実だからである。では、示談録にはどのような問答が記載されているのだろうか。

第二節　示談録の世界

ここでは、示談録の内容面について分析し、示談録で展開される問答の特徴を見ていきたい。

内容分析に入る前に、示談録に登場する門徒六名の情報を示しておこう。表（表7-2）は、門徒の特徴を一覧化したものである。寛政度再建時に上京した四名は壮年で、それぞれ子供がいる。うち、

表7-2　示談録に登場する門徒概要一覧

人名	性別	年齢	寛政度再建	備考
伊之助	男	41	○	教義の理解が正しくできている／昨年春（文化八）、子供のうち一人と死別。
定八	男	36	○	他宗の親類の希望により、娘そめをその家へ嫁入りさせなければならない事情を抱える（「筑後国六人同行記」）。「筑後国六人同行記」以外の諸本では、示談時点ですでに娘を嫁がせている。
おみえ	女	44	○	一昨年（文化七）、娘おりうと死別。活字本ではお福。
おえん	女	38	○	産後すぐで「身モ未タ調ハス」。子供は余所に預けて上京。
友次郎	男	?	×	深励とは初対面／定八・伊之助同様ノ有難キ人
勇之助	男	58	×	深励とは初対面／「老年ニ及ンテ未タ不聴聞ノモノ」／無筆／処ノ庄屋（i）

※　弘前市立弘前図書館所蔵「豊后国六人御調御法話聞書」（W一八八-七-九二）、架蔵「御法話」、大谷大学図書館所蔵「香月院講豊後国同行安心御調」（宗大二九四三）、同館所蔵「筑後国六人同行記」（宗大九三七一）、同館所蔵「香月院様伊之助於ヱミ勇之助定八於ヱン友治郎江御話」（宗大五八六九）より作成。

（i）「香月院様伊之助於ヱミ勇之助定八於ヱン友治郎江御話」序文のみの記載。

伊之助とおみえには実子との死別経験がある。また、おえんは出産からそれほど経っていない状態で、子供を余所に預けて来ている。勇之助は「老年ニ及ンテ未タ不聴聞」で、本人曰く「無筆」であり、他五名と比べ識字能力がやや低い人物である。これらの点は、深励への質問内容にも大きく関わっていく。

それでは、示談録の内容面について、まずは問答の傾向を確認する。表（表7-3）は、問答内容の一覧である。問答は全部で二一ある。問答は、基本的に門徒の質問へ深励が応答する、という形式だが、表7-3-2（最後の番号は、表7-3中の番号に対応）のように、門徒の理解を確認するため、深励が門徒へ問いかける場合もある。

問答内容は、教義＝教義理解に関する事柄、宗風＝真宗の宗風（神祇不帰依等）[28]に関する事柄、信仰生活＝日常生活を送る上での信仰に関わる事柄、の三つに分類できる（表7-3・種別）。傾向として、教義に関する問答が最も多い。とくに、「たのむ」等、他力信心の理解に関するものが多くなっている。加えて、信心決定後の信仰心の内実を問うものも確認できる。信仰生活に関わる事柄には、子供の帰依心に関すること、子供との死別時に起こる感情への対処、娘の婚姻時の改宗問題、報恩講関係など、一般門徒が日常生活を送る上で直面する葛藤や疑問が幅広く載せられる。とくに、小児に関する事柄が盛り込まれていることが特徴的である。また、宗風＝真宗の宗風（神祇不帰依等）に関する事柄が含まれていることも興味深い。

では、各種別の問答は、どのような内容なのだろうか。いくつか具体的な事例を取り上げながら見ていきたい。

表7-3　示談録対話内容構成一覧

番号	種別	問答者	問答内容	深励応答内容
1	教義	伊之助	教化を聴聞したことで、阿弥陀仏の救済を疑う心はなくなって、心も落ち着いている。ただ、自分の心で落ち着いているような気がするが、それで正しいかどうか。	(伊之助のいう落ち着いた心が、阿弥陀仏の助けてやろうという呼び声を善知識の教化によって疑いが晴れ、報謝の称名を行うばかりであるという意であると確認した上で)よく聴聞ができている。
2	教義	伊之助	「たのむ」の理解(深励問い)/伊之助応答=助かる縁の無い自分を助けてやろうと呼びかけてくれる阿弥陀仏の呼び声を信じること。	よく聴聞ができている。
3	教義	伊之助	「後生たすけたまへとたのめ」「仏たすけたまへ」の理解(深励問い)/伊之助応答=助けてやろうという本願の呼び声を疑い晴れて真受に信じること。	よく聴聞ができている。
4	教義	伊之助	「阿弥陀如来の御袖にひしとすかりまひらする」のすがるの理解(深励問い)/伊之助応答=たのめという阿弥陀仏の本願をたよりに思って広大な慈悲を頼みに称名すること。	よく聴聞ができており、いよいよ安堵して称名を続けられるがよい。
5	教義	伊之助	自身の信心が深いか否か。	法然の安心を親鸞が正しく理解したが如し。
6	教義	伊之助	弥陀の慈悲に対して報謝を喜ぶ他ないが、報謝として不足ではないかどうか。	命のある限り報謝の称名をして喜ぶことが肝要。

7	教義	おみえ	弥陀の本願に疑いは晴れたが、救済を人ごとのように感じる。また報謝の念仏に飽きたり、面倒に思うこともある。聴聞が足りないからか。	信に関する疑いではないので往生の妨げにはならない。
8	教義	おみえ	信心獲得の証に生じる慶喜心が生じているように思うこともあれば、生じていないように思うときもあることについて。	弥陀の恩を喜ぶようにしてくれたこと自体が弥陀の慈悲であり、すでに慶喜心が生じているので問題は無い。
9	宗風	定八	船の日和待ち時、黒日（凶日）を気にしたことが雑修に当たるか否か。	そのような心が生じたら、慈悲に立ち戻らせるための弥陀の催促と思うがよい。雑修に落ちる気遣いはない。
10	宗風	定八	船転覆の危険に際し、船頭衆および水主衆に促されるまま髪を切った行為が雑修に当たるかどうか。	他力の本願を信じさせて下さる御教化を聞き入れて往生は治定と了解した上は、仁義為先・王法為本を説く御教化であるので、髪を切らなければ掟に背く。信心決定の上では「雑修モ元ヨリ自力ニハナヲナラヌ」（＝雑修はいうまでもなく自力には決してならない、という意か）。
11	教義	おえん	本願を頼むということの理解について／本願によって疑い晴れて信じるばかりであるということが、慈悲にすがるとも任せるとも頼むとも信じるともいうと聴聞しているが正しいか。	その通りである。

12	教義	おえん	御文の内容を聴聞すると身体にも嬉しさが表れるというが、そこまでには至れない。	確かに躍り上がるほど喜ぶべきではあるが、喜んだり躍り上がったりするのはこちらがすることではない。広大な慈悲を思い知って報謝の称名を喜ぶことでも不足は無い。
13	教義	おえん	報謝に励めば往生も確かになったように感じることが悪い癖かどうか。	悪い癖である。だがその癖は凡夫心から生じるもので、往生の妨げにはならない。
14	教義	友次郎	一念とは何か。	御文の教化の通り「我が身はわろきいたずらものなりとおもいつめて、ふかく如来に帰入する心」（二帖目第一通）のこと。
15	教義	友次郎	我が機を深く思い詰めるとは、どう思い詰めることか。	我が機で思い詰めることではない。善知識の教化をよく聴聞して納得したことが思い詰めることである。
16	教義	勇之助	「たのむ」の理解について。	（救済してくれる弥陀を頼んでいると述べる勇之助に対し）それは聞き誤りで、自力となる。弥陀の助けるという本願の呼び声を真受けにすることが「たのむ」である。
17	信仰生活	おえん	生後間もない我が子の信心獲得の仕方について。	代り頼みや改悔頼みは不正義。仏前に子供を連れ、聴聞や拝むことを教えれば子供も見習い、信を得られる。
18	信仰生活	伊之助	死別した子供の年忌・月忌を弔う節、子供を思う心が先立つことが雑修に当たるか否か。	弥陀の慈悲への思いが後回しになるだけで、却って慈悲を思い知る機会になる。雑修にはならない。

19	信仰生活	定八	他宗の家に娘を嫁入りさせたことについて（婚姻に伴う改宗について）。	夫婦になることは前世からの約束事。因縁に任せて世の中を渡ることが世の習い。帰依心を失うなら浅ましいことだが、婚姻を機に信心が強まると思うので、他宗へ嫁することを嫌う必要も好む必要もない。取らせたいのは信心で、聴聞は忍ばせても隠してもさせたい。
20	信仰生活	おみえ	娘の死別を機に信心が強まったが、娘を思う心が先立つ。雑修に当たるか否か。	娘を思う心は恩愛である。恩愛執着の心を機に称える念仏も報謝になるので雑修にはならない。
21	信仰生活	おえん	取越の報恩講の節、よその家に負けぬように同行衆への馳走に力を入れ、親鸞への馳走を後回しにし、例年の宗旨の役目のようにも感じることについて。	報恩講は親鸞が上客。同行が主となり親鸞を後回しにするのは名聞によるもので甚だよろしくない。当年から改めるように。

※弘前市立弘前図書館所蔵「豊后国六人御調御法話聞書」（W一八八-七-九二）、架蔵「御法話」、大谷大学図書館所蔵「香月院講師豊後国同行安心御調」（宗大二九四三二）、同館所蔵「筑後国六人同行記」（宗大九三七一）、同館所蔵「香月院様伊之助於ヱミ勇之助定八於ヱン友治郎江御話」（宗大五八六九）より作成。記載順は「示談録」の展開に合わせている。

（一）教義理解に関する問答

ここでは、伊之助・勇之助の事例を取り上げる。伊之助との問答では、伊之助が寛政度再建時に受けた「正しい」理解を示し、深励から褒められている（表7-3-1〜4）。では、今回初めて教化を受けた勇之助の場合（表7-3-16）はどうか。史料四は、深励が勇之助の「タノム一念」の理解を確認する場面である。

【史料四】

勇之助申上ル

（中略）如来様ヲタノムハカリトアル御教化ニシタカヒマシテタノミマシテコサリマス

御講師、タノムハカリチヤトアル御教化ニシタカフタトアルハ左フナレトモ、タノミマシテコサリマスト申サル、処ハトフヤラ紛ハシウコサル、近年ハタノム〳〵ニサマ〳〵有テ、タノムト云機ヲタノムモアリ、又タノマネハナラヌコトチヤト云タノミヤウモアリ、又如来ニ向テタノムヲタノミト思フモアリ、又御助ケノ如来トキヒテ如来ヲタノミ《ン》タト云フタノミモアリテ、サマ〳〵ト紛ラシヒコトハカリテコサルカ、ソナタノタノミタト云タノミヤウハトウテコサル

勇之助申上ル

勇之助ヲ御助ケノ如来様ト御聴聞申シテ、ソノ如来ヲタノミマシテコサリマス

御講師高声ニ仰シヤツタリ和ラカニ仰シヤツタリサマ〳〵ト仰セラル、

ソレハオホキニ聴聞ノ仕違テコサル、ソレハヤハリ御助ケノ如来ヲ向ニ立テオヒテ、コノ方カラタノミヲカケ、ソノタノミ心ヲ如来ニ受取テモラヒタヒ機ノアルタノミフリテ大キナ間違テコサル（後略）

「たのむ」をめぐる多様な教説の存在と、勇之助の「たのむ」が、行者の側から救済を祈願する「自力」のたのみ方であると指摘されている。では、勇之助は真宗の教えに触れる機会に乏しかった

のかというと、そうではない。勇之助によれば、彼の家は篤信の家で、「坊様達ハ立替リ入替リ御勧化」をしたほか、「御寄講モ月ニ二度モ三度モ四度モ」あり、「ヨク〳〵聴聞モサセテ下サレ」たという。勇之助は恵まれた信仰環境にあったが、「正しい」教えを理解できていなかったのである。この後、勇之助は信楽正因説の立場に基づく深励の教諭によって、本山の教えを「正しく」理解していく。

以上の問答を検討する際には、当該期の真宗教学の動向を押さえる必要がある。東西本願寺では、一八世紀半ばから蓮如御文の「たのむ」の解釈をめぐる教学論争が発生していた。とくに、西派の三業惑乱は全国規模で展開している。この三業惑乱で問題視されたのが、三業帰命説である。これは、蓮如御文の「たのむ」を阿弥陀仏への祈願請求として解釈し、身口意の三業を行うことで極楽往生が可能になると主張する教説である。この三業惑乱は西派だけでなく東派にも影響を与えており、東派僧侶が三業帰命説を否定しようとするあまり極端な教説を生み出し、本山学寮から異安心として裁かれるという事件も起きている。このように、一八世紀半ば以降の真宗教団では、「たのむ」をどう解釈するかが教学上の主要な論点となっていた。伊之助や勇之助の問答は、かかる教学の動向が示談録に反映された結果であるといえるだろう。

なお、付言すれば、勇之助は、地元久留米の寺院僧侶による教化では「正しい」教えを身につけることができていなかったことになる。学寮講師深励の教化によって勇之助が「正しい」教えを受容していくという示談録の記述は、地方寺院に対する本山学寮の権威性・優越性を示そうとする叙述として捉えることもできよう。

(二)　神祇不帰依をめぐって

定八と深励との問答(表7-3-10)は、門徒六名が海路で取った行動に関する話で、全員に関わる内容となっている。定八によれば、六名の乗船中、突然大風が吹いて難破しそうになった。船頭は乗客に対し、髪を切るように勧めた。早く切るようにせかされた六名は、髪を切り、海へ投げ入れた。すると大風がやみ、難破の危機を免れることができたという。だが六名は、自分たちが真宗の教えに違背する行動をとったのではないかと恐れていたようである。

髪を切る行為には、いかなる意味があったのか。文化年間(一八〇四～一八一八)に成立した随筆『擁書漫筆』[32](小山田与清筆)によれば、難破の際、船人が頭髪を切って龍神に手向けるという習俗があったという。六名が行ったのは、この呪術的行為のことを指すと思われる。

近世真宗では、阿弥陀仏以外の諸神諸仏への帰依が否定される(神祇不帰依)。定八の問いは、自分たちの行動が、この教えに背くものなのではないかという不安を訴えるものであった。深励は、「ソレハヨクコソ切ラレタ」と賞賛し、「他力ノ本願ヲ信シサセテ下サル、御教化カ聞ヒラカレ往生治定ト了解ヒラケタ其上ハ、世間ノ仁義ヲ以テ先トシ王法ヲ本トセヨトアル御教化ノ趣」であるから、髪を切らなければ掟に背くと述べている。深励曰く、信心決定の上であれば「雑修モ元ヨリ自力ニハナヲナラヌ」。したがって「髪キルヤウナコトヤ神参リスルヤウナコト」は、「仁義」となり「王法」となるので、「タノマヌハカリ」でこそあれ、粗末にしてはならないと心得よ、という。「雑修モ元ヨリ自力ニハナヲナラヌ」の解釈は難しいが、深励の応答は、信心決定後における神祇への祈願祈禱は王法為本・仁義為先の目的であれば容認され、雑修や自力の行為とは見なされないというものであった。

実際の深励は、祈願祈禱をどのように語っていたのだろうか。例えば、名古屋御坊で文化二年二月三日から一六日まで開催された『御文』一帖目第三通に関する法話で、「一心にふたごころなく」の解釈をめぐり、深励は次のことを語っている。

【史料五】

フタコ、ロナクトノ玉フハドウジヤト云フニ、コレハ弥陀ハ一心ニタノンデヲルガ現世ノコトハ神様テナケレハナラヌト云同行ガアル、夫ハ一心ノヤウナレトモ誠ノ一心デハナヒ、夫ハフタコ、ロジヤ、雑行雑修自力ノコ、ロヲステ、一心ニタノムト改悔文ニ申ステナヒカ、表向寺参リデモスルトキハ肩衣《カタキヌ》テモカケ、マフ極楽参リホト大切ナコトハナヒト云テ居ルケレドモ、此世ノ大事ガヤマヌ故ニ蔵ノスミ抔ニハ神棚ヲ飾《カサル》ヤウナガアル、夫ハフタコ、ロジヤ、現世ハ神様、后生ハ仏ケト両手ニモノヲ持ツヤウナ者ガ何ノ一心ジヤアロウ、（中略）人間ノ果報仕合セ不仕合セハミナ過去ノ約束ナリ、夫ガドウシテ神仏ケニ禱リテモ叶ハフソイノフ、夫ガ叶フナレバ乍レ恐天子様将軍様ニハ御早世ハナヒ筈ジヤガ、皆過去ノ約束テ来タモノガドウシテ叶ハウゾイノウ(33)

深励は、後生のことは阿弥陀仏に任せ、現世のことは神に願わなければならないと主張する者や、寺参りの際には極楽参りが大切だと述べていながら、この世への執着が止まず、蔵の隅に神棚を飾るような者は「フタコ、ロ」であり、一心ではないと批判している。加えて、人の幸不幸は前世からの因縁によってもたらされているのであり、神仏への祈禱で解決できるものではないと述べている。家内における神事や現世の寿福を祈る行為は、「フタコヽロ」として退けられていることが分かる。

では、家外での祭祀等についてはどうか。年不詳だが、親鸞の祥月命日の逮夜（正月二七日）で、深励は『高僧和讃』の「仏号むねと修すれども　現世をいのる行者をば　これも雑修となづけてぞ千中無一ときらわるる」（善導讃）を讃題に法話を行っている。(34) 深励によれば、雑修とは「マジリ修スル」ことであり、専修の行を行いながら心に現世の大事を思うことが雑修となるのだという。ゆえに親鸞は雑(35)行雑修を捨てよと述べるのであるが、その親鸞の言葉について深励は、「サツハリトステ、オロソカニスル」ことではないと述べる。そして、「三ヶ条」（蓮如『御文』二帖目第三通「神明三か条」）や「六ヶ条」（同三帖目第一〇通「神明六か条」）などを引き合いに出しながら、「鳥居等テモコハレテイタラハナホセ、祭《マツリ》等モムカシカラアリ来リタコトハセネハナラヌ、タヾ心ヲカケヌ計」りである、と語っている。深励は、社の修復や家外の祭祀には、帰依を伴わない限りであれば参加を容認しているのである。

以上見てきたように、実際の深励の祈願祈禱に対する姿勢は、家内の神事や現世の寿福の祈念を排する一方、家外の祭祀や社の修復については帰依を伴わなければ可とするものであった。(36) このほか、幕府から東本願寺に対する、真宗での祈願祈禱の有無についての問い合わせを受け、深励・宣明・鳳嶺・宝景が連名で作成した答書(37)には次の内容が記されている。真宗では諸神諸仏等に現世の寿福を祈る祈願祈禱は行わないが、仏法をもって王法を守る場合には、天下安穏を祈るという意での祈願祈禱はある。とりわけ後者に関しては、念仏行者は諸神諸仏の加護を受けるので、願わなくとも現世利益が得られるとしている。

以上、深励の著述から、祈願祈禱に関する深励の見解を確認してきた。髪を切る行為を肯定する示談録の主張は、『高僧和讃』を讃題とした法話における説明と類似すると解釈できるかもしれない。だが、法話で触れられる祭祀は、従前から執り行われてきたもの（例えば共同体祭祀等）を指しており、示談録における旅中での祈禱行為は含まれない。示談録は、深励の語りには言及されていない条件を設定し、神祇への対応方法を示しているのである。

（三）子供の帰依をめぐって

生後間もない子供は、教えを理解できないが、親はどのような行動を取るべきか。子供を預けて上京したおえんは、以上の内容を深励に尋ねている（表7-3-17）。深励は、まず「親カ如来様ニ向フテ代タノミ」することや、子供が「モノイフコトカ叶ハヌサカヒテ親カ連テ出テ改悔タノミスル」ことなどの事例を挙げ、このようなことをするのは「不正義」であり「秘事法門」であると退ける。その上で、「水子モ三才ノ童モ百才ノ翁モ」宿善があれば救われるとする。よって、子供を仏前へ連れ出して拝むことを教えていけば、それが次第にその子供の宿善となり、最終的には「如来ノ御計ヒ」で「マコトノ信心」を得られるようになるのだと述べる。

ここで深励が「不正義」とした行為は、代り帰命（名代頼みとも）のことを指す。代り帰命とは、母親が小児に代って阿弥陀仏に救済を「たのむ」儀式[38]である。近世期には、小児の往生の可否に関して様々な説が立てられ[39]、代り帰命の可否をめぐって立場が分かれていた。代り帰命否定説では、小児の往生は阿弥陀仏の計らいに任せるべきであり（凡夫不可知）、代り帰命は自力の行為として否定される。一方、代り帰命肯定説では、基本的に小児は帰命の自覚を持てないために往生不定であるが、親が小児の代りに阿弥陀仏へ祈願請求を行うことは小児の宿善となるので有効であるとする。示談録の深励の応答は、子供の往生の可否は宿善の有無で決まるものであるとの認識の上で、代り帰命を排するものである。

では、実際の深励は小児往生に関してどのような考えを持っていたのか。深励は、小児往生に関する講義を行っている[40]。講義のなかで深励は、小児往生に関する諸説を、①小児往生可能説、②小児往生否定説、③代り帰命実行による小児往生可能説の三つに分類した上で、それらを全て否定する。彼は、小児往生の可否は「凡慮ヲ以テ定ムヘキ事ニ非ス」と凡夫不可知の立場を取った上で、蓮如御文一帖目二通等を論拠に「男子女人大人小児イツレニテモ一念帰命ノ信心治定ノモノナレハ皆往生ス」、すなわち、一念帰命の信心を獲得した老若男女は全て往生できると述べ、信心獲得を往生の条件とする。また、その信心獲得の可否は、「過去ノ宿善」の有無にあると説明している。示談録の深励の語りは、基本的に実際の深励の見解に沿うものであるといえるだろう。ただ、示談録では、仏前へ連れ出して仏を拝むことを教えることが子供の宿善になるという教えが示されており、やや踏み込んだ内容となっている。

(四) 婚姻に伴う改宗について

定八の娘そめの、婚姻に伴う改宗問題に関する問答を見ていく（表7-3-19）。そめに対し、他宗派の親類から縁談の話が持ち込まれた。他宗派の家へ嫁ぐことは改宗を意味するため、定八夫婦も娘本人も縁談を白紙に戻そうとした。だが、それにより「大切ナ親類ノ縁モ切レル」ような状態を招いてしまう。

先に述べた通り、この話に限っては、【D】「同行記」と、それ以外の写本とで状況が異なっている。【D】の場合では、まだそめを嫁がせる前の段階の話となっているが、その他の写本では、すでに嫁がせた後の話となっている。ただ、どちらの場合も深励の回答の主旨は変わらない。深励の答えは以下の通りである。真宗の家に生まれた者が他宗の家に嫁ぐのは、前世からの因縁である。だが、真宗の家に生まれたことが娘の心にかかり、信心を失わないように心がけたならば、それは阿弥陀仏の慈悲の顕れである。だから、他宗へ嫁に出すことをそこまで嫌う必要はないし、好む必要もない。とにかく、信心が大切であるので、法義の聴聞は忍ばせてでも隠してもさせたいものである。

ここからは、婚姻に伴う改宗が、門徒にとっては自身の救済に関わるほどの変容であることを意味し、激しい葛藤を招くものと認識されていたことが分かる。また、深励の回答は、婚姻が前世の因縁によるものであること、すなわち、解決不能であることを暗に仄めかすと同時に、信心獲得の重要性を提示して門徒の葛藤を和らげ、世俗秩序との融和を図るものであった。

以上見てきたように、第一節の冒頭で取り上げた他の問答体講録と比べ、示談録には登場する門徒の人物像や深励との関係性が具体的に描かれる。その内容も、教学理解に関する内容に留まらず、一般門徒の日常生活に関わる問答が見られた。深励の応答は、基本的に実際の深励の教化に沿う内容であるが、神祇不帰依の問題や子供の帰依に関しては、現実の深励が述べている範囲を超えていた。

では、何故そのような内容が示談録に記載されたのだろうか。例えば、神祇不帰依の問答で登場した髪を切る行為は、門徒の移動中に生じた出来事であった。近世期には、交通の発達などによって民衆の移動が活発化した[41]。したがって、旅先などで祈禱行為への対処が求められる機会が増え、どのような対応を取るべきか、教学上の指針を示す必要が出てきていたのではないか。そのため、上記の問答が示談録に盛り込まれたのかもしれない。

このように、示談録の特徴は、他の問答体講録と比較すると、物語性が強く、僧侶が民衆教化の場で直面しうる論点が網羅されている点にあると指摘できる。示談録は、問答という質問者と回答者が織りなす対話形式の叙述に、登場人物の個性や問答に至るまでの「物語」を盛り込むことで、一方向的な語りを記載する法話の講録や、登場人物に関する情報を載せない他の問答体講録ではカバーしきれない論点を組み込むことに成功したといえる[42]。

第三節　問答体講録の成立・流布の背景

問答体講録は、何故近世後期に流布したのだろうか。

東派では、示談録が成立する少し前の一八世紀半ば頃から異安心が頻発し、「正統」教学に揺らぎが生じている状況にあった[43]。門徒は何が自身を救済する「正しい」教えなのか、また、自身の教義理解は「正しい」のか、悩んだであろう。事実、東西両派が混在する越後国片貝村では、東西の別なく、三業帰命説に接した門徒の一部が、三業帰命説が伝わる以前に死去した親兄弟の死後の行方に不安を抱いていることが確認できる[44]。

かかる状況下、門徒の中からは、自ら積極的に「良質な」教学知を求める者も現れていた。それは、本書第二部第五章で紹介した、深励の講録の末尾から窺える。[45]簡潔に述べると、深励門下の瓊林が門徒の依頼を受けて講録を筆写していたところ、来訪した僧がそれを見咎めた。その僧曰く、「近年、僧侶よりも在家の方が教学知を獲得し、僧侶を言い込め困らせる。越前界隈では「御講師ノ法談」を覚えて教化する俗人もいる。その元凶は講録の在家への流布である」のだという。それに対して瓊林は、僧侶は学問に精勤することが職分であり、俗人に言い込められるのは僧侶の懈怠だ、と答えた。ここからは、能動的に学寮講師の講録を求めたり、教化を行ったりする俗人の存在[46]と、それに危機感を抱く僧侶の姿が読み取れる。

ところで、東本願寺は、寛政度・文政度・安政度・明治度と四回再建をしているが[47]、本山再建を支えた構造は、先学の成果を踏まえると次の通りであった[48]。教団は、本堂の再建を親鸞への報恩と位置づけて、教導を通じて本堂再建の意義を門徒へ伝え、門徒は教導への報謝として労働力の提供や金銭・資材の寄付を行う。これにより、僧俗の役割がそれぞれ、門徒に教導して報謝を募る存在、僧侶の教化を享受して報謝を行う存在へと分化した。教導は様々なかたちで行われたが[49]、その担い手は、学寮講者から地方末寺僧侶に至るまでの、全ての僧侶であった。本山再建を支えた構造は、僧侶が門徒を教導し、門徒がその教えを受けて本山に報謝する、という僧俗の関係によって成り立っていた。

先述の俗人の動向は、このような構造をも揺るがしかねないものであった。異安心の多発や俗人の動向、度重なる本山再建。これが、一八世紀末から一九世紀半ばの東派僧侶が直面した状況であった。かかる状況下、東派僧侶にとって、門徒の帰依をいかに得るか、換言すれば、門徒といかなる関係性を取り結ぶかが、大きな課題となっていただろう。そこへ登場したのが、問答体講録であった。とりわけ示談録は、当該期の教学上の論点から門徒の日常生活に関わる問題までを取り扱っていた。また、一連の対話が、寛政度再建を機に出会った僧俗によって展開されることも特徴的である。再建によって信心を得た門徒が、僧侶の教化を受けて信仰上の不安を解消し、一層深く帰依していく。示談録の僧俗像は、理想的な関係像として参照されたのではないだろうか。示談録は、教団や僧侶が抱える問題への処方箋として生み出され、流布したと考えられよう。

おわりに

本章では、学僧と門徒との問答を「記録」した問答体講録の内容面や流布過程の分析と、流布の社会的背景の考察を行った。最後に、本章の内容を踏まえた上で、改めて講録に注目する意義と展望を述べ、まとめに代えたい。

講録は、(一) 学寮等での講義録、(二) 法談・法話の筆録、(三) 異安心取調べ関係記録、(四) 問答体講録の四種に分類可能である。(四) が入ることにより、単に講録を僧侶の語りの記録物とする従来の把握方法は、再考を迫られる。問答体講録に付される表題のみでは、四つのうち、とくに(一) との判別がつかないためである。本章で紹介した、物語性の強い示談録のような書物も含むのが、講録という史料群の特質なのである。したがって、講録から僧侶の語りを復元する際には、まず上記分類のどれに当てはまるのかを確認する必要がある。

では、かかる多様な内容を含む講録から、何が見えてくるのだろうか。それは、近世の僧俗が、（創作性の強い示談録も含む）文字化された僧侶の語りを求めたということである。講録を入手する者が、いかなる内容の講録を求め、どのように活用したのかは、その立場性により、当然異なる。しかしそれを逆手に取れば、専門的な内容の講録を求めたのか、それとも平易な内容のそれを求めたのかを追究することにより、受容者の意識や思想をあぶり出すこともできるだろう。講録という一史料を内容面から検討することで、その受容の側面や受容者の意識・思想などを窺えるのである。

その際、考えなければならないのは、講録が写本という媒体で流通した意味である。実は、講録は近代に入ると活字化され、出版されていく[50]。他方で、近代にも書写による伝播は残る。書写による伝播が活字出版に代替されていくのか否か、また代替されるとしたらいつ頃からなのかなど、検討すべき課題は多く残されている。講録の流布形態が講録の受容のあり方をどのように規定したのかに着目することは、知の受容のあり方の時代的変遷を解明する切り口の提示につながるだろう。

注

（1）　龍谷大学大宮図書館所蔵「法話二座　越前石田・越高小屋」（一〇五‐一／一〇六‐W／一）。

（2）　松金直美「近世真宗における〈教え〉伝達のメディア」（『大谷大学大学院研究紀要』二三、二〇〇六年）、同「近世後期真宗道場における文化受容」（澤博勝・高埜利彦編『近世の宗教と社会』三、吉川弘文館、二〇〇八年）。

（3）　「問答体講録」という名称は、「問答体」という叙述形式を取る書物が近世社会に相当数存在していたという丸山眞男の指摘（「日本思想史における問答体の系譜」『忠誠と反逆』筑摩書房、一九九八年）を踏まえたものである。

（4）金沢市立玉川図書館近世史料館所蔵「金津講師説教覚書」（特三二一―一二一―一二）。本書は、奥書によれば、安政四年（一八五七）二月、加賀国大衆免村三郎左衛門が書写したものである。三郎左衛門は、大衆免村の肝煎を歴任した本岡家の当主である。

（5）大谷大学図書館所蔵「香月院安心問答信喜問答始末」（宗大三三三五）、架蔵「安心問答書」（文化一一年八月下旬書写）。前者は深励と美濃国門徒との問答が記されており、書写年代は奥書の記述から明治以降であると確認できる。後者の内容は、「金津講師説教覚書」とほぼ同一である。

（6）架蔵「問深励講師答宣明講師安心御示談」。

（7）その内容は、概ね「金津講師説教覚書」と重なる。

（8）このような耳慣れない呼称を用いるのは以下の理由による。①近世の写本の表題にある「法話」・「御話」を用いると、近世に流布していた他の講録と区別がつかない。②真宗では、僧侶と門徒が一対一で教義について談合する御示談というものがあり（真宗新辞典編纂会編『真宗新辞典』法藏館、一九九四年）、本史料群の文中にも示談という言葉が登場する。ちなみに、示談には、門徒同士が互いに自身の信心のあり方について議論しあうという形式も存する（蒲池勢至「勝興寺の御示談」（蒲池勢至・川村赳夫『真宗民俗の再発見』法藏館、二〇〇一年）。

（9）以下の記述は、近世期諸本の序文の内容に基づく。なお、序文には諸本ごとに特徴があるが（後述）、深励と門徒の出会いから問答実現までの一連の叙述は各本共通である。

（10）文化六年（一八〇九）～同九年に展開した事件。深励門下の尾張国養念寺霊曜から指導を受けていた同国僧侶五名が、異安心を布教したとして本山から処罰を受けた。五名に対する判定や霊曜への処分をめぐって学寮と名古屋御坊が対立した結果、名古屋で門徒の騒動が発生、尾張藩の介入も受けた。詳しくは、本書第一部第二章を参照。

（11）「筑後国六人同行記」のみ、四月一六日に拝謁したことになっている。

（12）「示談録」に関する先行研究として、後藤智道「江戸期宗学の性格と信仰」（『真宗研究』五六、二〇一二年）

がある。後藤は、深励の活動を通じて近世宗学の特質を検討しており、そのなかで、深励の民衆教化の実態を示す史料として、久留米門徒との問答を記載した書物を取り上げている。ただし、後藤は近代の活字本をテキストとして用い、近世期写本の存在には触れていない。
(13) 弘前市立弘前図書館所蔵(W一八八-七-九二)。
(14) 架蔵。
(15) 大谷大学図書館所蔵(宗大二九四三)。
(16) 大谷大学図書館所蔵(宗大九三七一)。
(17) 大谷大学図書館所蔵(宗大五八六九)。
(18) 大正元年(一九一二)、法藏館より刊行。
(19) 昭和二三年(一九四八)、仏教文化協会より刊行。
(20) 恵空は厳密には講師職の初代に位置づけることはできないが、学寮制度の整備と学寮の地位の向上により、宗学史上の初代講師として位置づけられるようになったとされる(武田統一『真宗教学史』平楽寺書店、一九四四年)。詳しくは第一部第一章注(51)も参照。
(21) 以下近代活字本は、鹿野久恒『香月院安心示談』(法藏館、一九一二年)に拠る。
(22) 【A】「弘前本」。
(23) 示談録の本文への引用も同写本から行う。底本の確定については、今後の課題としたい。
(24) 大谷大学真宗総合研究所真宗本廟(東本願寺)造営史資料室編『真宗本廟(東本願寺)造営史』(真宗大谷派宗務所出版部、二〇一一年)。
(25) 大谷大学図書館所蔵マイクロフィルム(宗甲七五-九-一～九)。
(26) 古賀幸雄編『寛文十年久留米藩寺院開基』(久留米郷土研究会、一九八二年)。
(27) 後藤智道は、深励の民衆教化の実態を示す史料として、近代活字本の示談録を使用している(注(12)後藤論文)。だが、問答の事実関係が確認できない以上、示談録の内容を民衆教化の実態として提示するのは問題がある。

(28) 小林准士「神祇不拝の論理と行動」（注（2）澤・高埜編）、同「近世真宗における神祇不帰依の宗風をめぐる争論の構造と展開」（『史林』九六-四、二〇一三年）。なお小林は、後者の論文で、神祇を含め、阿弥陀如来以外の余仏余神への帰依を否定する真宗教団の教義を「神祇不帰依」と称しており、本書もこれに従う。

(29) 「阿弥陀如来を疑いなく信じること（帰依信順）で、極楽往生が定まるとする」説（上野大輔「三業惑乱研究の可能性」『龍谷大学仏教文化研究所所報』三五、二〇一一年、一頁）。

(30) 三業惑乱については、引野亨輔「異安心事件と近世的宗派意識」（同『近世宗教世界における普遍と特殊』法藏館、二〇〇七年）、澤博勝「近世後期の民衆と仏教思想」（同『近世宗教社会論』吉川弘文館、二〇〇八年）、小林准士「三業惑乱と京都本屋仲間」（『書物・出版と社会変容』九、二〇一〇年）、上野大輔「近世仏教教団の領域的編成と対幕藩交渉」（『日本史研究』六四二、二〇一六年）、当該事件の研究史を整理したものとして、注(29) 上野論文がある。

(31) 三業惑乱の東派への影響については、注（30）小林論文を参照。また、異安心とされた羽州酒田浄福寺公巌の教説にも三業帰命説が影響している（水谷寿『異安心史の研究』大雄閣、一九三四年、松金直美「近世真宗東派における仏教知の展開」『真宗文化』二二、二〇一三年）、本書第一部第一章。

(32) 日本随筆大成編輯部編『日本随筆大成』六（吉川弘文館、一九二七年）。

(33) 金沢大学附属図書館所蔵「香月院師御法話」上（BC-八G一六一）。

(34) 架蔵「亀洲講師法話聞書」四。以下、逮夜法談に関する引用などは本史料に基づく。

(35) 雑行は、弥陀の浄土に往生するために他の行を用いることを指す（深励『改悔文聞書』法藏館、一八九八年）。

(36) これは、門徒の内心における阿弥陀仏以外の神仏に対する祈願の念の排除を目指しつつ、氏神祭祀など村落共同体に関わる神事への参加は容認し、他方、家内の神事は認めないとする方針を取った西派本山の見解にも共通するものである（注（28）小林「神祇不拝の論理と行動」、同「近世真宗における神祇不帰依の宗風をめぐる争論の構造と展開」）。

(37) 金沢大学附属図書館所蔵「祈願祈禱之事」（同館所蔵「香月院小部集」収録、BC-八G-J六一K）。柏原祐泉は、「近世真宗の現世利益思想」（同『真宗史仏教史の研究Ⅱ　近世篇』平楽寺書店、一九九六年、初出一九七〇

年）で、本史料とほぼ同内容の写本（大谷大学図書館所蔵「当宗祈願ノ事」〈宗大三二三四〉）を使用する。この答書の作成時期は未確定であったが、上野大輔が田沼意正領分越後国頸城郡砂場村善正寺（東派）の一件との関連を指摘し、文化六年～同八年閏二月の間に作成されたものと比定している（「近世後期真宗学僧の国家祈禱論」二〇一七年一一月一八日仏教史学会学術大会報告。一件の概要については、同「幕藩領主の呪術的儀礼と真宗僧侶」稲葉継陽・花岡興史・三澤純編『中近世の領主支配と民間社会』熊本出版文化会館、二〇一四年）。『講師寮日記』巻一〇の文化七年七月九日条には、上檀間が深励を呼び出し、善正寺の書上一冊を渡し、一件への見解をまとめるよう指示している。そして、同月一六日、深励は上檀間に「祈願所之考」を提出、翌一七日には善正寺の書上を返却した（なお、深励の自坊永臨寺旧蔵書である大谷大学図書館所蔵「夜明の雲」〈宗大七〇一七〉には、善正寺の書上の写が含まれる）。以上から、「祈願祈禱之事」は、善正寺一件を契機に作成されたことが確定できる。

(38)　玄智『考信録』（妻木直良編『真宗全書』四〇、蔵経書院、一九一四年）八八頁。
(39)　星野貫了『小児往生論』（星野元豊、一九三八年）、深浦正文・大原性実『現代人の宗教的疑問の解答』第四輯（永田文昌堂、一九五二年）、大原性実『願生論の展開』（永田文昌堂、一九五二年）等。
(40)　清南寺蔵「小児往生義」。
(41)　新城常三『新稿社寺参詣の社会経済史的研究』（塙書房、一九八二年）。
(42)　この点、拙稿「近世真宗僧侶の教化課題」（『日本史攷究』四一、二〇一七年）では、示談録の深励の応答を実際の教化とほぼ同一の内容であると評価したが、本文の通りに改める。
(43)　注（31）水谷書。
(44)　『やせかまど』（小千谷市史編修委員会編『小千谷市史 史料集』小千谷市、一九七二年）三八頁。
(45)　注（1）「法話二座 越前石田・越高小屋」。
(46)　俗人による教化活動については、本書第二部第五章を参照。
(47)　注（24）『真宗本廟（東本願寺）造営史』。
(48)　木場明志「本願寺造営・再建における勧縁募財調達システム」（豊島修・木場明志編『本願職の研究』清文堂

出版、二〇一〇年）。

（49）各地へ派遣された使僧が、再建の意思表明を記した門主御書を携えて法話を行って懇志を募ったり、末寺僧侶が法話を通じて懇志を募ったりした。使僧は、しばしば学寮講者が務めた。こうした動きは、寛政度再建からある（注（48）木場論文）。

（50）国立国会図書館デジタルコレクション（http://dl.ndl.go.jp/）で、閲覧可能。

終　章　成果と課題

第一節　本書の成果

本書の目的は、教化や教説をめぐって生起する事象に着目し、教学論争の展開と、教説の流通の様相について検討することで、近世宗教が持つ特質の一端を解明していくことであった。まずは、本書で明らかにしてきた内容を、一　教学統制、二　教化の取り締まり、三　幕藩領主と仏教教団、四　教説の流布の様相、以上の四点にまとめ、そこから見える近世宗教の特質を提示する。

一　教学統制

教学の統制は、教学研究機関であり、末寺僧侶の養成機関でもあった学寮が、その実務を担当していた。ただ、ここで補足しておきたいのは、設立当初（一六六一～一六七三）の学寮は、教学統制や末寺僧侶の養成を担う機関として教団内で位置づけられていたわけではなかったことである。

学寮が、本山から末寺僧侶の教育機関として明確に位置づけられたのは、明和期（一七六四～一七七二）であった(1)。一方の教学統制についても、やはりその画期は明和期にあった。何故なら、明和四年（一七六七）に越後国で発生した越後の法論という争論から、学寮の僧侶が異安心の取調べを担当するようになったためである。越後の法論は、越後国了専寺と、同国久唱寺との間で展開した論争で、最終的に当事者が本山に呼び出され、学寮講師恵琳と嗣講随恵などによる取調べが行われた(2)。越後の法論以前における教学論争の正邪判定は、御堂衆の僧侶が担当していたが(3)、異安心の取調べの担当が移り変わった背景には、御堂衆の僧侶が寺務に忙殺され、教学を研究する時間がなくなったためであることが挙げられるとされる(4)。その結果、学寮の僧侶が、異安心の取調べや末寺僧侶の養育などを担当するようになった。以上から学寮は、明和期以降、教学統制権の実質的な担い手になるとともに、末寺僧侶の養成を行う機関として位置づけられた。

かくして、東派の教学統制は学寮を介して展開された。しかし、その体制は、他方で様々な問題を抱えていくことになる。

本山内における学寮の地位が教学面・教育面で一定程度上昇した結果、歴代講師の学説こそが本山正統の教説であると僧俗の間で見なされるようになっていった。それは、公厳が自身の学説の正当性を講者に示す際、学寮の基礎を形づくった恵然の権威を利用したこと（第一部第一章）や、俗人が自身の宗教活動を正当化する際に講師の権威を持ち出していたこと（第二部第五章）から裏付けられる。後年になると、学寮所化に講師の職分をめぐる次のような認識が浸透していた。文政一一年（一八二八）九月に死去した講師五乗院宝景の葬式について、所化が本山に対し、使僧による焼香の実施を出願した。所化は、講師の職分は善知識（＝門主）の尊慮によって日本中の門末に宗意を教導することにある、と述べている（「御講師之義者、善知識様以　尊慮　被仰付宗意安心筋之御化導、日本中御門末江相伝候根本之職分」）[5]。本山はこれを受け、宝景の後に講師に就任した易行院法海を呼び出し、所化は宗意の安心が門主から講師、講師から門末へと伝えられていると認識しているようだが、安心は講師に限らず、嗣講や擬講、御堂衆や諸国の末寺にも門主が伝えるものなので、所化の主張は「心得違」いである、と告げ、以上の内容を所化に伝えるよう申し渡した[6]。上記からは、「学寮の講師は学問を研究するために設置された職であり、その職分は聖教の文義を研究することである」とする深励の言葉（第一部第一章）から逸脱した認識が所化のなかで形成されており、本山の意図にも反する講師の権威化が進行していたことが分かる。

講師の権威上昇は、学寮による教学統制にも影響を与えた。尾張五僧の事件では、五僧の教説に異端的な要素が含まれていたにもかかわらず、彼らが深励の門弟である霊曜に師事していたことから、学寮は、彼らの教説を異安心・不正義ではなく異様な勧め方をしたのが問題であると判定した（第一部第二章）。これは、講師の学系から異安心者を出すことを回避するためであった。結果、名古屋御坊からの反発を招き、門徒による騒動も発生し、尾張藩の介入を招くことになる。以上からは、学寮を中心とした教学統制の秩序を維持するため、身内に甘い対応を取る学寮の姿が浮かび上がってくる。

また、学寮は、様々な学説を生み出す場でもあったが、そうした営みから生じた各学派の教説が、講師自身ないしそれぞれの門弟による教化によって地域に持ち込まれた結果、僧俗の間に対立を招くこともあった（第一部第三章）。加賀安心争論では、自身が信奉している教えと相違する内容を聞いた門徒が相手方を批判し、それを受けて僧侶同士が批判を繰り広げていった。同争論の場合、対立したのはともに学寮講師を務めていた深励と宣明の学統の僧侶であったため、いわば「正統」同士がせめぎ合う様相を呈していた。学寮側は、どちらの教説も根本は同じであるとし、学説間の相違を等閑視することで両者の対立の解消を図らざるを得なかった。

従来、東派の教学は、西派と異なり、先輩の説を尊んで学寮の軌轍を遵守し、学派がないことを特色とするものであったとされる[7]。とくに、深励の学系が登場することで学問が統一され、学説の固定を招いた、とも言われている[8]。しかし、実際には、歴代講師の学説の併存が正統の複数化を招き[9]、学寮はその統御に苦慮していた。これは、教学を研究する機関が教学統制権の実質的な担い手となったことによって生じた現象であるといえるだろう。

二　教化の取り締まり

教化の取り締まりをめぐっては、享保七年の法度書を用い、他僧へ法話を依頼する際に本山・本寺への届出を必須とする宗派（本寺）が存在したこと、代行者の条件として僧侶の師弟関係や法脈を挙げるところが多かったことを指摘した（第二部第四章）。また、東派では、法話の代行者を組合内の僧侶に限定する独自の規定を有していたが、実際には、各地の触頭が地域の実情に合わせ、末寺の教化活動の管理を行っていたことを述べた。以上から、東派教団の教化活動の取り締まりは、狭義の寺院本末関係ではなく、教団行政の支配系統である触頭―組合編成が担っていたことを明らかにした[10]。

かかる制度が敷かれた背景には、旅僧による活発な活動がある。小林准士が指摘するように、僧侶身分の周縁に位置し、教団からの統制を受けにくい存在であった旅僧は、門徒たちによって寺檀関係の枠を超えて組織された講と結びつき、本山を頂点とする既存の体制から逸脱する動きを見せることもあった[11]。東派本山は、こうした危険性を持つ旅僧の活動を排除するため、触頭―組合編成を基盤とした取り締まりを展開したのである。だが、旅僧の活動を受け入れる民衆や、旅僧の活動を利用する寺院により、教団による教化の取り締まりは、上手く機能していなかった。また、清次郎一件（第二部第五章）で示したように、僧侶身分の編成・統制を担う仏教教団では、統制の対象外となる俗人の教化を排除することは困難であった。

三　幕藩領主と仏教教団

一では教学統制について、二では教化の取り締まりについて、教団側の動向をまとめてきた。ここでは、この二つをめぐる幕藩領主の関与のあり方について、本書における分析を踏まえて振り返りたい。

先行研究[12]で示されているように、幕藩領主は教学論争に際して宗意是非の判断には不介入の立場を取り、本山の教学統制権を承認していた。また、既存の秩序を乱す行動に関しては処罰を加え、秩序の維持を図った。さらに、加賀安心争論（第一部第三章）で見られたように、僧俗間の対立が深刻化した場合、触頭寺院を介して様々な働きかけを行ったり、教団側の対応を補助したりすることで、解決を図ろうとしていた。これらはいずれも、治安維持の観点に基づく対応であり、教説の是非判断に介入する意図はない。

だが、国法の対応と本山（寺法）との対応に齟齬が生じたときには、領主側は教説の是非をめぐる判定への不干渉を標榜しつつも、国法の決定に合う寺法の取り捌きを本山に要求した（第一部第二章）。具体的には、本山は、学寮の判定に基づき、五僧の教説を「異安心でも不正義でもなく、勧め方が異様」であるとしていたのだが、尾張藩が触で「不正義」という文言を用いたことにより尾張国内の僧俗の混乱を招いたため、尾張藩から調整するよう要求されたのである。このとき、尾張藩は、「法義筋者其御方之義、此方ニて取綺候義ニ而ハ無之」と述べ、本山の教学統制権を認めながら、「此上者御本山ゟ如何様ニ御申候とも役所ニおひてハてもとりハ致さぬ儀」と言って、本山へ圧力をかけている。これを受け、本山は五僧を「不正之勧方」であったとして、深励をはじめ、五僧の取調べに関わった講者を処罰した。以上からは、藩の対応が教説への不干渉という原則に基づいていたとしても、実態面においては教説の是非判断への干渉が生じていたことを示している。

教化の取り締まりに関する領主の対応については、加賀藩領を事例に見てきた（第二部第四章）。加賀藩では、主に夜法談と、他国僧による法談、在家での法談が禁止されており、一八世紀末から一九世紀初め、そして一九世紀半ばに、教化関係の取り締まりをめぐる通達が多く出されていたことを確認できた。そして、触頭―組合編成を活用し、触頭寺院に取り締まりを一任して、教化の規制を徹底させようとした。かかるあり方は、東派本山による取り締まりの方法とも共通していた。だが、規制から逸脱する活動が収まらなかったため、藩側は、寛政三年（一七九一）に藩寺社奉行所への法談の届出を義務づけようとするなど、触頭寺院による取り締まりへの介入を強める。触頭寺院や触下寺院はこれに抵抗したが、結局、天保一五年（一八四四）には、加賀三ヵ寺の触下寺院同士による法談を対象に届出が義務化され、嘉永三年（一八五〇）になると、領内の僧侶を招いて法談を行う場合にも、藩寺社奉行所への届出が必要とされたのである。以上からは、教化の取り締まりをめぐり、藩側と寺院側のせめぎ合いが生じていたこと、そして、触頭による自律的な運営が、教化という部分的なものではあれ、藩によって切り崩されていくさまが見受けられる。

以上の領主側の対応から見えてくるのは、教化の内容や教説の正否の判断には基本的に干渉しないが、領主の統治を乱す可能性がある活動や対応については介入を試みるという姿勢が存在することである。とりわけ後者については、状況次第では仏教教団の自治を揺るがしうる事態を招くこともあった。無論、領主による対応と一口に言っても、各地域の状況や領主側の思惑（担当役人の認識なども含む）は区々であり、本書で取り上げた事例はそのごく一部分に過ぎない。教説や教化に関する事例以外における宗派間対立との比較検討や、通時的な変化、領主ごとの対応の差異などの分析は、今後の課題である。

四　教説の流布の様相

講者による学寮での講義や、各地での法話は筆記され、講録として写本のかたちで各地に流布していった。具体的には、（一）学寮等での講義録、（二）法談・法話の筆録、（三）異安心取調べ関係記録、（四）問答体講録といった様々な講録が作成され、（一）と（二）は個々人の貸借を介して、（三）は個々人の貸借のほか、本山御用書林による「貸し本」での流通によって、僧俗間に流通していた（第三部第六章）。さらに、学寮講師深励と門徒との問答を「記録」した講録（（四）問答体講録）も作られ、僧俗の間で受容されていることを論じた（第三部第七章）。なかでも物語性の強い示談録は、僧侶が民衆教化の場で直面しうる論点を網羅した内容となっていた。こうした写本が、板本の仏書とともに、僧俗の間で広範に流通していたのである。他方で、学寮での教学研究や、板本・写本を介した教説の流布は、僧俗間において、教学をめぐる様々な思索を促し、解釈の多様化を招いた。それは時に、本山が正統とする教説から外れた解釈（異安心）を生み出すこともあった。

教学論争は、僧侶だけで完結していたわけではない。第一部第二章・第三章で見てきたように、門徒による積極的な関与も見られた。澤博勝が指摘する通り[13]、門徒内部の階層性の違いは重視しなければならないものの、門徒が教学論争へ積極的に介入した背景には、法話によるオーラルな教えの伝達と、そのオーラルな教えが写本のかたちで文字化され、社会に流布していたことが挙げられる。しかも、深励を筆頭に、学寮の講者は各地において活発に教化を展開し、その語りの一部は講録となり、講者が教化に訪れたことがない地域にも伝来していた[14]。すなわち、学寮講者による質の高い教えが、直接あるいは間接的に、門徒に受容されていたのである。いわば、仏教知をめぐるインフラの整備が、教えに対する関心を高め、それが、教学論争の激化を招く素地になったといえるだろう。

以上、本書で明らかにした内容を四つに整理しながら見てきた。では、以上から見えてくる、教化と教説をめぐる近世宗教の特質とは何であろうか。それは、信仰が、宗教知の広範な流通・受容によって支えられるあり方である。学僧から俗人まで、様々な立場にある人々が、オーラルな教えの伝達と受容、そうした教えが文字化された写本の伝播などを介して、自身の信仰や思想を形成していった。しかしそれは、異安心の発生や、取り締まりから逸脱する教化活動のように、仏教教団や幕藩領主が望まない状況も生み出すものでもあった。近世仏教教団にとっては、こうした動向をいかに統御し、教団を運営していくかが、近世期に一貫して存在した課題であったといえるだろう。触頭による教化の管理や、学寮による教学統制のあり方は、そうした課題への対応策の一つであった。

第二節　展望と今後の課題

繰り返し述べてきたように、近世期においては、本山の教学統制権が幕藩領主から保証され、教説の内容そのものに対して幕藩領主が干渉することは基本的にない。また、第一部第三章から分かるように、教化の場で語られた内容に対しても、その是非が領主から問題にされることはなかった。では、教説をめぐる国家権力と宗教との関係性は、近代に入るとどう変化していくのだろうか。

明治初頭、祭政一致の理念と、キリスト教への対抗を目的に、明治政府が神祇官を中心とした全国的な宣教の展開を企図し、その後紆余曲折を経て、教導職制度が明治五年（一八七二）四月に成立した。これにより、近世期以来の教説をめぐる環境は大きく変容していく[15]。教導職制度とは、神官・僧侶（後に講談師など宗教者以外の人々も動員される）から国民教化を担う教導職を選出し、説教の指針として設けられた三条教則に基づく教化を展開する制度である[16]。その制度のもと、とくに明治五年一一月以降、説教の内容についての制限が明確化され、三条教則から逸脱する教えを説くことが規制された。ここからは、近世期と異なり、国家権力が教化の場における語りを積極的に規制していく有り様を見て取ることができる。

なお、教導職制度自体は、教義研究機関として明治六年一月に開院された大教院から真宗が離脱したことで行き詰まりを見せ、最終的に大教院は解散し、明治一〇年一月一一日には、神仏合同の宗教行政機関であった教部省（明治五年三月一四日設立）も廃止された。以上によって、各宗派が銘々に布教を行うことが認められ、「信教の自由」が実現されていく。とはいえ、安丸良夫が夙に指摘しているように、「三条の教則の遵奉が独自の布教活動を共約する原則とされ」、「国家のイデオロギー的要請にたいして、各宗派がみずから有効性を証明してみせる自由競争が、ここから始まった」[17]。また、「信教の自由」も、秩序を乱さず、臣民の義務に背かない範囲で許容されたものであり、「こうした漠然とした制限規定のもとでは、「信教の自由」は、国家が要求する秩序原理へすすんで同調することと同義にさえなりかねなかった」[18]のである。

ただ、念のため言い添えておくと、本書の立場は、近代日本に比較して、近世日本の宗教が「自由」であった、と主張したいのではない。近世の宗教もやはり、時の国家権力が許容する範囲で活動を展開していたのであり、そこには様々な抑圧や矛盾が存在した。こうした抑圧や矛盾の存在に目を向けながら、近世と近代の宗教政策の相違が、教化や教説をめぐる諸動向にどのような影響を与えたのか、考察を深める必要があるだろう[19]。

以上の見通しを踏まえつつ、現段階の課題について、四点にまとめて提示したい。

一つ目は、学寮が教学統制権の実質的な担い手となる以前の、教学統制のあり方の解明である。具体的には、明和期以前の異安心が、どのようなかたちで処理されていたのかを分析し、近世期の教学統制権の通時的な展開を描き出していくことが求められる。それにより、本書が扱ってきた、近世後期における教学統制権の特質が見えてくると思われる。

二つ目は、近世社会に流通し、受容された教説の内実を明らかにすることである。僧侶は、どのような教えを発信し、民衆は、いかなる教えを受容していたのだろうか。それを解明する上で格好の材料となるのが、講録の存在である。講録は、本書第三部各章で述べてきたように、語る場や聞き手の違いにより、その内容は自ずと異なっている。こうした差異に注目して各講録を分析することで、教学研究機関で講義されていた専門的な教えにはどのようなものがあったのか、そして、教化の場ではどのような教えが語られていたのか、具体的に示すことができるだろう。

ちなみに、講録の持つ可能性を考える上で、「声」と「文字」との関係性の変容から、西欧中世の社会変容を明らかにした大黒俊二の成果で取り上げられている、「筆録説教」と「範例説教」の存在は示唆的である[20]。大黒によれば、一五世紀のイタリアで作成された筆録説教は、説教師による聞き書きの推奨のもと、俗人が作成した説教の聞き書きである。他方、範例説教とは、説教のあらすじや台本が記載されたものである。大黒は、範例説教と筆録説教の二つから、パターン化された範例説教が、実際の説教の場でどのように語られており、また、俗人がいかなるかたちで受容したのかを明らかにした。とくに、完全筆録の例として紹介されたベネデット筆録は、説教の場の雰囲気、説教師の語り口などが精密に記録してあり、当時の説教を生々しく伝える内容となっている。

翻ってみるに、近世日本における講録は、僧侶が筆記したものである点[21]、法話で活用されることもあった点[22]、基本的に出版されることがなかった点[23]など、西欧の筆録説教とは相違点も見られる。だが、教化の場における生の声に迫ることが可能であるという点で共通性がある。かかる点を踏まえれば、講録は、近世日本における教化の現場に我々を導いてくれる魅力的な史料群であるといえよう。なお、講録のうち、第三部第七章で取り上げた問答体講録は、実際の法話の内容を解明するという目的で扱うことはできない。だが、僧侶が民衆教化の場で直面しうる論点が網羅された書物であることを踏まえ、それぞれの論点をめぐって、僧侶が実際にどのような議論を行っていたのかを跡付けることによ り、当時の門徒による信仰実践(24)を解明することが可能となる。その点で、問答体講録も、やはり有益な史料群である。こうした講録の内容分析を進め、近世期の教化の実態や、教説の内容について、具体像を描いていきたいと考えている。

三つ目は、民衆側の意識・行動に関する究明を進めることである。本書でも、教学論争における門徒の動向や、俗人による教化、教化を支える門徒の姿など、できるかぎり門徒たちの意識・行動に関わる事柄を取り上げるように努めた。しかし、教団側から異安心と判定される教説を人々は何故受容したのか、当該期の人々が求める教えとは何であったのか、民衆の意識・思想に分け入るような分析は十分に果たされたとはいえない。その要因の一つは、主に使用してきた史料が、本山や触頭寺院によって作成されたものであったことにあると思われる。無論、本書で実際に示してきたように、例えば異安心の取調べの際に作成された記録からも、地域の人々の行動などを一定程度読み取ることは可能である。だが、そこから得られる情報には、当事者の思惑が多分に反映されているため、異なる位相の史料を用いて相対化する必要もある。以後は、本山や触頭寺院の史料も活用しつつ、先程述べた講録と、一般寺院や講の史料、村方の史料なども利用しながら、人々の意識・思想を組み込んだ、より立体的な歴史像を描出することを目指したい。

四つ目は、他宗派の事例分析の必要性である。本書で明らかにした教化活動の管理のあり方や、教学統制の仕組みは、どの程度一般的に見られるものであったのか。個別具体的な事例に即して解明し、近世期における仏教教団の教化・教説の有り様の全体像を示していく必要がある。

以上の課題を念頭に置き、今後は近世期の教化・教説に関する諸動向の実態分析を深化させていきたい。その上で、先に触れた近代の宗教をめぐる動向が、近世期における歴史的展開をどのように継承し、あるいは断絶するかたちで展開されたものであったのか、解明していきたいと考えている。それは、近代における宗教政策の捉え直しを進めるものになると同時に、近世宗教の歴史的特質を浮かび上がらせることにもつながるであろう。

注

(1) とはいえ、明和期以前から、学寮には各地の末寺僧侶が参集して教学の研鑽に励んでいたことが確認できるため、すでに僧侶の養成機関として機能していたと見なせるだろう（武田統一『真宗教学史』平楽寺書店、一九四四年）。

(2) 水谷寿『異安心史の研究』（大雄閣、一九三四年）。

(3) 同右書、注（1）武田書。

(4) 注（1）武田書二九一頁。なお、武田は、僧俗への教化についても、当初は御堂衆の僧侶が担当していたが、徐々に学寮の僧侶が担うようになったと述べている。しかし、本書第一部第三章の央坊のように、使僧として派遣された御堂衆の僧侶は文政期にも教化を行っており、その点は留意すべきであろう。

(5) 「上檀間日記」（宗学院編修部編『東本願寺史料』一、名著出版、一九七三年）五七五頁。

(6) 同右五七七〜五七八頁。

(7) 廣瀬南雄「香月院を中心として」（『大谷学報』九－三、一九二七年）。

(8) 同右。

(9) 近世日本における正統の複数化については、引野亨輔「異安心事件と近世的宗派意識」（同『近世宗教世界における普遍と特殊』法藏館、二〇〇七年）を参照。

(10) 朴澤直秀「在地社会の僧侶集団」(吉田伸之編『寺社をささえる人びと』吉川弘文館、二〇〇七年)、同「近世の仏教」(『岩波講座日本歴史一一 近世二』岩波書店、二〇一四年)、同「仏教教団の組織と構造」(同『近世仏教の制度と情報』吉川弘文館、二〇一五年)、上野大輔「近世仏教教団の領域的編成と対幕藩交渉」(『日本史研究』六四二、二〇一六年)。

(11) 小林准士「旅僧と異端信仰」(『社会文化論集』三、二〇〇六年)。

(12) 澤博勝「日本における宗教的対立と共存」(同『近世宗教社会論』吉川弘文館、二〇〇八年、初出二〇〇五年を一部加除)、上野大輔「長州大日比宗論の展開」(『日本史研究』五六二、二〇〇九年)、注(10)同論文、小林准士「三業惑乱と京都本屋仲間」(『書物・出版と社会変容』九、二〇一〇年)、同「神道講釈師の旅と神仏論争の展開」(『社会文化論集』七、二〇一一年)。

(13) 澤博勝「近世後期の民衆と仏教思想」(同『近世宗教社会論』吉川弘文館、二〇〇八年)。

(14) 拙稿「清南寺〈蔵書〉の世界」(坂本広徳他編『清内路 歴史と文化』四、東京大学大学院人文社会系研究科・文学部日本史学研究室、二〇一四年)を参照されたい。

(15) 以下、明治初期の宗教行政の記述は、安丸良夫『神々の明治維新』(岩波書店、一九七九年)、同「近代転換期における宗教と国家」(安丸良夫・宮地正人校注『日本近代思想大系五 宗教と国家』岩波書店、一九八八年)、羽賀祥二『明治維新と宗教』(筑摩書房、一九九四年)、阪本是丸「日本型政教関係の形成過程」(井上順孝・阪本是丸編『日本型政教関係の誕生』第一書房、一九八七年)、藤井貞文「宣教使の長崎開講」(『国史学』四四、一九四二年)、同「宣教使の研究(上)」(『國學院雑誌』四九-五、一九四三年)、同「宣教使の研究(下)」(『國學院雑誌』四九-六、一九四三年)に拠る。

(16) 大教院開院以降の教導職の活動については、注(15)羽賀書、小川原正道『大教院の研究』(慶應義塾大学出版会、二〇〇四年)、谷川穣『明治前期の教育・教化・仏教』(思文閣出版、二〇〇八年)、田中秀和「明治初期の国民教化と東北」・「明治初期の国民教化政策と北海道」(同『幕末維新期における宗教と地域社会』清文堂出版、一九九七年)等、多くの研究蓄積が存する。大教院開院以前の教導職の活動に関しては、拙稿「明治五年東本願寺の九州巡回説教」(『國學院大學研究開発推進機構紀要』八、二〇一六年)を参照。

(17) 注（15）安丸『神々の明治維新』二〇八〜二〇九頁。

(18) 同右二一〇頁。

(19) 例えば大橋幸泰は、キリシタン禁制を軸に据えた分析のなかで、キリシタン禁制が厳格に存在していたことを前提に、近世から近代への転換を多様・曖昧から一律・統制への転換として評価している（『潜伏キリシタン』講談社、二〇一四年）。

(20) 大黒俊二『ヨーロッパの中世六　声と文字』（岩波書店、二〇一〇年）。とくに第七章「文字のかなたに声を聞く」。以下、西欧の事例に関しては本書に拠る。

(21) ただし、俗人が講録を作成する事例も存在した。文化七年（一八一〇）九月二七日、信濃国伊那郡清内路村で開催された飯田善勝寺の僧侶による法話を門徒たちが筆録し、後日、同席していた僧侶が作成した講録と対照させて清書している（土佐屋文書二-二五）。

(22) これは慶忍の主張からも窺える（第一部第三章）。なお、末寺僧侶が法話を行う際に台本として活用した勧化本の存在は見逃すことができない。とくに、唱導僧として著名な粟津義圭（東派僧侶）の勧化本は、一座分を丸覚えすれば法座に立つことができる内容となっていたという（松金直美「僧侶の教養形成」島薗進他編『シリーズ日本人と宗教五　書物・メディアと社会』春秋社、二〇一五年）。義圭は学寮で修学したものの、講者となることはなかった。ただし、唱導僧が説く教えには、学僧から見れば問題も含まれていたようで、深励は享和三年（一八〇三）正月三日、書肆・丁子屋九郎右衛門を呼び寄せ、去年一〇月二一日に入手した義圭の著作『御正忌御文高顕録』（享和二年刊）の誤りを指摘している（大谷大学図書館所蔵「講師寮日記」四〈宗甲七五-九-三〉）。ここからは、唱導僧の著述内容を学寮講師が注視していたことが判明する。

(23) 例外的な書物として、『仮名法談功徳大宝海』という刊本の存在を挙げておく。これは、三巻三冊からなる、深励の様々な法話（全一六席）を集めた書物であり、万延元年（一八六〇）に永田調兵衛ら一〇名の京都書林による相合板で出版された（四方春翠の画も入る）。内容的には勧化本に近く、収録されている法話の元となった講録などの検討が必要であるが、講師の法話が出版された事例としてひとまず指摘しておきたい。

(24) 例えば、第三部第七章で取り上げた、小児往生をめぐる学僧の議論などが挙げられるだろう。

初出一覧

序　章（新稿）

第一部

第一章「異端と写本流通――羽州公厳異安心事件関係記録を中心に――」（『書物・出版と社会変容』一七、二〇一四年）

第二章「近世真宗教団と藩権力――一九世紀初頭の異安心事件を事例に――」（『史学雑誌』一二三‐八、二〇一四年を改題）

第三章（新稿）

第二部

第四章（新稿）

第五章「一九世紀初頭における〈俗人〉の教化活動と真宗教団」（『民衆史研究』九二、二〇一六年）

第三部

第六章「異端と写本流通――羽州公厳異安心事件関係記録を中心に――」（『書物・出版と社会変容』一七、二〇一四年）

第七章「近世真宗僧侶の教化課題――「示談録」を手がかりに――」（『日本史攷究』四一、二〇一七年）

終　章（新稿）

いずれも原題で、表記の統一や加筆修正を施しているが、大きな論旨の変更はない。また、第一部第一章と第三部第六章は初出論文を二つに分割し、大幅に加筆をしている。

あとがき

本書は、二〇一六年に一橋大学社会学研究科に提出した博士論文「近世仏教教団の教学統制と教化活動――東本願寺を事例に――」を改稿し、まとめたものである。

真宗優勢地域ではない関東地方の、それも寺院出身ではない私が、自己紹介の場などで近世真宗教団を研究していると話すと、研究対象に選んだきっかけは何か、よく尋ねられる。近世真宗教団を研究対象としたのは、人と史料との出会いにある。

両親の趣味であった歴史小説に囲まれて育った私は、小学生の時分にPCの戦国史ゲームがきっかけで歴史に興味を抱いた（今思えば「歴女」の範疇に入るだろう）。日本女子大学文学部史学科に進学した当初は、その延長線上で漠然と歴史を学びたいと考えていた。そのようなところ、磯前順一先生（現日本国際文化研究センター）の授業や自主ゼミへの出席、歴史・宗教・民衆研究会の末席に参加して安丸良夫氏をはじめとする研究者とお話をするなかで、学問への関心が徐々に芽生え、本格的に歴史学を勉強したいと考えるようになった。そして、磯前先生の勧めもあり、学部三年生から東京大学文学部の吉田伸之先生のゼミに参加させていただき、史料の読み方など、近世史研究を行うための基礎を学ばせていただいた。ふわふわとした問題関心しか持てていない他大学の学生を快く受け入れて下さった吉田先生や同級生、先輩方に厚く御礼申し上げたい。

近世真宗を研究対象に選ぶことになったきっかけは、吉田ゼミの合宿調査である。長野県下伊那郡清内路村（現阿智村清内路）には豊富な近世史料が伝来しており、合宿では現状記録や目録を取って史料の整理を行っていた。その作業のなかで、近世期の僧侶の講録に接した。講録の話者として登場する「亀洲」とは誰なのか興味を抱き、調査後に調べてみると、亀洲は近世の東本願寺の宗学を大成した香月院深励が用いた号であることが判明した。深励が多くの僧俗を教化していたことを知り、その中身を深く知りたくなった私は、卒業論文で、清内路村の史料や大谷大学図書館に所蔵されている深励関係の史料を活用し、近世真宗学僧の民衆教化の分析を行うことにした。卒論ゼミでは中東イスラーム世界をフィールドとされている臼杵陽先生にご指導を受けたが、専門地域・時代が大きく異なるにもかかわらず、広い視座から鋭いご指摘をいただいた。卒業後も折々に気にかけて下さり、感謝している。

一橋大学大学院社会学研究科修士課程に進学してからは、近世真宗の異安心を題材に、仏教教団・幕藩領主・民衆の諸動向を見ることで、国家権力と宗教との関係や、近世社会における信仰のあり方について研究を進めた。博士後期課程進学後も、扱う時期の幅や分析対象を広げつつ、近世真宗教団を軸に、近世期における教化活動と教学の有り様について分析を積み上げてきた。大学院では、若尾政希先生のゼミに入り、思想史研究の方法は勿論、問いの立て方、魅力的な叙述の仕方など、研究を社会に発信していく上で不可欠な知識を学んだ。また、渡辺尚志先生のゼミにも出席し、村落共同体論や地域社会論、藩地域論などの観点から様々なご意見を頂戴した。両ゼミでは闊達な意見を交わす議論の場が構築されており、研究者を志す上で必要な知見や心構えを身につけることができた。

学位取得前後には、國學院大學研究開発推進機構日本文化研究所にて国学プロジェクトの業務に携わった。遠藤潤先生・松本久史先生のもと、仏教教導職について調査を行い、視野を広げることができた。このほか、学部・大学院在学中から現在に至るまで、「書物・出版と社会変容」研究会や「近世の宗教と社会」研究会、歴史学研究会などにおいて、宗教史や近隣諸分野の諸氏からご指導・ご鞭撻をいただいている。とりわけ、松金直美先生には、史資料のご紹介だけでなく、永臨寺の深励二〇〇回忌法要にお誘いいただくなど、大変御世話になっている。本書は、こうした様々な方々の学恩を受けて成り立っている。いただいた学恩に少しでも報いることができるよう、今後も精進を重ねていきたい。

本書の出版に関しては、引野亨輔先生のご紹介を受け、児玉識氏にご推薦をいただくことができた。また、刊行に際し、法藏館の田中夕子氏には色々とご配慮いただいた。厚く御礼申し上げる。

最後に、研究者の道に進むことを応援し続けてくれた父克彦・母節子に感謝の言葉を述べたい。

二〇一八年七月二四日

芹口　真結子

日本仏教史研究叢書刊行にあたって

仏教は、普遍的真理を掲げてアジア大陸を横断し、東端の日本という列島にたどり着き、個別・特殊と遭遇して日本仏教として展開した。人びとはこの教えを受容し、変容を加え、新たに形成し展開して、ついには土着せしめた。この教えによって生死した列島の人々の歴史がある。それは文化・思想、さらに国家・政治・経済・社会に至るまで、歴史の全過程に深く関与した。その解明が日本仏教史研究であり、日本史研究の根幹をなす。

二十世紀末の世界史的変動は、一つの時代の終わりと、新たな時代の始まりを告げるものである。歴史学もまた新たな歴史像を構築しなければならない。終わろうとしている時代は、宗教からの人間の自立に拠点をおいていた。次の時代は、再び宗教が問題化される。そこから新しい日本仏教史研究が要請される。

新進気鋭の研究者が次々に生まれている。その斬新な視座からの新しい研究を世に問い、学界の新たな推進力となることを念願する。

二〇〇三年八月

日本仏教史研究叢書編集委員

赤松徹真　大桑　斉

児玉　識　平　雅行

竹貫元勝　中井真孝

芹口　真結子（せりぐち　まゆこ）
1988年埼玉県生まれ。2010年日本女子大学文学部史学科卒業、2012年一橋大学大学院社会学研究科総合社会科学専攻修士課程修了、2017年一橋大学大学院社会学研究科総合社会科学専攻博士後期課程修了、2019年千葉県文書館嘱託職員着任、現在に至る。博士（社会学・一橋大学）。論文に「近世真宗教団と藩権力——19世紀初頭の異安心事件を事例に——」（『史学雑誌』123(8)、2014年)、「一九世紀初頭における〈俗人〉の教化活動と真宗教団」（『民衆史研究』92、2016年）など。

日本仏教史研究叢書
近世《きんせい》仏教《ぶっきょう》の教説《きょうせつ》と教化《きょうけ》

二〇一九年六月三〇日　初版第一刷発行

著　者　芹口真結子
発行者　西村明高
発行所　株式会社　法藏館
京都市下京区正面通烏丸東入
郵便番号　六〇〇-八一五三
電話　〇七五-三四三-〇〇三〇（編集）
〇七五-三四三-五六五六（営業）

装幀者　山崎　登
印刷・製本　亜細亜印刷株式会社

ISBN 978-4-8318-6044-6 C1321

日本仏教史研究叢書

【既　刊】

京都の寺社と豊臣政権……………伊藤真昭　二、八〇〇円
思想史としての「精神主義」……………福島栄寿　二、八〇〇円
糞掃衣の研究　―その歴史と聖性……松村薫子　二、八〇〇円
『遊心安楽道』と日本仏教……………愛宕邦康　二、八〇〇円
日本の古代社会と僧尼……………堅田　理　二、八〇〇円
日本中世の宗教的世界観……………江上琢成　二、八〇〇円
近世宗教世界における普遍と特殊―真宗信仰を素材として……引野亨輔　二、八〇〇円
日本中世の地域社会と一揆―公と宗教の中世共同体……川端泰幸　二、八〇〇円
日本古代の僧侶と寺院……………牧　伸行　二、八〇〇円
「精神主義」は誰の思想か……………山本伸裕　二、八〇〇円
天皇制国家と「精神主義」―清沢満之とその門下……近藤俊太郎　二、八〇〇円
近代仏教のなかの真宗―近角常観と求道者たち……碧海寿広　三、〇〇〇円
奈良時代の官人社会と仏教……………大艸　啓　三、〇〇〇円

価格税別

法藏館